Informatik-Fachberichte 194

Herausgegeben von W. Brauer
im Auftrag der Gesellschaft für Informatik (GI)

Claus Lewerentz

Interaktives Entwerfen großer Programmsysteme

Konzepte und Werkzeuge

Springer-Verlag
Berlin Heidelberg New York
London Paris Tokyo

Autor

Claus Lewerentz
Lehrstuhl für Informatik III, RWTH Aachen
Ahornstraße 55, D–5100 Aachen

Neue Adresse:
GMD, Schloß Birlinghoven
Postfach 1240, D–5205 Sankt Augustin 1

D 82 (Diss. TH Aachen)

CR Subject Classifications (1987): D.2.2, D.2.6-7, D.2.9, F.4.2

CIP-Titelaufnahme der Deutschen Bibliothek.
Lewerentz, Claus:
Interaktives Entwerfen großer Programmsysteme : Konzepte u. Werkzeuge / Claus Lewerentz. –
Berlin; Heidelberg; New York; London; Paris; Tokyo: Springer, 1988
  (Informatik-Fachberichte; 194)
    Zugl.: Aachen, Techn. Hochsch., Diss. u. d. T.: Lewerentz, Claus: Konzepte und Werkzeuge
    zum interaktiven Entwerfen großer Programmsysteme

    ISBN-13: 978-3-540-50553-2   e-ISBN-13: 978-3-642-74281-1
    DOI: 10.1007/978-3-642-74281-1

NE: GT

2145/3140 – 543210 – Gedruckt auf säurefreiem Papier

Vorwort

Die vorliegende Arbeit entstand im Rahmen des IPSEN–Projektes (Incremental Programming Support Environment). Das Buch ist die überarbeitete Fassung meiner Dissertation, die unter dem Titel ”Konzepte und Werkzeuge zum interaktiven Entwerfen großer Programmsysteme” an der Rheinisch-Westfälischen Technischen Hochschule in Aachen angenommen wurde.

Mein erster Dank gilt Herrn Professor Dr.–Ing. M. Nagl, dem Initiator und Leiter des IPSEN-Projekts. Dankbar bin ich für alle Impulse, die konstruktive Kritik und Unterstützung, die er mir während der Jahre unermüdlich gegeben hat. Besonders gern erinnere ich mich an unsere Gespräche ”zwischen Tür und Angel”.

Meinen Kollegen Andy Schürr und Bernhard Westfechtel danke ich für das Korrekturlesen der ersten Version der verschiedenen Teile der Arbeit und die wertvollen Anregungen, die sie mir geben konnten.

Besonders zu Dank verpflichtet bin ich Christiane Beer, Frank Erdtmann und Peter Heimann, die große Teile der hier beschriebenen Software–Entwicklungsumgebung implementiert bzw. in die aktuelle Fassung portiert haben. Dankbar bin ich für die Beiträge zu dieser Arbeit, die Elisabeth Berens, Thomas Brandes, Thorsten Janning und Beate Pohlmann im Rahmen ihrer Diplomarbeiten eingebracht haben.

Diese Arbeit steht nicht für sich allein, sondern ist Teil eines größeren Ganzen. Es sind Beiträge und Anregungen von allen Mitgliedern des IPSEN-Teams eingeflossen. Dafür danke ich besonders Gregor Engels und Wilhelm Schäfer, mit denen ich die ersten Jahre sehr intensiv zusammenarbeiten durfte. Mein Dank gilt aber auch Jürgen Börstler, Thorsten Janning, Udo Schleef, Andy Schürr und Bernhard Westfechtel für alle gemeinsamen Ideen und Arbeiten im Projekt.

Mein Anteil am ”Incremental Programming Support Environment” ist eng verknüpft mit meinem ”Incremental Growing and Integrated Living Support Environment”. Isabel, Maria, Christiane und Martin danke ich sehr, daß sie einfach da waren, mich ermutigt haben und mir liebevoll immer wieder den Abstand zu meiner Arbeit ermöglichten.

Dankbar soll noch darauf hingewiesen werden, daß das IPSEN-Projekt maßgeblich von der Deutschen Forschungsgemeinschaft und der Stiftung Volkswagenwerk unterstützt wurde.

Aachen, im August 1988   Claus Lewerentz

Zusammenfassung

Im Rahmen des Forschungsprojektes IPSEN (Incremental Programming Support Environment) wurden Konzepte zum Bau hochgradig interaktiver und integrierter Software-Entwicklungsumgebungen erarbeitet und ihre Brauchbarkeit in einer Prototyp-Implementierung nachgewiesen. Die wesentlichen Charakteristika des IPSEN-Ansatzes sind der hohe Grad an Integration von verschiedenen Software-Werkzeugen und -Dokumenten und der Einsatz eines einheitlichen Modellierungs- und Realisierungsmechanismus für Software-Entwicklungsumgebungen. Software-Dokumente werden intern als attributierte Graphstrukturen modelliert, und Werkzeuge werden als Graphprozessoren über solchen Strukturen aufgefaßt. Sie werden formal mit Hilfe von Graphersetzungssystemen spezifiziert. Die Implementierung der Software-Werkzeuge basiert auf einer einheitlichen Architektur der gesamten Entwicklungsumgebung und wird systematisch aus den formalen Spezifikationen abgeleitet.

Die vorliegende Arbeit berichtet über einen Teil dieses Projektes und beschäftigt sich in erster Linie mit Konzepten und Werkzeugen für den Arbeitsbereich "Programmieren im Großen", d.h. mit dem Entwerfen von Programmsystemen auf der Ebene von Teilsystemen, Modulen, Modulschnittstellen und -beziehungen. Es wird ein Modulkonzept zusammen mit einer entsprechenden Entwurfssprache vorgestellt und diskutiert, wie damit beschriebene Systemarchitekturen in vorgegebene Programmiersprachen abgebildet werden können. Hinzu kommen Konzepte zur Beschreibung und Verwaltung von Varianten und Revisionen von Systemkomponenten. Im Zusammenhang mit dem zentralen Bereich des Entwurfs von Programmsystemen wird die Erstellung technischer Dokumentation und die Verwaltung eines Projektteams behandelt.

Es werden zu jedem Arbeitsbereich Syntax-gesteuerte Editoren, Analyse- und Transformationswerkzeuge vorgestellt, die integriert zusammenarbeiten und sich dem Benutzer auf einheitliche Weise präsentieren. Die Realisierung dieser Werkzeuge gemäß dem "Graphentechnik"-Ansatz wird kurz dargestellt, im Anhang der Arbeit findet sich eine formale Beschreibung des verwendeten Graphgrammatik-Kalküls.

Inhaltsverzeichnis

1. Einleitung

In den letzten 15 Jahren wurden viele Anstrengungen unternommen, die *Entwicklung* und die *Pflege* (Fehlerbeseitigung, Weiterentwicklung) *großer Programmsysteme* zu unterstützen. Von DeRemer und Kron (/DK 76/) wurde der Terminus "Programmieren im Großen" geprägt, dem die Erkenntnis zugrunde liegt, daß das Erstellen großer Programmsysteme mehr ist als eben die Anhäufung großer Mengen von Programmtexten. Es sind geeignete *Abstraktionsniveaus* und *ingenieurmäßige Techniken* nötig, um große Systeme zu planen und sie überschaubar und transparent und damit auch zuverlässiger zu machen. In zunehmenden Maße entstanden Arbeiten zu Sprachen, Konzepten und Methoden für die Strukturierung großer Software-Systeme (vgl. /Al 78/, /BMS 84/, /BW 81/, /EW 86/, /GB 86/, /GHW 85/, LZ 75/, /VB 87/).
Zum einen wurden *Programmiersprachen* um Konzepte für das Programmieren im Großen angereichert, es wurden "Module" oder "Pakete" eingeführt (vgl. /SM 87/, /Na 88/, /Wir 85/, /Sh 84/), zum anderen wurden auch *neue Paradigmen* wie "objekt-orientierte", "logische" oder "funktionale" Programmierung vorgestellt, die jeweils eigene Abstraktionsmechanismen zur Verfügung stellen (z.B. /Go 84/). Hinzu kamen Konzepte für Tätigkeiten in den Vorphasen der eigentlichen Programmierung (z.B. Erstellen von Anforderungsdefinitionen, formale Spezifikationen, Prototypen), bei der Wartung von Software-Systemen (z.B. Testen) und in weiteren, mit der Programmierung loser verbundenen Bereichen wie der Dokumentation oder der Organisation von Software-Projekten (z.B. /AL 82/, /Ba 86/, /BHS 80/). Das ganze Feld dieser Konzepte und Methoden wird allgemein mit dem Begriff "Software-Technik" belegt.

Gleichzeitig wurden *Programmier-Werkzeuge* weiterentwickelt, um den Gebrauch der vorgeschlagenen Methoden und Sprachen zu unterstützen. Ausgehend von klassischer Compiler-Technik wurden zunehmend interaktive Werkzeuge vorgeschlagen und gebaut (z.B. /BSS 84/, /DoD 84/, /Hü 81/, /Wa 81/).
Die Entwicklung begann mit *syntax-gesteuerten Editoren* für Programmier- oder Entwurfssprachen (z.B. /DHK 84/, FPS 84/, /Ha 82/, /Ca 85/). Relativ früh wurden hier Techniken zur Generierung von Editoren aus dem Bereich der Compiler-Compiler übernommen (/DK 84/, /Ho 85/, /HN 86/, /TR 81/). Ergänzt wurden solche Editoren dann um integrierte Ausführungs- und Analyse-Werkzeuge, es entstanden erste integrierte *Programmierumgebungen für jeweils eine Sprache*, z.B. /FM 81/, /DMS 84/, /HK 85/, Te 83/, /TM 81/ (bzw. Generatoren für solche Umgebungen, z.B. /Sn 85/). Im Zuge der Verfügbarkeit leistungsfähiger Arbeitsplatzrechner mit hochauflösender Graphikausgabe und Zeigegerät (Maus) wurden zunehmend *graphische Notationen* und Diagramm-

2

sprachen unterstützt (z.B. /BCH 85/, /LG 85/, /MH 86/, /Re 84/, /Re 86/). Auch die Gestaltung der Benutzeroberflächen solcher Systeme änderte sich durch die neuen Gestaltungsmittel dramatisch (Fenstersysteme, Menütechniken usw.). Ausgehend von Betriebssystemen wie UNIX wurde auch in zunehmendem Maße die *Integration verschiedener Werkzeuge* vorangetrieben. Die ersten Software-Entwicklungsumgebungen, die mehr als nur eine Sprache oder einen Arbeitsbereich (z.B. Programmieren im Kleinen) unterstützten, waren noch sehr lose gekoppelte "Werkzeug-Kästen", bestenfalls einfache *Werkzeugketten* (z.B. /Hr 87/, /KR 84/).

Unter Einbeziehung von vereinheitlichenden Basismechanismen und -werkzeugen (z.B. Datenbanken) entstehen langsam die ersten *integrierten Umgebungen*, in denen auch die Werkzeuge und die Dokumente verschiedener Arbeitsbereiche miteinander verzahnt sind (z.B. /He 86a/, LM 85/, /MW 86/, /Pr 86/, /Re 87/, /SS 86/). Es werden auch zunehmend Aufgaben der Versions- und Variantenkontrolle, der Konfigurations- und Freigabeverwaltung, der Projektorganisation, der Dokumentation integriert (z.B. /BS 83/, /HN 87/, /Mü 86/). Hinzu kommen technische Aspekte, wie die Verteilung von Software-Dokumenten in Rechnernetzwerken oder die Unterstützung von Mehrbenutzer-Umgebungen. Die Entwicklung geht weiter in die Richtung der *Integration von Arbeitsbereichen* und der ingenieurmäßigen Gestaltung der Werkzeuge. Schlagworte wie "Software-Factory" (/SW 87/), "Computer Aided Software Engineering" (/Ba 85/), "programming in the many" (/HN 86/), "programming in the all" (/MLV 85/), "extended programming in the large" (/Le 88b/) oder "beyond programming in the large" (/Sh 86/) weisen auf diese umfassendere Sicht hin. Die im Literaturverzeichnis in einem eigenen Abschnitt zusammengestellten Tagungs- und Zeitschriftenbände der letzten Jahre geben einen guten Einblick in den aktuellen Stand der Technik und die zukünftigen Entwicklungslinien. Besonders sei auf den Aufsatz von Habermann et al. (/DEF 87/) hingewiesen, in dem ein Überblick und eine Klassifizierung von Software-Entwicklungsumgebungen vorgenommen wird.

Das Projekt *IPSEN*, in dessen Kontext diese Arbeit entstanden ist, hatte bereits von Anfang das Studium von geeigneten Konzepten, den Entwurf und die Realisierung einer solchen modernen integrierten und interaktiven Software-Entwicklungsumgebung zum Ziel (/Na 85/). IPSEN ist ein Akronym für **I**ncremental **P**rogramming **S**upport **EN**vironment. Das Projekt wurde 1981 an der Universität Osnabrück ins Leben gerufen und wird seit 1986 an der RWTH Aachen weitergeführt. Der gesamte Entwicklungsaufwand beträgt bis jetzt (3/88) etwa 40 Personenjahre. Die Ziele des Forschungsvorhabens waren von Anfang an die Unterstützung und Integration des größten Teils des Software-Lebenszyklus. Das umfaßt die Bereiche Projektmanagement, den Entwurf und die Analyse von Software–Architekturen (Entwurfsspezifikationen), Varianten–, Revisions– und Konfigurationskontrolle, Implementierung, Analyse, Ausführung und Test einzelner Programmbausteine, und nicht zuletzt auch die Erstellung und Pflege technischer Dokumentation.

Der Hintergrund des Projekts sind klassische imperative Programmiersprachen wie Ada oder Modula–2. Das Ziel ist es, mit Hilfe der Werkzeuge die Sicherheit, Effizienz und Transparenz streng typisierter Compiler–orientierter Sprachen mit der Flexibilität von Interpretersprachen wie LISP zu vereinen.

Integration bedeutet hier außer der Tatsache von miteinander kooperierenden Werkzeugen, die nahezu den ganzen Software–Lebenszyklus umfassen, noch wenigstens drei weitere Punkte:

- Alle Werkzeuge haben ein einheitliche Benutzeroberfläche, unabhängig vom zugeordneten Problembereich. Der Benutzer sieht nicht so sehr getrennte Werkzeuge, sondern vielmehr einen *integrierten Gesamtwerkzeugkasten.*

- Zwischen verschiedenartigen Software–Dokumenten, wie etwa der Architektur eines Software–Systems und den einzelnen Modulimplementationen, werden Konsistenzbeziehungen eingeführt. Diese dokumentübergreifenden Beziehungen werden von den Werkzeugen beachtet und die Konsistenz zwischen den Dokumenten erhalten. Es entstehen also zur Beschreibung eines Software–Projekts Mengen von *integrierten, konsistenten Dokumenten.*

- Für den Entwurf und die Realisierung des IPSEN–Systems werden *einheitliche Modellierungs– und Implementierungsmechanismen* verwendet. Sie basieren auf attributierten Graphstrukturen und dem formalen Modell spezieller Graphersetzungssysteme.

Inkrementell arbeitende Werkzeuge berücksichtigen, daß Software–Entwicklung ein evolutorischer Prozeß ist (vgl. /LB 85/). Es gibt in der Realität nicht einen streng sequentiellen, Phasen–orientierten Lebenszyklus mit wohldefinierten Rückkopplungspunkten, sondern gleichzeitig nebeneinander existierende, stark verschränkte *Arbeitsbereiche.* Inkrementelle Werkzeuge bieten dem Benutzer sehr schnelle und direkte Reaktion auf einzelne Aktionen, Fehleingaben und Inkonsistenzen können *frühestmöglich* angezeigt werden. Dadurch werden langwierige Korrektionszyklen vermieden, die *Konsistenz* innerhalb oder zwischen sogar noch *unvollständigen Dokumenten* kann überprüft und

4

erhalten werden und Zeiten, in denen inkonsistente Zustände auftreten, können minimiert werden.

Die *wesentlichen Ergebnisse* und neuen Aspekte des IPSEN-Projekts liegen auf vier Ebenen:

- Es wurden neue (möglichst einfache) *Konzepte* für verschiedene Bereiche der *Software-Technik* erarbeitet (z.B. Programmieren im Großen) (vgl. /Le 84/, /LN 85/, /Le 88a/, /Ja 87/, /Be 87/).

- Auf der Ebene der *Modellierung von Software-Dokumenten* und *Software-Werkzeugen* wurden neue Konzepte und formale Modelle eingesetzt (vgl. /En 86/, /ELS 87/, /LNW 88/, /Na 87/).

- Für den Prototyp der Umgebung wurde eine adaptable, erweiterbare und portable Software-Architektur entworfen, die sich bereits als stabiler Rahmen bewährt hat, und in Richtung einer "*Standard-Architektur*" für Software-Entwicklungsumgebungen weiterentwickelt wird (vgl. /ELN 86/, /ES 85/, /ENS 86/, /Le 86/, /Sc 86/).

- Die Implementierung des Systems basiert auf einer "*virtuellen Graphen-maschine*", deren wesentliche Komponente ein spezielles Graph-Datenbanksystem zur effizienten Handhabung beliebig strukturierter Graphen ist (vgl. /Br 84/, /BL 85/, /LS 87/).

Dieser Arbeit sind zwei Dissertationen in IPSEN vorausgegegangen, die den Bereich des *Programmierens im Kleinen* behandeln. Dort werden die Konzepte, der Entwurf und die Realisierung von inkrementellen und integrierten Werkzeugen zu einem Arbeitsbereich beschrieben. Schwerpunkt der Arbeit von G. Engels (/En 86/) sind die Überlegungen zur Graphenmodellierung. W. Schäfer stellt in seiner Arbeit (/Sc 86/) die Gestaltung der IPSEN-Benutzerschnittstelle und die Entwicklung der Standard-Architektur dar. Das praktische Ergebnis dieser beiden Dissertationsvorhaben und der zugeordneten Diplomarbeiten war eine erste Version der IPSEN-Werkzeuge zum Edieren, Analysieren und Ausführen von Modula-2-Modulen.[1]

Die *vorliegende Arbeit* beschreibt den Aspekt der *Integration verschiedener Arbeitsbereiche* bei der Erstellung und Pflege großer Software-Systeme. Abbildung 1.1 zeigt schematisch die bereits existierenden oder angedachten Werkzeuge und Software-Dokumente für die Arbeitsbereiche Programmieren im Großen, Dokumentation, Projektteamverwaltung und Programmieren im Kleinen. Die dunkel hinterlegten Werkzeuge sind Gegenstand dieser Arbeit.

---

1 Es wird nur eine Teilmenge von Modula-2 unterstützt.

Alle diese Werkzeuge bis auf Varianten-Editor, Revisions-Editor und Konfigurator sind implementiert worden und bilden einen integriert arbeitenden Prototypen der Software-Entwicklungsumgebung.

In **Kapitel 2** wird das in IPSEN entstandene und eingesetzte *Modulkonzept* dargestellt, das erlaubt, Architekturen von Software-Systemen zu beschreiben. Eng verknüpft mit diesem zentralen Bereich des Programmierens im Großen sind die in **Kapitel 3** beschriebenen Modelle zur Bildung und Verwaltung von *Varianten* einzelner Module oder Teilsysteme und zur Handhabung von *Revisionen* miteinander integrierter Software-Dokumente.

In **Kapitel 4** stellen wir die einzelnen *Werkzeuge und ihr Zusammenspiel* anhand von Beispieldialogen aus der Sicht eines Benutzers dar. Dabei werden in den entsprechenden Abschnitten über die Werkzeuge zur Dokumentations-Unterstützung und Projektteamverwaltung (die im Rahmen von Diplomarbeiten entstanden sind) die dafür entwickelten Konzepte erläutert.

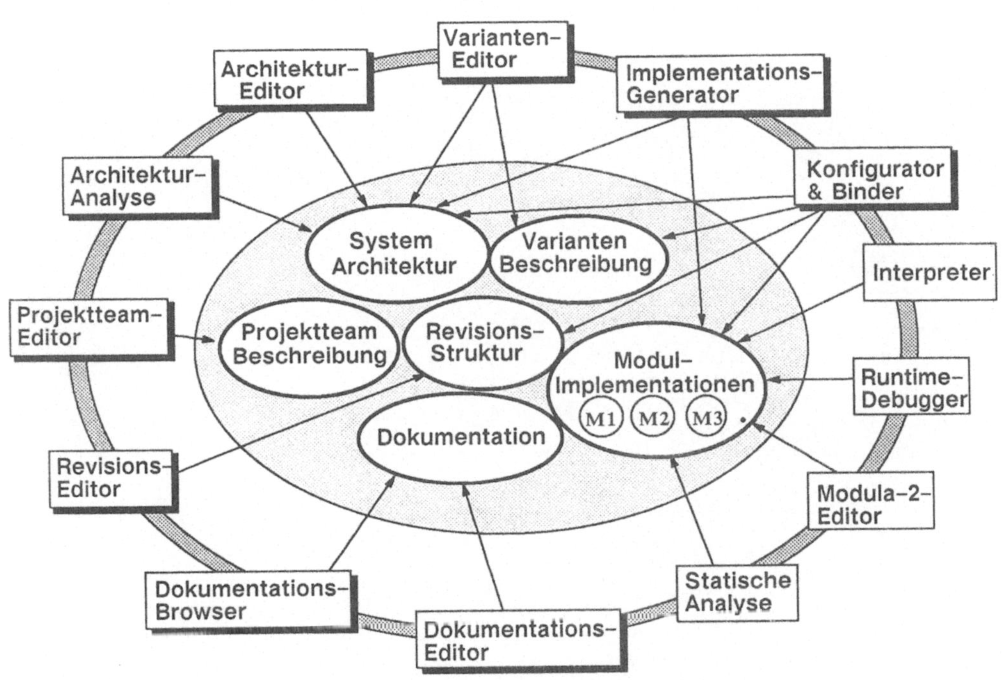

Abbildung 1.1 IPSEN : Integrierte Werkzeuge und Software-Dokumente

Im letzten Kapitel beschreiben wir in zusammengefaßter Form die Realisierung der beschriebenen Werkzeuge und ihre Integration zu einer gesamten Software-Entwicklungsumgebung. Dies betrifft sowohl die Ebene der *Modellierung von Software-Dokumenten und Werkzeugen*, als auch die konkrete *Software-Architektur und Implementierung* des Systems. Beide Aspekte sind bereits ausführlich in den Dissertationen von G. Engels /En 86/ und W. Schäfer /Sc 86/ und in weiteren Veröffentlichungen, /ELN 86/, /Le 86/, /ENS 86/, /LNW 87/, dargestellt worden. Die weiterführenden Überlegungen zum Entwurf einer Standard-Architektur für Software-Entwicklungsumgebungen bzw. allgemeine Dialogsysteme in einer späteren Veröffentlichung behandelt werden.

Die *Erweiterungen des Graphgrammatik-Kalküls*, der für die Modellierung eingesetzt wurde, ließen sich nicht in aller Breite in die Hauptlinie der Arbeit einfügen. Dieser formale Teil wurde deshalb zusammen mit der Spezifikation einer Graphenklasse in den **Anhang** aufgenommen.

2. Modulkonzept

Eine wesentliche Voraussetzung für Werkzeuge zur Unterstützung beim Entwurf von Programmsystemen ist eine *geeignete Sprachebene*, um größere Einheiten, ihren Zusammenbau und ihre Beziehungen zueinander formulieren zu können. Die Beschreibung eines Software–Systems auf der Ebene solcher Programmbausteine (Module) nennen wir die *Architektur des Software–Systems*. Eine solche Architektur nimmt in dem gesamten Entwicklungsprozeß eines Programmsystems eine zentrale Stellung ein:

- Sie dient dazu, das Gesamtsystem auf einer noch überschaubaren Abstraktionsebene zu repräsentieren. Auf dieser Ebene wird die *globale statische Struktur* des Software–Systems festgelegt. Wir beschreiben also, welche Komponenten existieren sollen und welche Module zur Realisierung eines anderen Moduls benutzt werden dürfen. Nur diese Ebene der Benutzbarkeit wird hier ausgedrückt, die Benutzung von Modulen (bzw. von Modul–Ressourcen) geschieht erst beim Formulieren von Modulimplementierungen (statisch) und zur Laufzeit des Programms (dynamische Benutzung).

- Hier werden Entscheidungen über die Gruppierung von Untereinheiten getroffen, es werden *Entwurfsentscheidungen lokalisiert*, die sich z.B. auf die Adaptabilität des Systems an veränderte Anforderungen und die Portabilität in andere Software– oder Hardware–Umgebungen auswirken.

- Die Architektur des Systems *beeinflußt die Struktur* anderer, begleitender Software–Dokumente, wie z.B. die technische Dokumentation des Programmsystems.

- Aus der Struktur des Systems auf dieser Ebene ergeben sich auch meist *organisatorische Aspekte*, wie die Verteilung von Aufgaben an Mitglieder des Entwicklungs–Teams oder Meilensteinpläne zur Abwicklung des Projekts aus den inhaltlichen Abhängigkeiten verschiedener Teilkomponenten.

In modernen Programmiersprachen wie Modula–2 oder Ada gibt es Konzepte und Sprachkonstrukte zur Modularisierung von Programmen. In IPSEN war eine wichtige Entscheidung, nicht eine dieser Sprachen direkt als Basis für den Bereich des Programmierens im Großen auszuwählen, sondern ein *eigenes Modulkonzept* mit einer dazugehörigen Sprache zu entwickeln. Es gibt dafür verschiedene Gründe und Ziele, deren wichtigste wir im folgenden kurz darstellen werden. Das IPSEN-Modulkonzept ist eine *Weiterentwicklung* der Überlegungen von Altmann (/Al 78/), Nagl (/Na 82/) und Gall (/Ga 83/) und wurde in einer vorläufigen Version bereits in /Le 84/ und /LN 85/ veröffentlicht.

Ein Anliegen des IPSEN-Projekts ist das Studium von allgemeinen Strategien für den Bau einer Software-Entwicklungsumgebung; dazu gehört die *Austauschbarkeit* der zu unterstützenden Konzepte und Programmiersprachen. Deshalb wollten wir für den zentralen Bereich des Programmieren im Großen eine Entwurfssprache haben, die noch unabhängig von einer bestimmten vorgegebenen Programmiersprache ist, sich aber auf verschiedene *existierende Programmiersprachen* (aus der Familie der prozeduralen Sprachen, z.B. Pascal, Modula-2, Ada, C, Fortran, ...) *abbilden* läßt. Diese Abbildung gelingt natürlich nicht gleichermaßen gut in alle Programmiersprachen.

Die oben genannten Programmiersprachen stellen zwar Konstrukte für das Programmieren im Großen zur Verfügung, jedoch werden von den Sprachen her nicht genügend klare, einfache und sichere Konzepte zur Verwendung der Konstrukte unterstützt. Unser Anliegen war es, ein *möglichst einfaches Modell* zum Formulieren von Software-Architekturen zu entwickeln, d.h. ein Konzept zur disziplinierten Verwendung der "Programmieren im Großen"-Anteile von modernen Programmiersprachen (vgl. auch /PN 86/). Dabei sollten auf der einen Seite möglichst alle "barocken Erker" vermieden werden, um an einem minimalen Modell das Problem inkrementeller Werkzeuge für das Programmieren im Großen studieren zu können, auf der anderen Seite sollte das Modulkonzept auch dazu geeignet sein, reale Systeme, z.B. den IPSEN-Prototyp selbst, damit zu entwerfen. Das primär betrachtete Anwendungsgebiet für das Modulkonzept ist die Entwicklung von interaktiven Software-Systemen, aber sicher ist die Verwendbarkeit des Konzepts nicht darauf beschränkt.

Es sollten sowohl "top-down"- als auch "bottom-up"-Strategien für den Systementwurf ermöglicht werden, da unserer Erfahrung nach bei praktischen Problemen meist Mischformen dieser Strategien benutzt werden. Eine Architektur beschreibt in diesem Sinne aber immer ein bestimmtes *Ergebnis des Entwicklungsprozesses* (normalerweise den Endzustand), nicht den Entwicklungsprozeß selbst. (Anmerkung: Dies ist eine analoge Situation zum Programmieren in beliebigen Programmiersprachen. Dort stellen auch Programme immer ein Ergebnis des Programmiervorgangs, d.h. der Anwendung von Strategien wie "schrittweise Verfeinerung", "Faktorisierung", "quickhack" usw. dar.)

Es wird sowohl das Konzept der *funktionalen Abstraktion*, als auch der *Datenabstraktion* durch entsprechende Ausdrucksmöglichkeiten unterstützt. Es scheint heute klar, daß dies die wesentlichen, einander ergänzenden Abstraktionsmechanismen sind, die in den meisten Fällen in einer geeigneten Kombination verwendet werden.

Die Beschreibung einer Systemarchitektur ist hierbei nur auf der *syntaktischen* Ebene formal. Nicht unterstützt wird die Beschreibung der Semantik von Modulen mit formalen Methoden, wie z.B. algebraischen Gleichungen bei abstrakten Datentypen. Die Aufgabe ganzer Module und die Bedeutung einzelner Zugriffsoperationen wird mit Hilfe von Kommentaren bzw. von Vor- und Nachbedingungen über den Parametern der Operationen beschrieben.

In den folgenden Abschnitten 2.1 und 2.2 werden in gestraffter Form die vorgeschlagenen Modulklassen und die Beziehungen zwischen Modulen erläutert.
Abschnitt 2.3 führt den Begriff eines Teilsystems als eines weiteren Strukturierungsmechanismus für Software–Architekturen ein, der in der vorläufigen Version des Modulkonzepts noch nicht ausreichend behandelt worden war.
Abgeschlossen wird die Darstellung des Modulkonzepts in Abschnitt 2.4 durch die Angabe von Konsistenzbedingungen für Systemarchitekturen, wie sie sich aus den eingeführten Modulklassen und Modulbeziehungen ergeben.
Es folgt ein etwas ausführlicheres Beispiel (2.5), der Entwurf eines einfachen Fenstersystems, an dem die gewählte textuelle Repräsentation der Systembeschreibungssprache und einige Details des Modulkonzepts eingeführt und erläutert werden.
Abschnitt 2.6 geht auf die oben erwähnte Abbildung von Systementwürfen in verschiedene Implementierungssprachen ein.

2.1 Modulklassen

Unter einem *Modul* verstehen wir –im üblichen Sinn– einen Programmbaustein, der eine bestimmte Entwurfsentscheidung verkapselt. Ein Modul hat eine *Export–Schnittstelle* nach außen, in der die zur Verfügung gestellten Ressourcen des Bausteins aufgeführt werden, und einen *Realisierungsteil.* Dieser Realisierungsteil enthält weitere lokale Module, eine Import–Schnittstelle, in der Ressourcen anderer Module aufgeführt werden, die zur Realisierung der Exportschnittstellen–Operationen in der Implementierung verwendet werden dürfen, und schließlich die Implementierung des Moduls selbst. Die *Implementierung,* d.h. der Programmtext des Moduls wird auf der Ebene der Architektur eines Programmsystems nicht weiter betrachtet, sie ist Gegenstand des Programmieren im Kleinen.

Um sowohl das Prinzip der Datenabstraktion als auch der funktionalen Abstraktion zu unterstützen, führen wir vier Arten von Modulen ein. Zur

Datenabstraktion stellen wir zwei verschiedene Arten von Modulen zur Verfügung, Datentypmodule und Datenobjektmodule.

Ein *Datentypmodul* exportiert einen Typbezeichner (Modula-2: opaque type, Ada: limited private type) und Operationen, um ein Objekt dieses Typs zu manipulieren. Die Erzeugung eines Objekts von dem exportierten Typ geschieht mit Hilfe einer ebenfalls exportierten Erzeugungs-Operation. Die interne Struktur eines solchen Datenobjekts ist außerhalb der Implementierung des Datentypmoduls vollständig verborgen, das Objekt ist ausschließlich durch die vom Datentyp exportierten Operationen zugreifbar.

Im Gegensatz zu einem Datentypmodul, das als Schablone zur Erzeugung von komplexen abstrakten Datenobjekten aufgefaßt werden kann, verkapselt ein *Datenobjektmodul* ein einzelnes Datenobjekt. Dieses Datenobjekt kann nur mit Hilfe der exportierten Operationen manipuliert werden. Die Verwendung von Datenobjektmodulen ermöglicht somit –im Unterschied zu Datentypmodulen–, auf der Architekturebene auszudrücken, daß ein bestimmtes Exemplar eines Datenobjekts existiert, das beispielsweise von mehreren anderen Modulen aus benutzt wird.
Ein Datenobjektmodul verkapselt ein "Gedächtnis", das als solches in der Architektur verankert ist, und temporär, während der gesamten Laufzeit des Programmsystems existiert. Es ist festzuhalten, daß wir auf dieser Ebene nicht über die Daten an sich sprechen, sondern nur über *Behälter* für Daten einer bestimmten Struktur. Insbesondere muß es also Initialisierungsoperationen für Datenobjekte geben. Auch drückt ein Datenobjektmodul nicht die Existenz von permanenten Daten aus, sondern stellt lediglich einen Datenbehälter dar.

Zusätzlich zu den abstrakten Datenstrukturen, die dem Prinzip des "information hiding" Rechnung tragen, benötigt man in praktischen Anwendungen noch Möglichkeiten, "einfache" Datentypen einführen zu können. "Einfach" steht hier zum einen für "elementar", d.h. für Datentypen, wie sie die Implementierungssprache anbietet und für die dort auch Standardoperatoren vorgegeben sind ('INTEGER, CARDINAL, BOOLEAN, ...'), und zum anderen für "transparent", d.h. für Datentypen, deren interne Struktur offengelegt und direkt zugreifbar sein soll (z.B. 'ARRAY [0..10] OF CHAR', um einfache Zeichenketten fester Länge zu handhaben).
Benötigt werden solche einfachen Datentypen meist als Parametertypen für Zugriffsoperationen komplexerer Datentypen (bzw. –objekte). Wir führen deshalb *Typkollektionsmodule* ein, die an ihrer Exportschnittstelle eine Liste von Typbezeichnern ohne weitere Operationen zur Verfügung stellen. Jeweils in einem Kommentar wird die Realisierung des Typs angegeben. Dies geschieht entweder umgangssprachlich oder durch Bezugnahme auf eine bestimmte

Programmiersprache. Der Realisierungsteil einer solchen Typkollektion besteht nur aus der Implementierung, die die Abbildung dieser Typdefinitionen auf die tatsächlich gewählte Implementierungssprache enthält (z.B. 'TYPE CARDINAL (* 0..65535 *)' wird unter Verwendung der Programmiersprache C zur Implementierung des Systems abgebildet auf 'type CARDINAL = unsigned int').

Funktionsmodule exportieren eine Liste von Funktionen. Die Funktionen liefern bei identischer Eingabe jeweils dieselben Ergebnisse, d.h. das Funktionsergebnis hängt nicht von einem internen Zustand des Moduls ab, das Modul hat kein "Gedächtnis". Funktionsmodule fassen meist Funktionen zusammen, die logisch etwas gemeinsam haben, beispielsweise zum selben Problembereich gehören, oder eine gemeinsame Realisierung haben, d.h. dieselben lokalen Algorithmen und temporären Datenstrukturen verwenden. Beispiele für Funktionsmodule sind Bausteine, die Transformationen zwischen verschiedenen Datentypen vornehmen, oder die komplexere Funktionen über einem oder mehreren Datentypen zur Verfügung stellen (z.B. ein Modul, das trigonometrische Funktionen verkapselt).

Gegenüber der Vorversion des Modulkonzepts (vgl. /LN 85/) verzichten wir aus Gründen der Vereinfachung darauf, *generische Modulklassen* mit in das Modulkonzept aufzunehmen.
Ein generischer Mechanismus würde Typ– und Prozedurparameter für Module erfordern, deren saubere Behandlung einen nicht unerheblichen Aufwand darstellt. Ein weiterer Grund für diese Beschränkung liegt darin, daß sich der generische Mechanismus nicht besonders gut in die intendierte Betrachtungsebene der statischen Architektur einfügt. Faßt man das Beschreiben generischer Module und ihre Verwendung als Methode zum Entwerfen von Programmsystemen auf, d.h. als Mechanismus zum Erzeugen von Systemkomponenten aus entsprechenden Schablonen zur Spezifikationszeit, dann würde ein generischer Modul mit seinen Instanzen und entsprechende Instantiierungsbeziehungen in der Architektur einen Teil des Entwicklungsprozesses ausdrücken. Bei einer Erweiterung des Modulkonzepts um Mittel zur Darstellung des Entwurfsprozesses sollte der generische Mechanismus, aufgefaßt als Schablonenmechanismus zur Entwurfszeit von Systemen, einbezogen werden.

In der praktischen Anwendung des Modulkonzepts trat immer wieder die Frage auf, *welcher Klasse* denn ein geplantes *Modul zuzuordnen wäre*. Grundsätzlich muß diese Entscheidung immer auf der Architekturebene getroffen werden, d.h. an der Schnittstelle eines Moduls und seiner Einbettung in das System, und nicht an seinem Rumpf. Wichtig ist die Frage, welche Entwurfsentscheidung ein Modul verkapselt und welchen Zweck es in der Gesamtarchitektur erfüllt.

Datentypmodule werden in Situationen eingesetzt, wo eine komplexe Datenstruktur in *mehreren Exemplaren* benötigt wird. Alle Schnittstellenoperationen des Moduls haben mindestens einen Parameter vom exportierten Datentyp, der das konkrete Datenobjekt angibt, auf das sich die jeweilige Operation bezieht.

Wesentlich schwieriger als bei den Datentypmodulen ist die Entscheidung, ob ein Modul der Klasse Datenobjektmodul oder Funktionsmodul zuzurechnen ist. Module dieser beiden Klassen unterscheiden sich in ihrer syntaktischen Gestalt nicht, die Operationen manipulieren in beiden Fällen in irgendeiner Weise Daten. Hier muß die Entscheidung an *der Bedeutung, dem Verhalten* der Schnittstellenoperationen getroffen werden. Man muß sich darüber klar werden, ob die Schnittstelle den Zugriff auf ein Gedächtnis darstellt in dem Sinne, daß dieses Gedächtnis dadurch manipuliert wird, oder ob ein funktionales Ein-/ Ausgabe-Verhalten vorherrschend ist. Diese Frage wird sich in manchen Situationen nicht eindeutig klären lassen, es entsteht hier einiger Spielraum für verschiedene Auffassungen und Sichten zur Modellierung von Software-Systemen. Wir werden einige typische Situationen im Abschnitt 2.6 diskutieren.

Besonders unklar scheint immer wieder der Umgang mit *permanenten Daten* zu sein. Man ist versucht, die Daten als zum Software-System gehörig zu betrachten. In der Architektur drücken aber *Datenobjekte* tatsächlich nur *temporäre Datenbehälter* aus, die erst durch eine geeignete Initialisierungsoperation gefüllt werden. Programmsysteme, die permanente Daten manipulieren (z.B. Datenbank-Anwendungen) kann man als Funktionen auffassen, die zu ihrer Ausführung den permanenten Datenbestand als Eingabeparameter haben und als Ergebnis die veränderten Daten liefern.

Die angedeutete Schwierigkeit mit den Modulklassen hängt unserer Erfahrung nach unter anderem auch damit zusammen, daß oft in einem ersten Grobentwurf nur ein *allgemeiner Typ* "Modul" verwendet wird, und *erst später* die Verfeinerung bezüglich der *Modulklassen* angegangen wird. Bei diesem Vorgehen besteht die Gefahr, daß die Modulzerlegung eine zu lange Zeit von intuitiven, aber unpräzisen Vorstellungen von der Systemstruktur und der Funktionalität einzelner Komponenten geleitet wird, sodaß beliebige Konglomerate von Teilfunktionalitäten in ein Modul gepackt werden. Versucht man später zu begründen, warum das Modul von diesem oder jenem Typ sein müßte, so treten Unklarheiten in den Abstraktionsebenen oder den funktionalen Zerlegungen zu Tage.

2.2 Modulbeziehungen

Bei der Betrachtung von Beziehungen zwischen Modulen eines Programmsystems kommt es sehr stark auf die Ebene an, auf der Beziehungen ausgedrückt werden sollen. Wie bereits in der Einleitung angedeutet, wollen wir mit der Systemarchitektur ausschließlich die statische Struktur des Programmsystems ausdrücken, d.h. die Zerlegung des Gesamtsystems in Einzelkomponenten und eine Beziehung zwischen diesen Komponenten, die ausdrückt, daß ein Modul *zur Realisierung* eines oder mehrerer anderer Module *benutzt* werden darf. Dabei kann die Menge der benutzbaren Ressourcen auf eine Teilmenge der zur Verfügung stehenden Ressourcen eingeschränkt werden. Wir nennen dies eine *Import-/Export-Relation*, die eine Beziehung auf der Ebene von Benutzbarkeiten, d.h. möglichen Benutzungen, festlegt. Diese Relation wird z.B. in blockorientierten Programmiersprachen implizit mit Hilfe von Sichtbarkeits- und Gültigkeitsregeln ausgedrückt. Zu unterscheiden von dieser Benutzbarkeit sind die statische Benutzung von Ressourcen anderer Module bei der Implementierung eines Modulrumpfes, die sich im Quelltext des Modulrumpfes ausdrückt, und die dynamische Benutzung einer Ressource, die erst beim Aufruf dieser Ressource (Prozeduraktivierung oder Objekterzeugung) zur Laufzeit des Programmsystems stattfindet. Diese Arten von Benutzungsbeziehungen werden auf der hier betrachteten Ebene genausowenig verwendet, wie Beziehungen, die ausdrücken, daß zwei Modulimplementierungen nebenläufig ausgeführt werden können, oder daß bestimmte Daten zwischen ihnen fließen.

Um die Import-/Export-Relationen weiter zu strukturieren, wird noch eine andere Beziehung zwischen Modulen eingeführt. Es soll ausdrückbar sein, daß ein Modul eine *lokale Komponente* zur Realisierung eines anderen Moduls ist. Dies wird mit einer *Enthaltenseins-Relation* zwischen den beiden Modulen angegeben. Die Enthaltenseins-Beziehung erzeugt eine baumartige Hierarchie von Modulen.

Mit Hilfe der Enthaltensseins-Beziehung wird die Benutzbarkeitsbeziehung in zwei Teilrelationen mit unterschiedlicher Bedeutung aufgespalten:

(1) Ein Modul ist in einem anderen Modul enthalten (lokale Komponente) und deshalb nur in einem *lokalen Kontext benutzbar*. Bei den Modulen im selben lokalen Kontext, in denen Ressourcen des Moduls benutzbar gemacht werden sollen, muß dies explizit angegeben werden. Wir nennen diese Beziehung *lokale Benutzbarkeit*. Die Kombination von Enthaltenseins- und lokaler Benutzbarkeitsbeziehung erlaubt es, lokale Bereiche in einem Software-System zu beschreiben, die oft im Laufe des Verfeinerungsprozesses

einer Systemkomponente entstehen. Solche lokalen Bereiche (Enthaltenseinsbäume) tragen dem Prinzip des "information hiding" auf der Architekturebene Rechnung. Nur das Wurzelmodul eines Enthalten-
seinsbaumes kann außerhalb benutzbar gemacht werden. Aber auch innerhalb des lokalen Bereiches ist die Benutzbarkeit zwischen den Moduln
nicht beliebig möglich. Ein Modul soll hier nur für alle die Module
benutzbar gemacht werden können, die in dem lokalen Bereich des Moduls
liegen, in dem es selbst enthalten ist, d.h. in "Baum–Terminologie": alle
Module in dem Enthaltenseinsbaum, der von dem Vatermodul des betref-
fenden Moduls aufgespannt wird (vgl. Abb. 2.2.1). Dies entspricht der
Benutzbarkeit von geschachtelten Prozeduren in einer blockstrukturierten
Programmiersprache. Im Gegensatz zu der Situation dort wird hier nicht
eine implizit gegebene Benutzbarkeitsbeziehung zu all den genannten
Modulen ausgedrückt, sondern nur der Bereich beschrieben, in dem lokale
Benutzbarkeiten explizit angegeben werden können.

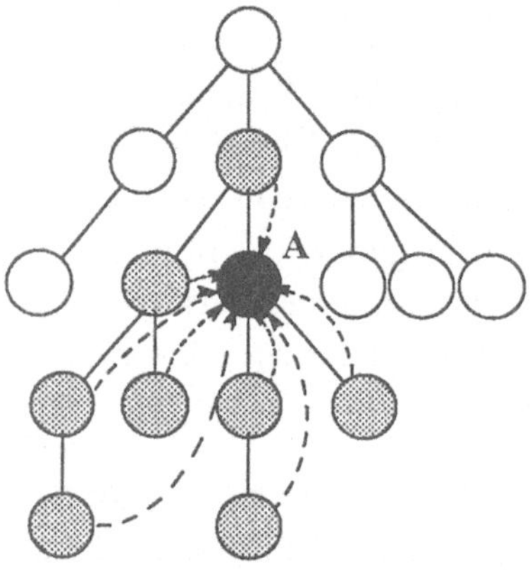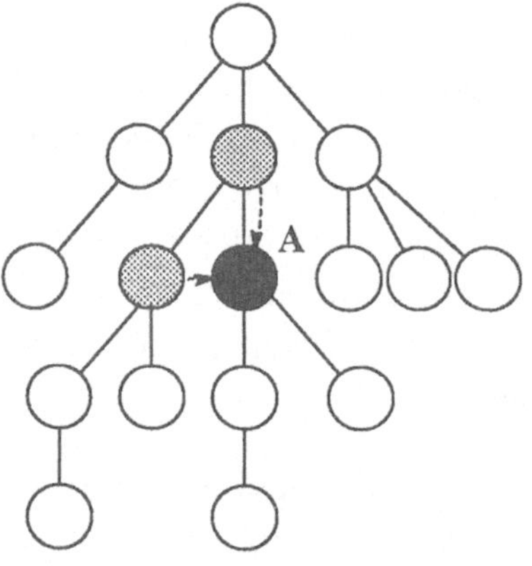

Lokaler Benutzbarkeitsbereich
für das Modul A

Explizit eingetragene lokale
Benutzbarkeit für das Modul A

Abbildung 2.2.1: Lokale Benutzbarkeit

(2) Ein Modul ist allgemein benutzbar im Sinne eines *allgemeinen Hilfsmittels*
zur Realisierung von anderen Moduln, wenn es nicht lokale Komponente
eines anderen Moduls ist. Auch hier wird die Benutzbarkeit des Moduls an
den gewünschten Stellen explizit angegeben. Wir sprechen dann von
genereller Benutzbarkeit. Diese Beziehung spiegelt die Vorstellung von einer
Menge allgemeiner Realisierungshilfsmittel wider und beschreibt den
globalen Zusammenhang zwischen den verschiedenen lokalen Bereichen
des Systems. Solche allgemeinen Realisierungshilfsmittel entstehen durch

den Prozeß des Herausziehens gemeinsam verwendbarer oder benötigter Komponenten in einem Programmsystem. Im Gegensatz zu der lokalen Benutzbarkeit, die unter Einhaltung der dort angegebenen Regeln durchaus zyklische Abhängigkeiten von Modulen erlaubt, werden bezüglich der generellen Benutzbarkeit keine Zyklen zugelassen. Rekursive Situationen in der Architektur werden damit auf lokale Bereiche beschränkt. Mit dieser Einschränkung für die generelle Benutzbarkeitsbeziehung erhält man als globale Struktur, d.h. zwischen lokalen Bereichen, typischerweise eine Schichtenstruktur für die Architektur von Software–Systemen (vgl. Abb. 2.2.2).

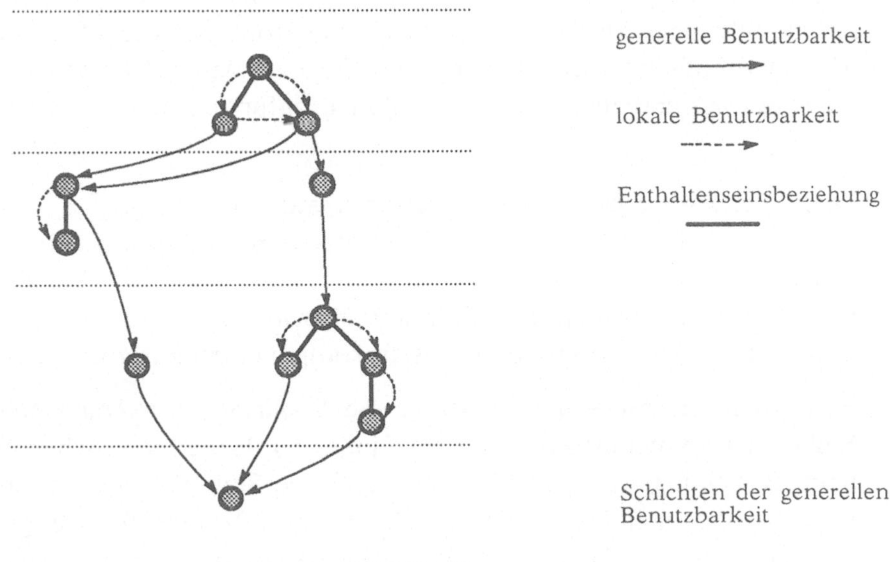

Abbildung 2.2.2 : Generelle Benutzbarkeit

Jede der beiden vorgeschlagenen Benutzbarkeitsbeziehungen läßt sich im Prinzip durch die jeweils andere Beziehung simulieren. Wir sind aber der Überzeugung, daß die Unterscheidung in lokale und generelle Benutzbarkeiten eine klarere Strukturierung von Software–Architekturen erlaubt, als es bei auschließlicher Verwendung nur einer Benutzbarkeitsbeziehung möglich wäre.

Bisher wurden keine speziellen Modulklassen und Modulbeziehungen zur Darstellung von *nebenläufigen Prozessen* eingeführt. Die Behandlung von Nebenläufigkeit auf der Ebene der statischen Struktur eines Systems hängt stark vom Nebenläufigkeitskonzept ab, das man unterstützen will. Wird beispielsweise Nebenläufigkeit mit einem Rendezvous–Konzept wie in Ada ausgedrückt, dann spielt es für die Architektur des Software–Systems keine

Rolle, ob die Moduloperationen als nebenläufig aktivierte Prozeduren, d.h. in Ada als Entry-Definitionen und -Aufrufe, implementiert werden. Von allen Modulklassen, mit Ausnahme der Typkollektionen, könnte man syntaktisch spezialisierte Abarten bilden, um bei der Abbildung der Architektur in eine konkrete Programmiersprache dort die verschiedenartige syntaktische Gestalt von sequentiellen und nebenläufigen Systemkomponenten zu berücksichtigen.

2.3 Teilsysteme

Die bisher betrachteten einzelnen Module reichen in praktischen Anwendungen als alleiniges Strukturierungsmittel für große Software-Systeme nicht aus. Es werden Mechanismen benötigt, um mehrere Module zu neuen Systemkomponenten zusammenzufassen. Die Motive dafür liegen auf verschiedenen Ebenen:

- Reale Software-Systeme bestehen meist aus einer so *großen Anzahl* von Modulen, daß die Struktur des Gesamtsystems auf dieser Abstraktionsebene nicht mehr genügend überschaubar bleibt. Es werden weitere Strukturierungsmechanismen benötigt, um *logisch zusammengehörige Teile* der Systemarchitektur zu größeren Systemkomponenten zusammenzufassen.

- Es werden Bausteine entwickelt, die die *Schnittstellen mehrerer Module* als Einheit zusammenfassen (etwa im Sinne der Habermann'schen Summations-Beziehung, vgl. /Ha 82/). Eine typische Situation, die das erfordert, liegt bei doppelter Datenabstraktion vor. Ein (abstrakter) Eintragstyp und der darauf basierende Kollektiontyp werden von außen immer gemeinsam benutzt. Eventuell stützen sie sich auf eine gemeinsame Realisierung ab.

- Die Entwicklung eines großen Systems wird im allgemeinen in einer Gruppe von Software-Entwicklern durchgeführt. Es muß eine Strukturierung des Systems zu *organisatorischen Zwecken* vorgenomen werden. Sie bildet die Grundlage für die Aufgabenverteilung in einem Projekt-Team, für die Planung und Kontrolle des Entwicklungsprozesses (Meilensteine, Teilprodukte), oder auch die Verteilung von Software-Dokumenten in einem Netz von einzelnen Software-Arbeitsplätzen (verteilte Entwicklungsumgebung).

Die im letzten Abschnitt mit Hilfe der Enthaltenseinsbeziehung eingeführten lokalen Bereiche (Enthaltenseinsbäume) stellen bereits ein Konzept für die logische Strukturierung von Systemen dar. Es erlaubt, begrenzte Kontexte in der Architektur auszudrücken, innerhalb derer die Benutzbarkeit spezifischen Restriktionen unterliegt, und innerhalb derer zyklische

Benutzbarkeiten konstruiert werden können. Lokale Kontexte sind jedoch wegen der Restriktionen der Benutzbarkeit wenig dazu geeignet, abgeschlossene Bereiche eines Systems zu bilden, zumal wenn dieser Bereich nach außen nicht nur durch einen einzigen Modul repräsentiert wird.

Wir führen deshalb den Begriff des *Teilsystems* ein, das mehrere beliebige Module zu einer neuen Systemkomponente zusammenfaßt. Ein Teilsystem besteht also aus einer Ansammlung von Modulen und zusätzlich aus der Angabe, welche dieser Module außerhalb des Teilsystems benutzbar gemacht werden können. Durch diese Einschränkung der Benutzbarkeit von Modulen unterstützen wir bei der Bildung von Teilsystemen das Prinzip des "information hiding" auf der Ebene der Systemarchitektur. Werden beispielsweise allgemein verfügbare Basiskomponenten, die selbst aus mehreren Modulen bestehen, in anderen Programmsystemen verwendet, so ist dort die Feinstruktur einer Basiskomponente nicht von weiterem Interesse oder soll sogar verborgen bleiben. Als ebenfalls von außen nicht benutzbares Modul läßt sich in jedem Teilsystem auch ein Testmodul verankern, mit dem die Module der Teilsystem–Schnittstelle interaktiv getestet werden können. Sieht man weiterhin vor, daß zu jedem Teilsystem weitere Software–Dokumente, wie eine technische Dokumentation oder ein Management–Dokument existieren, dann ergeben sich aus den Teilsystemen in natürlicher Weise *Teilprojekte* als Verwaltungseinheiten zur Strukturierung eines großen Gesamtprojektes (vgl. Abb. 2.3.1).

Die Möglichkeit, mehrere Module eines Teilsystems als "Schnittstelle" nach außen anzugeben, erweist sich in der Praxis als sehr nützlich. Zum einen erlaubt es, Datentyp– und Typkollektionsmodule, die Parametertypen für die Zugriffsoperationen von Datenobjektmodulen zur Verfügung stellen, mit diesen Datenobjektmodulen zu einer Systemkomponente zu kombinieren (Ersatz für Summationsmodule).
Zum anderen ermöglicht es die Bildung allgemeiner, wiederverwendbarer Teilsysteme im Sinne von *Programmbibliotheken*. Gerade hier scheint es sinnvoll, eine Bibliothekskomponente eben nicht als ein Modul mit einer sehr umfangreichen Schnittstelle, sondern als ein Teilsystem aufzufassen, dessen "Gesamtschnittstelle" in einzelne Module gegliedert ist.

Zwischen Modulen verschiedener Teilsysteme lassen wir nur *generelle Benutzbarkeitsbeziehungen* zu. Dadurch ergibt sich als globale Struktur von Software–Systemen die bereits im letzten Abschnitt erwähnte typische Schichtenarchitektur.

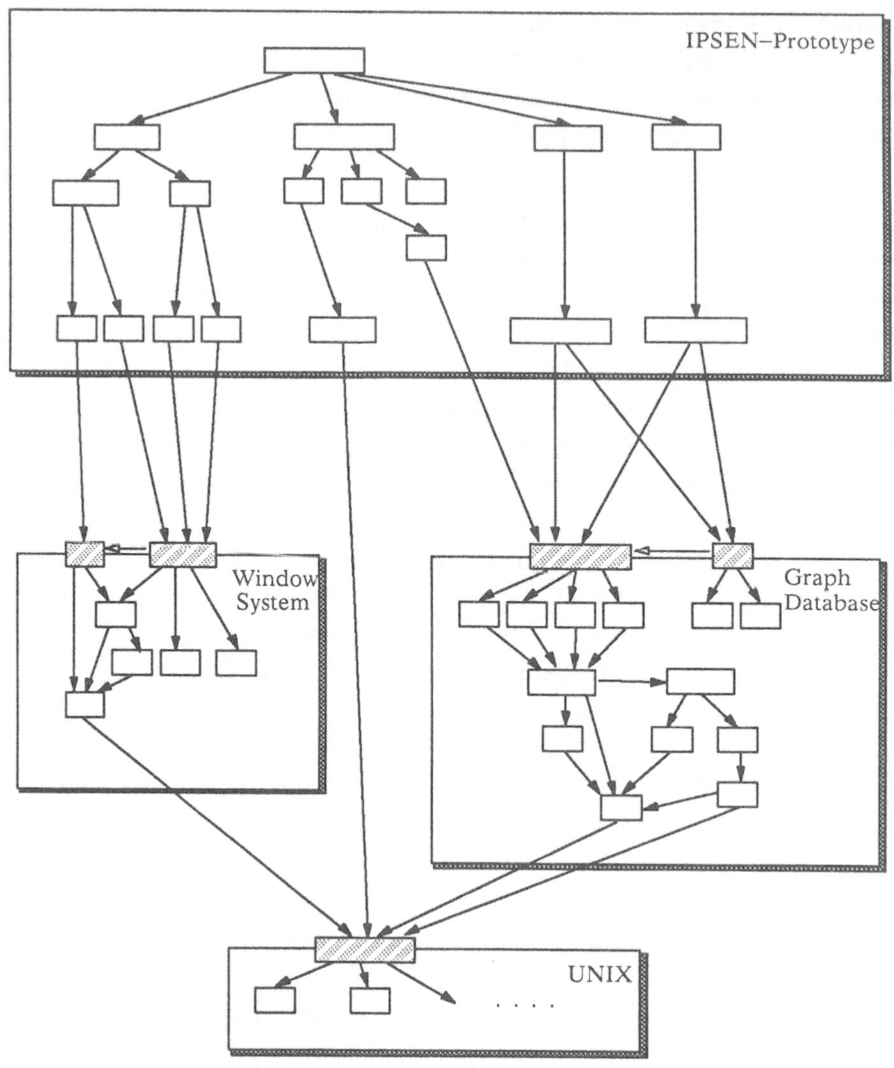

Abbildung 2.3.1 : Teilsysteme zur Strukturierung von Software–Systemen

2.4 Konsistenzbedingungen für Systemarchitekturen

Wir fordern für Systemarchitekturen eine Reihe von Bedingungen, die in einem konsistenten Software–System erfüllt sein müssen. Sie lassen sich einteilen in Regeln, die *Inkonsistenzen* im engeren Sinne (d.h. Konflikte) betreffen, und solche, die *Unvollständigkeiten* vermeiden.

Zur ersten Gruppe gehören:

(1) Ein Modul ist höchstens in einem anderen Modul enthalten (Wald–Struktur der Enthaltenseinsbeziehung). Beide Module gehören zum selben Teilsystem.

(2) Ein Typkollektionsmodul darf nicht mit Hilfe anderer Module realisiert werden, d.h. es enthält keine lokalen Komponenten und benutzt auch keine anderen Module.

(3) Ein Modul A, für das in einem Modul B eine lokale Benutzbarkeit eingetragen ist, ist bezüglich der Enthaltenseinsbeziehung entweder Sohn, oder Bruder, oder Vater, oder Onkel, oder Großvater, oder Großonkel, usw. von B.

(4) Ein Modul, für das eine generelle Benutzbarkeit eingetragen werden soll, darf nicht lokale Komponente eines anderen Moduls sein.

(5) Ein Modul A, für das in einem Modul B eine generelle Benutzbarkeit eingetragen ist, enthält weder eine direkte noch eine indirekte Benutzbarkeit des Moduls B. Indirekte Benutzbarkeit bedeutet, daß in A eine Benutzbarkeit für ein weiteres Modul C eingetragen ist, in dem seinerseits eine Benutzbarkeit des Moduls B vorgesehen ist. Die Indirektion kann dabei über beliebig viele Stufen gehen (keine zyklischen Import–/Export–Relationen über generell benutzbaren Modulen).

(6) Bei Vorliegen einer zyklischen lokalen Benutzbarkeit (die durch Regel 3 nicht verboten wird) darf in diesem Zyklus weder ein Datentyp– noch ein Datenobjektmodul enthalten sein.

(7) Bezeichner sind innerhalb der folgenden Namensräume jeweils paarweise verschieden (keine Überladung):
– Namen der Module in einem Programmsystem (bzw. Teilsystem).
– Namen der importierten und exportierten Ressourcen eines Moduls.
– Namen der Parameter einer Ressource.

(8) Benutzte Namen müssen an entsprechender Stelle definiert werden, d.h. ist in einem Modul A eine Benutzbarkeit von Ressourcen eines Moduls B eingetragen, so muß B existieren und die in A importierten Ressourcen sind eine Teilmenge der von B exportierten Ressourcen.

Die (syntaktische) *Vollständigkeit* und *Minimalität* einer Systemarchitektur wird durch die nächsten Regeln ausgedrückt:

(9) In jeder exportierten Operation eines Datentypmoduls muß mindestens ein Parameter vom exportierten Datentyp des Moduls sein (sonst sind die Operationen nicht Zugriffsoperationen auf Objekte dieses Typs!)

(10) Alle Parametertypen von exportierten Ressourcen eines Moduls müssen an allen potentiellen Importstellen dieser Ressourcen auch importierbar sein. An der Importstelle einer Ressource müssen insbesondere auch alle Parametertypen für diese Ressource tatsächlich verfügbar sein, d.h. entweder dort ebenfalls importiert sein, oder exportierter Typ des importierenden Moduls sein.

(11) Jeder Modul muß mindestens eine Ressource exportieren, Datentypmodule exportieren außer dem Typbezeichner mindestens eine Zugriffsoperation.

(12) Jede Ressource eines Moduls muß in mindestens einem anderen Modul importiert werden.

Beim Übergang von der Systemarchitektur zu den einzelnen Modulimplementationen ergeben sich eine Fülle weiterer Konsistenzregeln. So kann z.B. gefordert werden, daß jede in einem Modul importierte Ressource auch tatsächlich im Modulrumpf zur Implementierung des Moduls verwendet wird.

Wir werden bei der Betrachtung der inkrementellen Werkzeuge zur Erstellung und Wartung von System–Architekturen diskutieren, welche der oben angegebenen Bedingungen *ständig*, d.h. zu jedem Zeitpunkt während des Entwicklungsprozesses erfüllt sein müssen, und welche zu *ausgewählten Zeitpunkten*, wie beispielsweise dem Zeitpunkt der erstmaligen Erzeugung von Programmiervorgaben, überprüft werden. Es wird dabei abzuschätzen sein, wie hoch der Nutzen der inkrementellen Konsistenzüberprüfung für den Software–Entwickler ist, gemessen an dem dazu notwendigem Aufwand für die Realisierung und das Laufzeitverhalten der Werkzeuge.

2.5 Beispiel für die Architektur eines Software–Systems

Das folgende Beispiel stellt die Architektur eines *einfachen Fensterverwaltungssystems* dar. Es sollen auf einem Arbeitsplatzrechner, der mit einem Bildschirm, Tastatur und einer Zeigeeinrichtung (Maus) ausgestattet ist, Möglichkeiten zum Handhaben einander überlappender Bildschirmbereiche (Fenster) zur Verfügung gestellt werden. In den Fenstern sollen übliche Schreiboperationen zur Ausgabe von Zeichenketten, rechteckigen Flächen und Polygon–Zügen vorgesehen werden. Das ganze Dialog–Ein–/Ausgabesystem, d.h. die Behandlung von Benutzereingaben über die Tastatur und die Maus, und von Ausgabeoperationen in die Bildschirmfenster soll in diesem Teilsystem verkapselt werden.

Zunächst führen wir *Systemdiagramme* als eine graphische Notation zur Darstellung von Software–Architekturen ein. Es werden dabei einzelne Module durch rechteckige Kästen und die Beziehungen zwischen ihnen durch verbindende, gerichtete Kanten ausgedrückt. Teilsysteme werden durch Kästen ausgedrückt, die die entsprechenden Module enthalten. In der Graphik erhalten die Kästen verschiedenartige Berandungen, die jeweils der Modulklasse entsprechen. Die verschiedenartigen Modulbeziehungen spiegeln sich in unterschiedlichen Linienformen für die Kanten wider.
Abbildung 2.5.1 zeigt das Systemdiagramm für unser Beispiel. Auf dieser Darstellungsebene werden die Module und die Import–/Exportrelationen nur vergröbert wiedergegeben. Bei den Modulen fehlt die Beschreibung der Exportschnittstellen, bei den Importen wird nicht angegeben, welche Teilmenge der exportierten Ressourcen importiert wird. Völlig außer acht gelassen werden hier auch die Typkollektionsmodule, da sie keine Systemkomponenten sind, die wirklich Entwurfsentscheidungen verkapseln, und außerdem von sovielen anderen Modulen benutzt werden, daß die Architektur durch diese Import–Beziehungen völlig unübersichtlich würde. Systemdiagramme dienen als wichtiges Kommunikationsmittel zwischen den Mitgliedern eines Entwicklungs–Teams. An ihnen lassen sich doch die wesentlichen Ideen des Entwurfs eines Software–Systems erläutern.

Die Ausgangssituation beim Entwurf des Fensterverwaltungssystems ist insofern schwierig, als es sowohl Datentyp–Charakter besitzt, da es einen Typ "Fenster" zur Verfügung stellen soll, zum anderen aber auch ein Gedächtnis im Sinne eines Datenobjekts besitzt, das die einzelnen Fensterexemplare verwaltet und auch von den Fenstern unabhängige Benutzereingaben (über Tastatur oder Maus) behandelt.

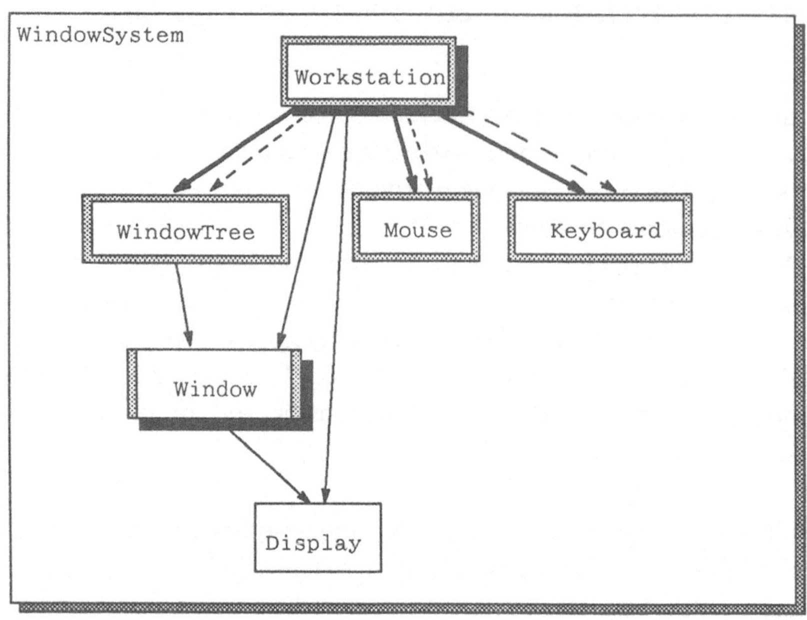

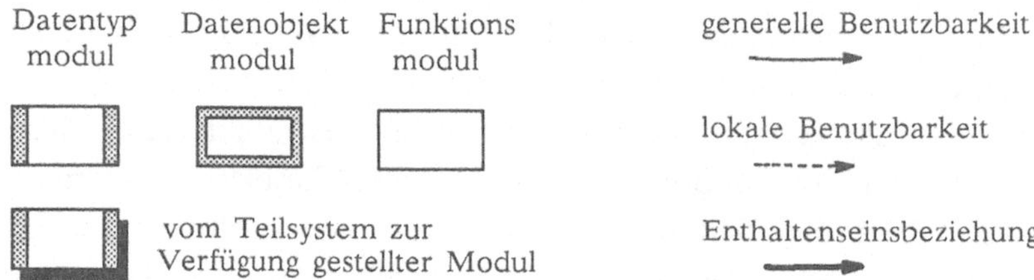

Abbildung 2.5.1 : Architektur eines einfachen Fensterverwaltungssystems

Modelliert wird diese Situation durch das Teilsystem 'WindowSystem', das die beiden Module 'Window' und 'Workstation' zur Verfügung stellt. Im Systemdiagram werden diese beiden Module durch eine besondere Markierung hervorgehoben.

Der Datentypmodul 'Window' verkapselt die Datenstruktur eines einzelnen Fensters. Er exportiert den Typ 'WINDOW' und die Zugriffsoperationen zum Initialisieren, Beschreiben, Anzeigen und Löschen eines Bildschirmfensters. In einer benutzenden Anwendung können also beliebig viele Fenster erzeugt werden. Jedes Fenster enthält auch die Information, wo es auf dem Bildschirm liegt und welcher Fensterausschnitt dort sichtbar ist. Diese Information wird von außen vorgegeben und dazu benutzt, das Ergebnis von Schreiboperationen im sichtbaren Fensterausschnitt direkt auf dem Bildschirm anzuzeigen. Das geschieht mit Hilfe der Ressourcen des Moduls 'Display'. Der Bildschirm selbst verhält sich aus Sicht des Beobachters zwar wie ein Gedächtnis, aber die Schnittstelle des Moduls 'Display' hat streng funktionalen Charakter, da der Bildschirm hier ein reines Ausgabegerät darstellt. Deshalb wird der Modul als Funktionsmodul modelliert. Der hier angenommene Graphikbildschirm bietet an seiner Schnittstelle nur eine Operation zum Anzeigen von rechteckigen Pixelmustern an, die als Bitvektoren (transparenter Typ 'PIXRECT') übergeben werden, und eine Ressource zum Beschreiben des gesamten Bildschirms mit einem bestimmten Muster. Die Realisierung des Moduls 'Window' benutzt deshalb auch den Typ 'PIXRECT' zum Aufbau von Fensterinhalten.

Den Arbeitsplatz ('Workstation') fassen wir als Datenobjekt auf, dessen Gedächtnis den Zustand der Eingabegeräte (Tastatur und Maus) und des Ausgabegerätes (Bildschirm) beinhaltet. Der Modul exportiert Operationen, um Eingabeereignisse abzufragen, den Bildschirm zu initialisieren, Bildschirmfenster (Typ 'WINDOW') an bestimmten Bildschirmpositionen zu öffnen oder wieder zu schließen. 'Workstation' enthält die drei lokalen Komponenten 'Mouse', 'Keyboard', und 'WindowTree', die gerade die spezifischen Komponenten eines Arbeitsplatzes sind. Die beiden Eingabegeräte sind hier durch Datenobjekte modelliert. Der Zustand dieser Gedächtnisse wird nicht allein mit Hilfe von Zugriffsoperationen (die die Geräte in definierte Anfangszustände versetzen), sondern – aus der Sicht des Software-Systems – zufällig (von dem Dämon "Benutzer") verändert. Der Modul 'WindowTree' verkapselt ein Gedächtnis, das den aktuellen Aufbau des Bildschirms enthält. Hier wird zu jedem durch die 'Workstation' eröffneten Fenster die Information bereitgestellt, wo es auf dem Bildschirm plaziert ist und welcher Teil des Fensters sichtbar ist, d.h. nicht durch andere Fenster überlappt wird. Diese Information wird an die einzelnen Fenster weitergegeben. Der Modul 'Workstation' importiert den Datentyp 'WINDOW', der dort als Parametertyp benötigt wird. Der Modul 'WindowTree' importiert außer dem Typ 'WINDOW' auch noch zusätzlich eine Ressource, um jedem Fenster seine Bildschirmposition und den sichtbaren Fensterauschnitt mitteilen zu können.

Da der Modul 'Window' sowohl von 'WindowTree' als auch von 'Workstation' benutzt werden soll, kann er weder lokale Komponente des einen, noch des anderen Moduls sein. Dasselbe gilt für den allgemein benutzbaren Modul 'Display'.

Nicht dargestellt sind die drei Typkollektionsmodule 'DisplayPrimitives', 'InputPrimitives', und 'StandardTypes', deren Ressourcen in praktisch allen Moduln als Parametertypen für Zugriffsoperationen verwendet werden.

'DisplayPrimitives' und 'InputPrimitives' stellen jeweils spezifische Aufzählungstypen zur Verfügung, 'StandardTypes 'enthält einige einfache Datentypen, die entsprechend auf die Implementierungssprache abgebildet werden müssen.

Die *Textnotation* für System–Architekturen lehnt sich in vielem an die Programmiersprache Modula–2 an (vgl. Abb. 2.5.2).
Nach einem Kommentar zum gesamten Teilsystem folgt die Angabe, welche Module von dem Teilsystem zur Verfügung gestellt werden. In einer Liste werden dann alle Module des Teilsystems aufgezählt. In der Abbildung werden nur die Texte von zwei Modulen gezeigt, eine vollständige Darstellung findet man im Anhang dieses Kapitels.
Für jedes Modul werden in einer 'BASED ON'–Klausel alle die Datentypen angegeben, die als Parametertypen zur Verwendung der von diesem Modul exportierten Ressourcen bekannt sein müssen. Es folgt eine Liste von Typ– und Prozedurdefinitionen der exportierten Ressourcen im Stil von Modula–2. Nach jeder Operation kann ein Kommentar stehen.
Der Realisierungsteil eines Moduls besteht aus der Angabe der Namen der lokalen Module, einer Liste von 'IMPORT'–Klauseln und einem Hinweis auf die zugehörige Implementierung. Die Enthaltenseins–Beziehung wird hier nicht durch textuelle Schachtelung (wie in Modula–2), sondern durch ein Paar von 'CONTAINS/IS CONTAINED'–Klauseln ausgedrückt, um überschaubarere Texteinheiten zu erhalten. Die 'IMPORT'–Klauseln umfassen auch die im 'BASED ON'– Teil angegebenen Typen, evtl. mit dazugehörigen Operationen.

```
PROGRAM SYSTEM WindowSystem :

    WindowSystem provides a workstation I/O system with overlapping
    screen windows, keyboard, and pointing device (mouse). The specific
    primitive parameter types are defined by the modules
    DisplayPrimitives and InputPrimitives. The types defined by
    BaseTypes should be primitive types of the implementation language.


    PROVIDES Workstation,
             Window,
             DisplayPrimitives,
             InputPrimitives,
             StandardTypes;


DATAOBJECT MODULE Workstation

    This module encapsulates a workstation with resources to open
    and to close (existing) windows and to get input events from
    the keyboard and the mouse.

    BASED ON InputPrimitives.EventType, InputPrimitives.ControlKey,
             StandardTypes.CHAR, StandardTypes.BOOLEAN,
             StandardTypes.POINT, Window.WINDOW;

    EXPORT PART :
       PROCEDURE InitializeWorkstation;
           Initializes the workstation, clears the screen.

       PROCEDURE OpenWindow
                   (VAR CurrentWindow : WINDOW;
                    TopLeft : POINT);
           Displays the current window on the screen with the upper
           left corner at the specified TopLeft coordinates of the
           screen.
       ....

    REALIZATION PART :
       CONTAINS WindowTree, Mouse, Keyboard;
       IMPORT PART :
          LOCAL IMPORT FROM Mouse :
              ResetMouse, GetLastMouseEvent;
          LOCAL IMPORT FROM Keyboard :
              ResetKeyboard, GetLastKeyPress;
          LOCAL IMPORT FROM WindowTree :
              InitializeWindowTree, PushWindowOnTop,
              RemoveWindowFromTree, GetWindowRelativePosition;
          GENERAL IMPORT FROM Window :
              WINDOW;
          GENERAL IMPORT FROM Display :
              EraseScreen;
```

```
              GENERAL IMPORT FROM DisplayPrimitives :
                 FillStyle;
              GENERAL IMPORT FROM InputPrimitives :
                 EventType, ControlKey;
              GENERAL IMPORT FROM StandardTypes :
                 CHAR, BOOLEAN, POINT;
           (<Implementation>)
       END Workstation .


       DATATYPE MODULE Window
          . . . .


       DATAOBJECT MODULE Keyboard
          . . . .

       DATAOBJECT MODULE Mouse
          . . . .

       DATAOBJECT MODULE WindowTree
          . . . .

       FUNCTION MODULE Display
          . . . .

       TYPE COLLECTION MODULE DisplayPrimitives
          EXPORT PART :
             TYPE PIXRECT;
                (* ARRAY OF BIT  *)
             TYPE FrameStyle;
                (* (SimpleLine, BoldLine, DoubleLine) *)
             TYPE FillStyle;
                (* (Black, DarkGrey, LightGrey, White) *)
             TYPE LineStyle;
                (* (Solid, Dashed, Dotted) *)
             TYPE TextStyle;
                (* (Normal, Reverse, Bold, BoldReverse) *)
          (<Implementation>)
       END DisplayPrimitives .


       TYPE COLLECTION MODULE InputPrimitives
          . . . .

       TYPE COLLECTION MODULE StandardTypes
          . . . .

   END WindowSystem .
```

Abbildung 2.5.2 Textuelle Repräsentation der Beispiel-Architektur

2.6 Abbildung von Systemarchitekturen auf Programmiersprachen

Wir hatten in der Einleitung dieses Kapitels (Abschnitt 2.1) festgestellt, daß das hier beschriebene Modulkonzept noch weitgehend unabhängig von einer konkreten Programmiersprache sei. Im vorliegenden Abschnitt wird kurz ausgeführt, wie sich eine mit dem IPSEN-Modulkonzept entworfene Software-Architektur in eine vorgegebene *Implementierungssprache abbilden läßt.*

In mehreren kleinen Studienprojekten, die die Vorlesung "Software-Technik" an der Universität Osnabrück begleiteten, wurde diese Abbildung für die Sprachen FORTRAN, COBOL, 8086-Assembler, C, Elan, Pascal, Modula-2 und Ada studiert. Die Transformation einer Software-Architektur in die Implementierungssprachen FORTRAN, COBOL, Assembler, C und Pascal unterscheidet sich neben der jeweils verschiedenen Syntax nur wenig. Dasselbe gilt für Elan, Modula-2 und Ada. Die Verwendung von Ada zur Realisierung des IPSEN-Modulkonzepts wird in /Na 88/ sehr ausführlich diskutiert, wobei allerdings die Bildung von Teilsystemen noch nicht berücksichtigt ist. Wir beschränken uns hier deshalb darauf, exemplarisch das Vorgehen für C und Modula-2 zu zeigen. Für diese beiden Sprachen wurden im Rahmen des IPSEN-Prototyps die Transformationswerkzeuge auch tatsächlich implementiert (vgl. Abschnitt 4.1.3)

Die *Programmiersprache C* (/KR 78/) bietet nur die vergleichsweise bescheidene Möglichkeit der getrennten Übersetzbarkeit, um Module und Modulbeziehungen auszudrücken. In C wird jedes Modul zu einer eigenen Textdatei. Datentyp-, Datenobjekt- und Funktionsmodule lassen sich so unabhängig voneinander bearbeiten und getrennt übersetzen. Typkollektionen werden als include-Files realisiert, also nicht getrennt übersetzt, sondern an jeder Importstelle einkopiert. Die Exportschnittstellen und die Import-Beziehungen lassen sich nur durch entsprechende Kommentare deutlich machen. Eine Unterscheidung von exportierten und lokalen Ressourcen kann in C-Syntax nicht ausgedrückt werden. Importierte Prozeduren werden mit Hilfe von 'extern'-Klauseln angegeben, importierte Typen schlagen sich nur in Kommentaren nieder. Die Einhaltung von Import-/Export-Restriktionen kann damit also auch nicht vom C-Compiler überprüft werden. Der Programmierer kann sich nur auf seine eigene Disziplin in der Verwendung von Modulressourcen verlassen. Teilsysteme lassen sich in der Sprache selbst nicht ausdrücken, können jedoch einigermaßen gut durch diziplinierte Verwendung von Bibliotheken und geschickter Organisation der Dateien im Dateiverwaltungssystem nachempfunden werden. Abbildung 2.6.1 zeigt die C-Version des Moduls 'window' aus dem Beispiel des Abschnitts 2.5. Dieser Text kann *automatisch* durch Transformation der oben vorgestellten Textnotation erzeugt werden.

```
---------------------------------------------------------------------
/*
 *   DATATYPE MODULE Window;
 *
 *   This is the datatype WINDOW, representing one window on the
 *   screen. Once having initialized and displayed the window all
 *   write operations directly affect the screen, if they are applied
 *   to a defined visible window region.
 *
 *   EXPORT INTERFACE:
 *
 *      WINDOW;
 *
 *      void InitWindow(NewWindow,Frame,Title,Width,Height);
 *
 *          InitWindow establishes the new window, without displaying
 *          it. This resource has to be called once before any other
 *          operation on a newly created window may be called.
 *
 *
 *          ...
 *
 *      void ReleaseWindow(CurrentWindow);
 *
 *          Discards the window content.The window must not be
 *          displayed on the screen.
 *
 *      IMPORT INTERFACE:
 *
 *          FROM Display IMPORT
 */
            extern void DisplayPixelMatrix();
/*
 *          FROM StandardTypes IMPORT
 *              type POINT, type POLYGON, type CARDINAL,type STRING;
 */
                #include StandardTypes.h
/*
 *          FROM DisplayPrimitives IMPORT
 *              type PIXRECT, type FrameStyle, type FillStyle,
 *              type LineStyle, type TextStyle ;
 */
                #include DisplayPrimitives.h
 /*
 *   IMPLEMENTATION BODY
 */
```

```
    typedef WINDOW (<typedefinition>);

    void InitWindow(NewWindow,Frame,Title,Width,Height);
              WINDOW *NewWindow;
              FrameStyle Frame;
              STRING Title;
              CARDINAL Width,Height;
    {
      };


    ...


    void ReleaseWindow(CurrentWindow);
              WINDOW *CurrentWindow;
    {
      };
/*
 *    END Window .
 */
```
____

Abbildung 2.6.1 : Transformation eines Moduls in die Programmiersprache C

Bei der Verwendung von *Modula-2* (/Wir 88/) als Implementierungssprache gelingt die Transformation der Systemarchitektur in eine Implementierungsvorgabe wesentlich besser als in C. Jeder IPSEN-Modul wird in ein Modula-2-Bibliotheksmodul abgebildet. Es entsteht dabei jeweils eine Textdatei für das 'DEFINITION' und das 'IMPLEMENTATION MODULE' (siehe Abb. 2.6.2). Die Module eines Teilsystems werden zu einer Modula-2-Bibliothek zusammengefaßt (zur Bildung von Bibliotheken gibt es zwar kein Sprachkonstrukt, sie wird jedoch in allen uns bekannten Modula-Implementierungen unterstützt). Die Typen des 'BASED ON'-Teil eines Moduls werden im 'DEFINITION MODULE' importiert; dort steht auch eine Liste der exportierten Ressourcen zusammen mit den entsprechenden Prozedurköpfen. Bei von Datentypmodulen exportierten Typen wird hier immer nur der Typbezeichner aufgeführt (opaque types). Im 'IMPLEMENTATION MODULE' findet man alle Importe des Realisierungsteils, eine unvollständige Typ-Definition bei Datentypmodulen und die Deklarationen der exportierten Prozeduren mit noch leerem Rumpf. Die 'DEFINITION MODULES' können ohne weitere Bearbeitung fehlerfrei vom Modula-2-Compiler übersetzt werden.

Eine Ausnahme bilden die Typkollektionsmodule. Im 'DEFINITION MODULE' stehen nur die noch zu vervollständigenden Typ-Deklarationen (transparent types), das 'IMPLEMENTATION MODULE' besteht einzig aus einem leeren Rumpf.

Obwohl Modula-2 ein *Konzept lokaler Module* kennt, werden lokale Module der Software-Architektur auf Modula-2-Bibliotheksmodule abgebildet. Dies hat folgende Gründe:
Lokale Module in Modula-2 entstehen durch textuelle Schachtelung von Modulen. Anders als in Ada können keine separaten Texteinheiten gebildet werden, sondern es entstehen sehr große monolithische Übersetzungseinheiten, die die getrennte Bearbeitbarkeit von Modulimplementierungen verhindern. Eine unschöne Eigenschaft von lokalen Modula-2-Modulen ist, daß dort keine Bibliotheksmodule direkt importiert werden können. Alle solchen Importe müssen im äußersten Modul gemacht werden und von dort durch alle Schachtelungsebenen bis zur eigentlichen Importstelle geschoben werden. Dadurch würden bei der Umsetzung einer Software-Architektur zusätzliche Importe entstehen, die Ressourcen in lokalen Modulen nur zum Zweck des Weiterexports sichtbar machten, und nicht um sie dort zu benutzen.

```
DEFINITION MODULE Window;

    (* This is the datatype WINDOW, representing one window on the  *)
    (* screen. Once having initialized and displayed the window all *)
    (* write operations directly affect the screen, if they are     *)
    (* applied to a defined visible window region.                  *)

    FROM StandardTypes IMPORT POINT, POLYGON, CARDINAL, STRING;
    FROM DisplayPrimitives IMPORT FrameStyle, FillStyle, LineStyle,
                             TextStyle;

    EXPORT QUALIFIED WINDOW,
                InitWindow, SetVisibleRegionAndScreenPosition,
                WriteString, FillArea, PolyLine, ReleaseWindow;

     TYPE WINDOW;

     PROCEDURE InitWindow
                    (VAR NewWindow : WINDOW;
                     Frame : FrameStyle;
                     Title : STRING;
                     Width,
                     Height : CARDINAL);
    (* InitWindow establishes the new window, without displaying *)
    (* it. This resource has to be called once before any other  *)
    (* operation on a newly created window may be called.        *)


     ...
```

```
     PROCEDURE ReleaseWindow
                 (VAR CurrentWindow : WINDOW);
     (* Closes the window on the screen and discards the window   *)
     (* content.                                                  *)

END Window .


---------------------------------------------------------------------


  IMPLEMENTATION MODULE Window;

     FROM StandardTypes IMPORT POINT, POLYGON, CARDINAL, STRING;
     FROM DisplayPrimitives IMPORT PIXRECT, FrameStyle, FillStyle,
                                   LineStyle, TextStyle ;

       TYPE WINDOW = POINTER TO WINDOW_Struct;
       TYPE WINDOW_Struct = (< typedefinition>);

       PROCEDURE InitWindow
                   (VAR NewWindow : WINDOW;
                    Frame : FrameStyle;
                    Title : STRING;
                    Width,
                    Height : CARDINAL);
       BEGIN
       END InitWindow ;

         . . .

       PROCEDURE ReleaseWindow
                   (VAR CurrentWindow : WINDOW);
       BEGIN
       END CloseWindow;

     BEGIN (* Window *)

END Window .
---------------------------------------------------------------------
```

Abbildung 2.6.2 : Transformation in die Programmiersprache Modula-2

3. Varianten– und Revisionskontrolle

Große Software–Systeme bestehen aus einer Vielzahl von einzelnen Komponenten und werden meist von einem Team von Software–Ingenieuren und Programmierern arbeitsteilig und über relativ lange Zeiträume hinweg entwikkelt und gepflegt. In diesem Entwicklungsprozeß *verändern* sich einzelne Komponenten des Systems bzw. das Software–System selbst. Wir wollen hier diese Veränderungen in zwei Hauptkategorien einteilen:

(1) Entstehung von alternativen, gleichzeitig weiterentwickelten Versionen einzelner Systemkomponenten aufgrund *alternativer Entwurfsentscheidungen* für diese Komponenten, und

(2) Entstehung und Veränderung von einzelnen Systemkomponenten aufgrund des *zeitlichen Fortschritts* der Systementwicklung.

In einer Software–Entwicklungsumgebung benötigt man Hilfsmittel, um derartige Veränderungen durchzuführen, Zwischenzustände der Systementwicklung festzuhalten und sichtbar zu machen und die Erhaltung der Konsistenz des Gesamtsystems auch während der (Weiter–) Entwicklung zu unterstützen. Dieser Bereich wird oft *"version control"* genannt.
Von besonderer Bedeutung sind die Sprachmittel und Werkzeuge, die die Beschreibung und den Zusammenbau eines konsistenten Gesamtsystems aus verschiedenen Versionen von Systemkomponenten unterstützen. Dieser gesamte Komplex wird in der Literatur meist unter dem Begriff *"configuration management"* zusammengefaßt (vgl. /BH 80/, /Ba 86/).

In den letzten Jahren wurden viele Anstrengungen unternommen, um *Konzepte, Sprachen und Werkzeuge* zu entwickeln, die Versions– und Konfigurationskontrolle unterstützen. Aus der Fülle der Literatur zu diesem Gesamtkomplex können wir hier nur einige Arbeiten zitieren. Wir führen die wesentlichen Begriffe ein und weisen auf die *unterschiedlichen Entwicklungslinien* hin. Die Bibliographie von Conde (/Co 86/) und der Tagungsband eines Workshops (/Wi 88/) ermöglichen einen guten Einblick in den aktuellen Forschungsstand und geben weitere Literatur an.

Ausgangspunkt für viele konzeptuelle Ansätze und Werkzeuge war die Erweiterung von Dateisystemen um Hilfsmittel zur Verwaltung von *"Versionen"* von Dateien. Beispiel für derartige Werkzeuge sind "SCCS" (/Ro 75/, /Iv 77/) und "CMS" (/DEC 82/). Der Begriff der Version ist hierbei noch ziemlich *allgemein und unspezifisch*, er bezieht sich auf einzelne Dateien, manchmal auch auf ganze Systeme (Versions–Familien). Es werden *keine* Annahmen darüber gemacht, wie zwei Versionen "derselben" Datei (d.h. Datei mit demselben

Namen) zusammenhängen. Eine Rolle spielt hier schon die Regelung des *Zugriffs auf Versionen* von Dateien. Es wird ein einfacher "check-in/check-out" Mechanismus benutzt.

Eine Weiterentwicklung von "SCCS" ist Tichys "Revision Control System" (RCS /Ti 82/, /Ti 85/), für das er den Begriff der *"Revision"* einführt. Revisionen stellen die Entwicklungsgeschichte eines Dokuments (=Datei) über die Zeit dar. Es werden dabei *sequentielle* und *parallele* (alternative) Revisionen unterschieden. Zu jedem Dokument entsteht so ein Revisionsbaum, bzw. ein Revisionsnetz, wenn parallele Zweige wieder zusammengefügt werden können (merging). Parallele Versionen oder Revisionen werden meist auch als *Varianten* bezeichnet.

Für den Bereich der *Konfigurationserstellung* wurden Werkzeuge wie "make" (/Fe 79/) und "MMS" (/DEC 82/) entwickelt, die ihren Ausgangspunkt in Überlegungen zur automatischen Rekompilation von Programmen aus vielen getrennt übersetzbaren Einheiten hatten. Das UNIX-Werkzeug "make" benutzt manuell erstellte Beschreibungen von Abhängigkeiten einzelner Dateien und explizit angegebene Regeln (z.B. Compiler-/Linker-Aufrufe), um aus einzelnen Komponenten eine "Konfiguration" eines Gesamtsystems zusammenzustellen. Für solche "Versionen" von gebundenen Programmobjekten wird oft auch der Begriff *"Release"* verwendet.

Die beiden skizzierten Entwicklungslinien (RCS, make) wurden *kombiniert* und im Laufe der Jahre verfeinert und weiterentwickelt. Dabei ist für die Revisionsverwaltung ein Übergang von einfachen Dateisystemen zu *Datenbanksystem* zu beobachten (z.B. MOSAIX /TL 85/, Adele /BE 86). Der aktuelle Stand sind Modelle und Systeme, die erlauben, *logische Beziehungen*, z.B. inhaltliche Abhängigkeiten, zwischen verschiedenen Dokumenten zu spezifizieren und zu berücksichtigen. Dabei wird auch eine feinere Strukturierung der Objekte vorgenommen, als dies beim "klassischen" Datei-Ansatz der Fall war. Die Behandlung von Revisionen wird mehr und mehr durch mächtige Basismechanismen und -Werkzeuge unterstützt (z.B. Nomade /BE 87/, /Es 88/, DAMOKLES /DGL 86/).

Für Konfigurationswerkzeuge geht die Entwicklung von immer ausgefeilteren Mechanismen für die Beschreibung von Abhängigkeiten der Systemkomponenten und des Konfigurationsprozesses (z.B. BUILD /Ro 85/, ODIN /Cl 86/) hin zur *Beschreibung von Eigenschaften* der gewünschten Konfiguration selbst (z.B. DSEE /LM 85/).

Im Gegensatz zu dieser sprach- und dokument-unspezifischen Vorgehensweise wurden auch Elemente für Versions-/Varianten- und Konfigurationskontrolle in *Systembeschreibungs- und Programmiersprachen integriert*. Ausgangspunkt waren hier Techniken von Makrosprachen und "conditional compilation" (z.B. in C /KR 78/). Beispiele für solche sprachspezifischen Ansätze findet man in der Sprache Mesa und dem Mesa–System (/MMS 79/), in Gandalf–SVCE (/Ha 82/), dem Cedar System Modeller (/Te 83/), der SAGA–Umgebung (/CK 85/), dem Rigi–Modell (/Mü 86/) und den Arbeiten von Winkler, der Sprachelemente zur Varianten–/Versionskontrolle von Ada–Programmen vorschlägt (/Win 85/).

Das Anliegen dieses Kapitel der *vorliegenden Arbeit* über Versionskontrolle ist es, bereits bekannte Ansätze in die IPSEN–Umgebung zu übertragen. Von besonderer Bedeutung ist hierbei die *inkrementelle* Handhabung verschiedener, *integrierter Dokumente.* Insbesondere wird das Zusammenspiel von Versionen verschiedener logisch abhängiger Dokumente berücksichtigt.

In IPSEN gibt es für jedes Software–Dokument eine einzige interne logische Repräsentation. Wir unterscheiden deshalb nicht zwischen einer Quelltext– und einer Binärversion eines Moduls. Um eine möglichst klare und einfach verständliche Vorstellungswelt zu erhalten, werden im wesentlichen nur drei Begriffe eingeführt [1] :

- *Revisionen* beschreiben Zustände einzelner Dokumente (z.B. Architektur, Modul, Dokumentation) im zeitlichen Verlauf. Ein "Dokument" ist hier lediglich eine organisatorische Einheit, es wird nicht auf seinen Inhalt Bezug genommen.

- *Varianten* beschreiben alternative Ausprägungen desselben Programmbausteins oder –systems, d.h. einer logischen Komponente. Alle alternativen Varianten haben dieselbe Bedeutung im System.

- Unter einer *Konfiguration* verstehen wir die Revision einer (konsistenten) Variante der Architektur eines Software–Systems zusammen mit den passenden Revisionen der einzelnen Module.

Die Begriffe Variante und Konfiguration werden hier immmer direkt auf das *Programmsystem im engeren Sinne* (d.h. Architektur und Modulrümpfe) bezogen, es sind also nicht noch weitere Software–Dokumente, wie z.B. die technische Dokumentation mit eingeschlossen.

Der Varianten–Begriff ist *abhängig* von dem zugrunde liegenden Paradigma für die Erstellung von Programmen, also den Fragen "auf welcher Ebene sprechen wir über Varianten eines Programms (oder Programmbausteins)" (Architektur, Implementation) und "was sind die elementaren Einheiten, von denen Varianten gebildet werden können" (z.B. Teilsysteme, Module, einzelne Prozeduren). Die Vorstellung von Revisionen dagegen ist *unabhängig* von einer spezifischen Dokumentenklasse.

---

1 Sie decken sich weitgehend mit der von Tichy in /Ti 88/ vorgeschlagenen Begriffswelt

Deshalb entwickeln wir für beide Aspekte *getrennte Modelle*. In Abschnitt 3.1 wird ein IPSEN–spezifisches *Variantenmodell* vorgestellt, das auf das im letzten Kapitel eingeführte Modulkonzept Bezug nimmt. Im Abschnitt 3.2 folgt ein (ziemlich vereinfachtes) *Revisionsmodell*, das erlaubt, Revisionen von untereinander logisch abhängigen Dokumenten zu verwalten.

Bei der Entwicklung der Modelle ergeben sich spezielle Anforderungen aus dem Ziel, inkrementell arbeitende Unterstützungswerkzeuge für die Verwaltung von Varianten und Revisionen zu entwerfen. Diese sollen mit den anderen Werkzeugen, speziell den Editoren für die entsprechenden Dokumentenklassen integriert werden. Die *integrierten Editoren* werden in den Abschnitten 4.3.1 und 4.3.2 vorgestellt. Basierend auf Modulkonzept, Varianten– und Revisionsmodell arbeitet als integrierendes Werkzeug ein inkrementeller *Konfigurator*, dessen Funktionsweise im Abschnitt 4.3 skizziert wird.

3.1 Variantenmodell

Wie bereits im letzten Abschnitt erwähnt wurde, hängt das Variantenmodell in gewissem Rahmen von dem zugrundeliegenden Entwurfsmodell ab. Es muß festgelegt werden, welche Komponenten eines Programmsystems oder eines Programmbausteins variiert werden können. Im Gegensatz zu vielen anderen Arbeiten im Themenbereich Versionskontrolle werden wir einen "*semantischen*" *Variantenbegriff* einführen, d.h. die verschiedenen Varianten einer Systemkomponente haben stets dieselbe Bedeutung im Gesamtsystem.

In unserer Vorstellungswelt bestehen Programmsysteme aus einzelnen Modulen. Ein Programmsystem wird nach außen hin durch ein "Kopfmodul" repräsentiert. Die eingeführten Teilsysteme dienen dazu, Teile einer Software–Architektur als logische und organisatorische Einheit zusammenzufassen. Auch Teilsysteme werden nach außen hin durch die Schnittstelle eines oder mehrerer Module repräsentiert. Wir betrachten deshalb zunächst *Varianten einzelner Module*. Charakterisiert wird ein Modul nach außen durch seine Schnittstelle und nach innen durch seinen Realisierungsteil. Dabei muß jeweils sowohl die syntaktische Gestalt dieser Teile, als auch die Semantik betrachtet werden.

Eine *Variante der Modulschnittstelle* entsteht, wenn sich an der Funktionalität der Ressourcen des Moduls etwas ändert, also z.B. eine neue Operation hinzukommt, in einer Operation ein Parameter hinzukommt, weggenommen wird oder sich in seinem Typ ändert. Dagegen wird man nicht von einer Variante der Schnittstelle sprechen, wenn eine Ressource oder ein Parameter einen neuen Namen erhält. Bei der Veränderung einer Modulschnittstelle ist es oft eine schwer zu ermessende Frage, ob die neue, veränderte Schnittstelle eine alternative Ausprägung "desselben" Moduls darstellt, oder ob nicht ein wirklich anderes Modul entstanden ist. Man müßte hier den Begriff einer *"Modulfamilie"* einführen (vgl. /Win 85/). Varianten von Modulschnittstellen könnten damit als verschiedene Mitglieder einer Modulfamilie aufgefaßt werden. Es wäre aber noch zu klären, wie stark der Variationsgrad zwischen den Mitgliedern einer Modulfamilie sein darf, und was es bedeutet, wenn zwei Module zu derselben Familie gehören.

Bei Veränderungen einer Modulschnittstelle im obigen Sinn ist es nicht möglich, Mitglieder einer Modulfamilie im Softwaresystem gegeneinander auszutauschen, ohne daß dabei Änderungen an anderen Teilen des Systems notwendig wären. Dasselbe gilt im allgemeinen, wenn zwei Schnittstellenvarianten zwar in ihrer syntaktischen Form gleich sind, sich jedoch in der Semantik ihrer Schnittstellenoperationen unterscheiden. Auch dann sind die Varianten ohne Änderungen des benutzenden Systemkontextes nicht austauschbar.

In den skizzierten Fällen ließe sich das Ersetzen eines Moduls durch ein Mitglied aus derselben Familie nur *sehr eingeschränkt* durch Werkzeuge der Programmierumgebung unterstützen. Wir verzichten deshalb und auch um der Vereinfachung willen im Variantenmodell auf diesen Aspekt bei der Bildung von Modulvarianten. Wird eine "Variante" eines Moduls mit "leicht" veränderter Schnittstelle gewünscht, so muß ein neues (d.h. ein anders benanntes) Modul geschaffen werden. (Das Erzeugen des neuen Moduls wird durch eine Kopierfunktion des Architektureditors unterstützt, das Ersetzen des "alten" durch das veränderte Modul geschieht mit Hilfe des Architektur–Analysewerkzeugs und des Architektureditors explizit durch den Benutzer. Entsprechende Änderungen sind in den betroffenen Modulrümpfen durch den verantwortlichen Programmierer zu leisten.) Die logische Zusammengehörigkeit der "Modulvarianten" läßt sich nur durch eine suggestive Namensgebung und entsprechende Kommentare ausdrücken.

Varianten der Realisierung eines Moduls ergeben sich durch die Umsetzung alternativer Realisierungsideen für die vorgegebene Schnittstelle eines Moduls (ein Beispiel dafür folgt später). In IPSEN spiegelt sich die Realisierung eines Moduls auf zwei Ebenen wider:

In der *Systemarchitektur* wird ausgedrückt, welche Ressourcen anderer Modulschnittstellen benutzt werden dürfen und in welcher logischen Beziehung diese Module zum zu realisierenden Modul stehen (z.B. lokale Bausteine). Dort findet sich auch in Kommentarform ein Hinweis auf die intendierte Implementierungsidee.

Im *Modulrumpf*, d.h. dem Programmcode des Moduls, stehen die explizit ausgeführten Datenstrukturen und Algorithmen der Schnittstellenoperationen zusammen mit gegebenenfalls benötigten lokalen Hilfsstrukturen.

Bei dieser zwei–Ebenen–Sicht ließen sich auch *zwei unterschiedliche Begriffe* einführen, für Realisierungsvarianten auf Architekturebene einerseits und Implementierungsvarianten auf der Ebene der ausprogrammierten Modulrümpfe andererseits. Damit wäre es möglich zu unterscheiden, ob sich eine Modulvariante bereits auf der Ebene der Systemarchitektur ausdrückt, oder ob sie bei gleicher Architektur, d.h. unter Zuhilfenahme derselben Ressourcen anderer Module, nur anders oder in einer anderen Programmiersprache implementiert ist. Besonders bei der Verwendung von Programmiersprachen, die Konstrukte zur Modularisierung besitzen (Modula–2, Ada), stellt sich jedoch heraus, daß sich Realisierungsvarianten eines Moduls äußerst selten nur auf der Implementierungsebene unterscheiden. Bei solchen Sprachen wird die konkrete Implementation von Prozeduren und Basisdatentypen, die auf die Betriebssystemumgebung Bezug nehmen (z.B. Ein–/Ausgabeoperationen) konsequenterweise nicht in die Sprache selbst aufgenommen, sondern in einer Menge von Standardmodulen verkapselt. Dadurch ergibt sich eine relativ umfangreiche Basisschicht für jedes Software–System, die zwar nicht spezifisch für das jeweilige System ist, sich aber doch in der Architektur des Software–Systems ausdrückt (vgl. Beispiel in Abb. 3.1.2).
Aufgrund dieser Beobachtungen verzichten wir auf die oben vorgeschlagene Zweiteilung des Variantenbegriffs in Realisierungs– und Implementierungsvariante und sprechen nur noch *einheitlich* von den *Varianten eines Moduls.*

Die konkrete Realisierung eines (Teil–) Systems setzt sich aus einzelnen Realisierungen der beteiligten Module zusammen. Ausgehend vom "Kopfmodul" des Systems können verschiedene "transitive Hüllen" über die an der Realisierung beteiligten Module gebildet werden. Diese Hüllen, d.h. alle Mengen von Modulrealisierungen, die sich durch Kombination der Realisierungsteile gemäß der Architektur bilden lassen, stellen die *Varianten des Software–Systems* dar. Dabei ergeben sich eventuell auch völlig verschiedene Architekturen für dasselbe Software–System. Jede Systemvariante muß dann den modulkonzept–spezifischen Konsistenzbedingungen für Software– Architekturen genügen. Auf die Frage, wie die Erhaltung der Konsistenz geeignet durch inkrementelle Werkzeuge unterstützt werden kann, werden wir im Kapitel 4.3 zurückkommen.

38

Um die Handhabung von Modulvarianten zu unterstützen, bieten wir folgende Möglichkeiten zur *Unterscheidung und Charakterisierung* der einzelnen Varianten eines Moduls an:

(1) Jede Variante bekommt einen *Namen*, durch dessen Wahl der Systementwerfer bereits eine spezifische Realisierungsidee oder Eigenschaft der Variante suggerieren kann.

(2) In einem *Kommentartext* können die Realisierungsidee, spezielle Eigenschaften oder Einschränkungen für die Verwendung dieser Variante erläutert werden.

(3) Für ein ganzes Software–System wird eine Liste von *Varianten–Attributen* definiert. Zu jedem Attribut gibt es eine Wertemenge, die im Stil eines Aufzählungstyps angegeben wird. Auf der Wertemenge eines Attributs kann eine beliebige Halbordnung festgelegt werden.
Aus der Liste der Varianten–Attribute wird jeder Modulvariante des Systems eine Teilmenge von Attributen mit jeweils spezifischen Attributbelegungen zugeordnet. Durch diese *Attributbelegungen* werden die einzelnen Varianten charakterisiert. Im Gegensatz zu den unter (2) erwähnten Kommentartexten ist diese Art der Beschreibung von Modulvarianten als Basis für die Charakterisierung von Systemvarianten und damit als Steuerungsparameter eines inkrementellen Konfigurations–Werkzeugs geeignet. Geordnete Wertemengen erlauben es, bei der Konfiguration statt einzelner Werte ganze Intervalle für bestimmte Attribute anzugeben.

Als *Beispiel* für Varianten von Modulen und Systemarchitekturen wird noch einmal das einfache Fenstersystem aus Kapitel 2 benutzt. Es handelt sich dabei um ein systemnahes Teilsystem, das auf Gegebenheiten der zur Verfügung stehenden Zielmaschine Bezug nimmt. Bei der Implementierung auf IBM–PCs entstanden verschiedene Realisierungsvarianten für folgende Module:

- 'Mouse' : Hier wird berücksichtigt, ob ein Zeigegerät installiert ist, oder ob die Zeige–Funktionen mit Hilfe von Funktionstasten der Tastatur emuliert werden sollen.

- 'Window' : Dieser Datentyp–Modul soll auch die erzeugten Fenster–Exemplare verwalten. Beim Aufruf der Operation 'InitWindow' muß der für das Fenster benötigte Speicherplatz zur Verfügung gestellt werden.
Je nach der Anforderung, wieviele einander überlappende Fenster auf dem Bildschirm benötigt werden, wieviel Hauptspeicherplatz als Fensterspeicher zur Verfügung steht, und wie groß die Anzeigegeschwindigkeit sein soll, werden verschiedene Realisierungen vorgesehen.

- `'Display'` : Die Größe der Bildschirmbereiche, die flackerfrei in einem Abschnitt übertragen werden können, ist abhängig von der Prozessorgeschwindigkeit. Für die Verwendung von IBM–XTs und IBM–ATs wurden verschiedene Algorithmen implementiert.

Das *modifizierte Systemdiagramm* (Abb. 3.1.1) ist ein Versuch, in einem Diagramm einen Überblick über alle Modulvarianten und ihre Beziehungen zueinander zu geben. Jedes Modul wurde in der Abbildung in Schnittstelle und Realisierungsteil unterteilt. Die unterschiedliche Realisierungsteile stellen die alternativen Varianten des Moduls dar.

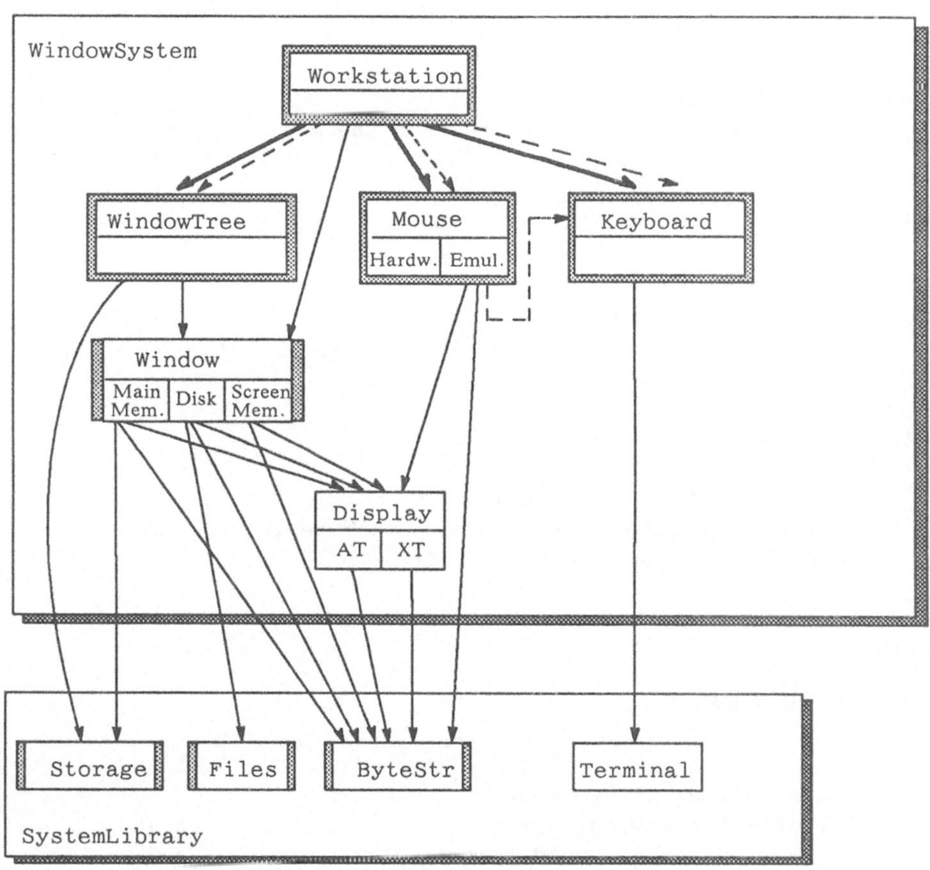

Abbildung 3.1.1. Modifiziertes Systemdiagram für ein Beispiel

Die textuellen Beschreibungen der Modulvarianten werden im folgenden getrennt von der Textrepräsentation der Architektur angegeben. Diese Beschreibungen kann man sich entweder als eigenes (aber integriertes)

Software-Dokument vorstellen, oder aber als Bestandteil der textuellen
Beschreibung der System-Architektur.

```
PROGRAM SYSTEM WindowSystem ;

    VARIANT ATTRIBUTES
        TargetMachine = ( ANY, XT, AT) ;        XT < AT;
            (*          . . . .         *)
        ExecutionSpeed= (slow, fast) ;
            (*          . . . .         *)
        UsedMemory = (small, large) ;
            (*          . . . .         *)
        Mouse = (None, MicroSoft) ;
            (*          . . . .         *)
        MaxWindows = (5,15,50) ;        5 < 15 ;    15 < 50 ;
            (*          . . . .         *)

DATAOBJECT MODULE Mouse ;
    (* This is a mouse interface taken from the MicroSoft Mouse .....*)
    .

    .

    REALIZATION VARIANT Emulator ;
        ATTRIBUTES TargetMachine = ANY ;
                   Mouse = None ;
        (*  this is an emulation of a mouse device using function keys
            of the keyboard. Up=F1, Down=F2, ......    *)

        .

        .

    REALIZATION VARIANT Hardware ;
        ATTRIBUTES TargetMachine = XT ;
                   Mouse = MicroSoft ;
        (*  Contains a 8086 machine code procedure to make the
            primitive mouse calls ..... *)

        .


END Mouse ;

DATATYPE MODULE Window ;

    .

    .

    REALIZATION VARIANT ScreenMemory ;
        ATTRIBUTES TargetMachine = XT ;
                   ExecutionSpeed = fast ;
                   MaxWindows = 5 ;
                   UsedMemory = small ;
        (*  Using the additional screen page memory of the IBM-PCs,
            normally not used in text mode, to store there the window
            contents. This restricts the maximum number of overlapping
            windows to five windows at a time.    ... *)

        .

        .
```

```
REALIZATION VARIANT MainMemory ;
    ATTRIBUTES TargetMachine = ANY ;
              ExecutionSpeed = fast ;
              MaxWindows = 15 ;
              UsedMemory = large ;
    (* Uses the main memory on the runtime stack to store the
       contents of windows. For text mode, each window requires 4kB
       of memory. In this variant the max. number of overlapping
       windows is limited to 15 (=60 kB) . . . .   *)



REALIZATION VARIANT Diskfile ;
    ATTRIBUTES TargetMachine = ANY ;
              ExecutionSpeed = slow ;
              MaxWindows = 50 ;
              UsedMemory = small ;
    (* The contents of the windows are stored on a diskfile
       "SCREEN.TMP". Each window requires 4kB, the max. number
       of windows is limited by the disk space. The operations on
       invisible Windows take some time. The overall performance is
       about 3 times less than in the other variants (ScreenMemory,
       RuntimeStack) ...*)



END Window ;

FUNCTION MODULE Display;


    REALIZATION VARIANT LineOutput ;
        ATTRIBUTES ExecutionSpeed = slow ;
                  TargetMachine = XT ;
        (* outputs single lines to the screen.
           During one vertical retrace time of the monitor (1/60 sec)
           one single line is written. ....*)


    REALIZATION VARIANT PageOutput ;
        ATTRIBUTES ExecutionSpeed = fast ;
                  TargetMachine = AT ;
        (* During one vertical retrace time of the monitor (1/60 sec) a
           whole screen page is written onto the screen. For flicker-
           free display a high processing speed is required. ... *)


END Display ;

END WindowSystem .
```

Im Beispiel sind alle alternativen Varianten der einzelnen Module miteinander kombinierbar. Insgesamt ergeben sich 12 (= 3*2*2) Varianten des Systems. Die nächsten beiden Abbildungen (Abb. 3.1.2 / 3.1.3) zeigen *zwei solcher Varianten*, die jeweils unterschiedliche Anforderungen erfüllen.

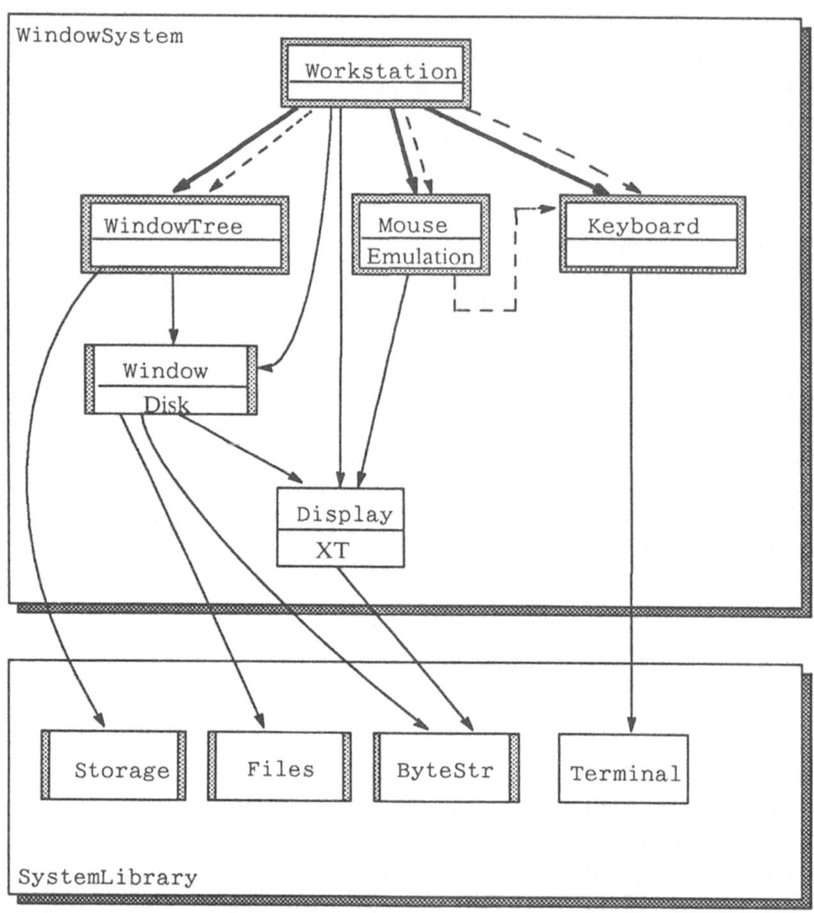

Abbildung 3.1.2   Variante (a) des Beispiel-Systems

Die Variante (a) ist dadurch gekennzeichnet, daß sie auf einem XT lauffähig ist, keine Mouse-Hardware braucht, mit wenig Hauptspeicher auskommt, viele Fenster ermöglicht, aber langsam läuft.
Die Variante (b) benötigt einen IBM-AT, damit die Anzeige flackerfrei ist, benutzt die MicroSoft-Mouse, läuft schnell, erlaubt bis zu 15 überlappende Fenster, benötigt aber etwa 60 kB mehr Hauptspeicher als die erste Variante.

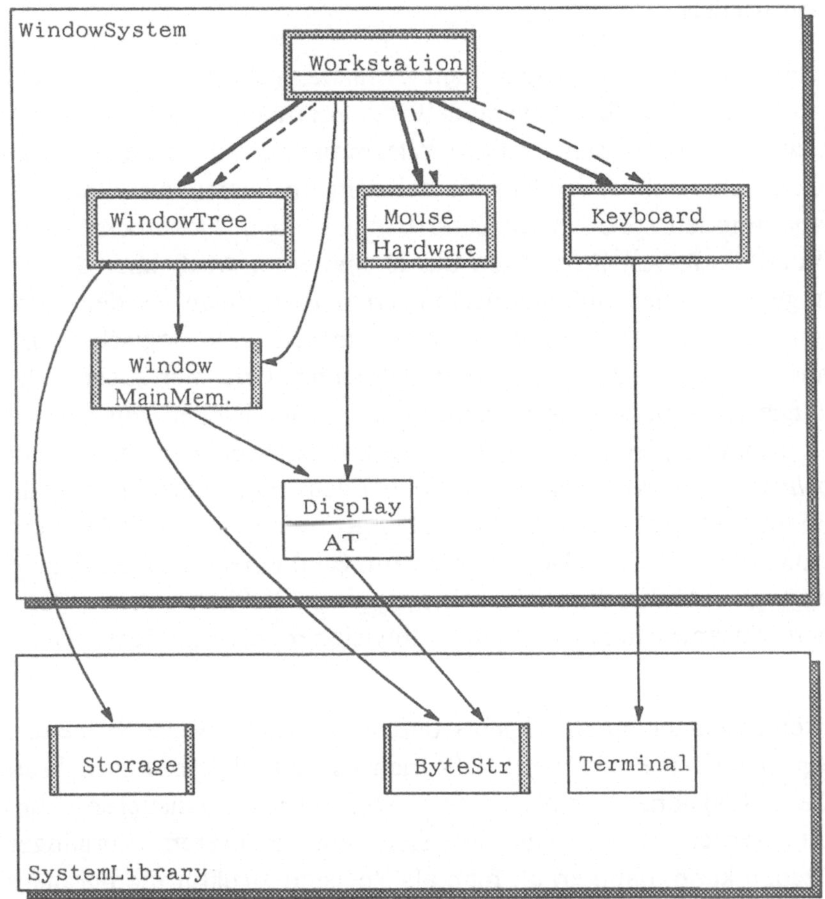

Abbildung 3.1.2   Variante (b) des Beispiel–Systems

Intuitiv wird hier auch deutlich, daß die Variantenattribute benutzt werden können, um zu einer Liste von vorgegebenen Eigenschaften (ausgedrückt durch bestimmte Attributbelegungen) eine Systemvariante zu finden, die diese Eigenschaften erfüllt. In obigem Beispiel könnten folgende Listen vorgegeben sein:

```
Variante (a) :       TargetMachine = XT, UsedMemory = small,
                     Mouse = None, MaxWindows = 50 ;

Variante (b) :       ExecutionSpeed = fast, Mouse = MicroSoft,
                     MaxWindows = 15;
```

Auf einen solchen Auswahlmechanismus als Teil eines *inkrementellen Konfigurationsprozesses* für Software–Systeme kommen wir in Abschnitt 4.3.3 zurück.

3.2 Revisionsmodell

Revisionen eines Dokuments beschreiben *Zustände in der zeitlichen Entwicklung* dieses Dokuments. Ein Revisionsmodell soll erlauben, solche Zustände auszuzeichnen und zu beschreiben, und den Zusammenhang zwischen den einzelnen Revisionen darzustellen. Anders als bei dem im letzten Abschnitt diskutierten Variantenmodell spielt die Struktur der jeweiligen Dokumente keine Rolle für die Vorstellung von Revisionen der Dokumente. Auch über die Art der Veränderungen zwischen aufeinanderfolgenden Revisionen werden keine Annahmen gemacht. Ein Dokument ist hier einfach eine logische (und physische) Einheit, deren Inhalt nicht weiter betrachtet wird. Wir suchen also ein möglichst *allgemeines Modell* zur Beschreibung von Revisionen von Systemarchitekturen, Modulimplementierungen, Dokumentationen, d.h. von Dokumenten *beliebiger innerer Struktur.* Wir behandeln hier keine Fragen, die im Zusammenhang mit Problemen des Mehrbenutzerzugriffs auf Dokumente und der Verteilung von Software–Dokumenten (im Sinn einer verteilten Datenbank) entstehen (vgl. /BE 86/, /LM 85/). Es geht ausschließlich um den (statischen) logischen Zusammenhang zwischen Revisionen verschiedener Dokumente.

Revisionen eines einzelnen Dokuments bilden natürlicherweise Sequenzen von aufeinander folgenden Revisionen. Läßt man zu, daß gleichzeitig mehrere unterschiedliche Revisionen einer Vorgängerrevision existieren und weiterentwickelt werden, bzw. eine Revision aus mehreren Vorgängerrevisionen entstehen kann, dann erhält man als Revisionsstruktur die bereits in /Ti 82, 85/ beschriebenen Revisionsbäume, bzw. –netze. Betrachtet man die Verwendung von alternativen Revisionszweigen im Zusammenhang mit Programmdokumenten, dann stellt sich heraus, daß damit eigentlich die Bildung von Varianten im Sinne des vorigen Abschnitts beschrieben wird. Da wir für diesen Bereich in IPSEN ein eigenes Modell eingeführt hatten, und um die nachfolgenden Überlegungen nicht zu kompliziert werden zu lassen, verzichten wir auf komplizierte Revisionsstrukturen und beschäftigen uns im weiteren nur mit einfachen *Revisionssequenzen* .[1]

Ein besonders wichtiger Aspekt unserer Arbeit ist, daß wir nicht einzelne Software–Dokumente unabhängig voneinander betrachten, sondern ein Software–Projekt durch eine Menge von *vernetzten, logisch voneinander abhängigen Dokumenten* beschrieben wird. So hängen in IPSEN beispielsweise die Modulimplementationen von der Systemarchitektur ab, die Dokumentation

---

[1] Verzweigungen in der Revisionsstruktur können gebildet werden, indem man von der Revision der Verzweigungsstelle eine Kopie, d.h. ein neues Dokument, erzeugt, die dann weiterentwickelt wird.

hängt sowohl von der Systemarchitektur, als auch von den einzelnen Modulimplementationen ab (vgl. Abb. 3.2.1). Ein Dokument hängt von einem anderen Dokument ab, wenn es einen logischen Zusammenhang zwischen den beiden Dokumenten gibt, d.h. gemeinsame Information, die in beiden Dokumenten konsistent sein soll. Wir gehen dabei von der Vorstellung aus, daß es für solche Abhängigkeiten jeweils ein übergeordnetes und ein untergeordnetes Dokument gibt, die Abhängigkeit also eine asymmetrische Beziehung ist.[1]

Betrachtet man nun Revisionen solcher voneinander abhängiger Dokumente, dann müssen diese logischen Abhängigkeiten nicht mehr nur zwischen den Dokumenten selbst, sondern zwischen den einzelnen Revisionen dieser Dokumente beachtet werden.

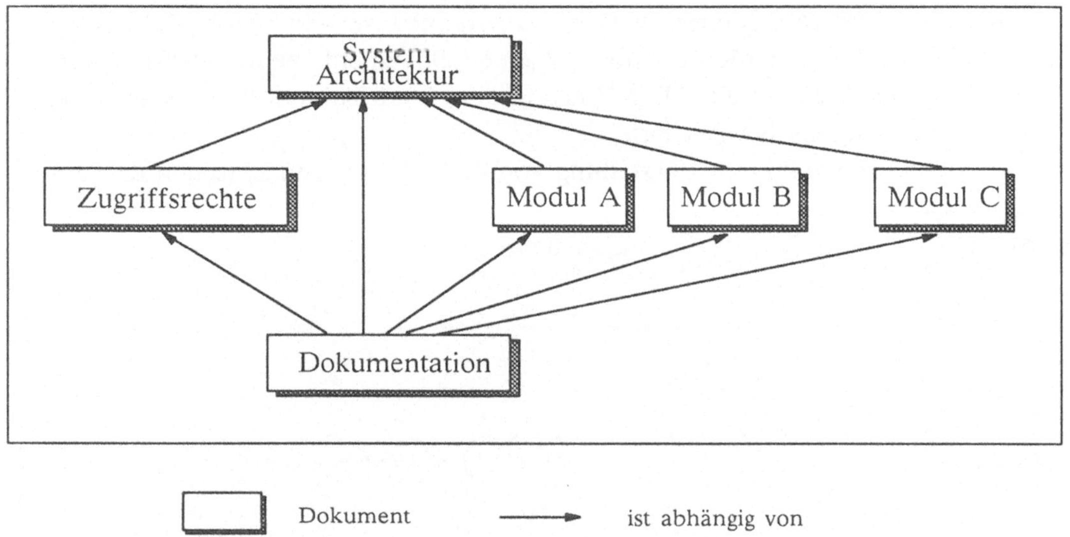

Abbildung 3.2.1 Beispiel für Abhängigkeiten von IPSEN-Dokumentenklassen

Dies wird im folgenden *Beispiel* anhand der Abhängigkeiten zwischen Systemarchitektur-Dokument und den einzelnen Modulimplementationen verdeutlicht. Informationen über Modulschnittstellen und Importbeziehungen finden sich sowohl in der Beschreibung der Systemarchitektur, als auch in den jeweiligen Modulimplementationen. Eine Änderung in der Systemarchitektur impliziert immer auch Änderungen in einer oder sogar mehreren Modulimplementationen, nicht aber umgekehrt, da sie Systemarchitektur das übergeordnete Dokument sein soll. Das bedeutet, daß sich die Entwicklungs-

---

1 genauer: sie soll irreflexiv, azyklisch und im allgemeinen auch nicht transitiv sein.

geschichte des Architekturdokuments auf die Entwicklungsgeschichte der Modulimplementationen auswirkt. Eine Revision einer Modulimplementierung ist nur mit bestimmten Revisionen der Systemarchitektur und dementsprechend nur mit ganz bestimmten Revisionen der anderen Module konsistent. Außerdem haben aber die einzelnen Module jeweils ihre eigene Entwicklungsgeschichte, deren Zwischenzustände nicht aufgrund von Modifikationen des Architekturdokuments entstehen.

In Abb. 3.2.2 ist die *Entwicklungsgeschichte* eines fiktiven Software-Systems, bestehend aus der Systemarchitektur und den Modulimplementationen A, B, C und D graphisch dargestellt. Ein Knoten stellt jeweils den Zustand eines Dokuments nach einer Bearbeitungssitzung dar, und die horizontalen Kanten stellen die zeitliche Reihenfolge der Zustände eines Dokuments dar. Vertikale Kanten zwischen Zuständen verschiedener Dokumente drücken aus, daß eine Modifikation des einen Dokuments beim Übergang vom Vorgängerzustand zum aktuellen Zustand eine Modifikation des Zustands des anderen Dokuments bewirkt hat.
Um eine etwas konkretere Vorstellung von den Übergängen zwischen den einzelnen Zuständen der Dokumente zu geben, folgt ein mögliches Entwicklungsszenario.

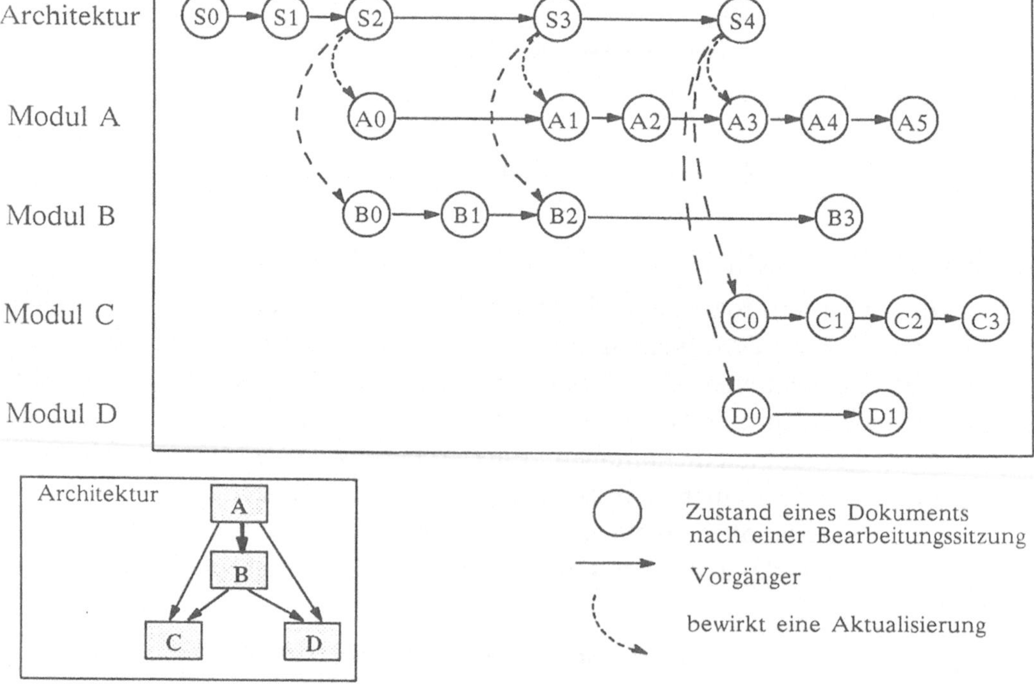

S0:   *Leere Systemarchitektur*

S1:   *Module A, B, D werden eingetragen, die Ressourcen, die Modulbeziehungen. A exportiert a1, a2; B exportiert b1, b2, b3; D exportiert d1, d2.*

S2:   *Erweiterung der Parameter von b2 um einen Parameter eines neuen Typs d3, der von Modul D neu exportiert wird. Es werden aus der Architektur Implementierungsvorgaben für die Module A und B abgeleitet (siehe A0 und B0).*

S3:   *Der Modul C wird eingetragen; neue Importe von C in den Modulen A und B; Änderung der Schnittstelle von B, Erweiterung der Schnittstelle von D um die Ressourcen d4 und d5.*

S4:   *In D wird die Ressource d6 hinzugefügt und in Modul A importiert. Die Implementierungsrahmen für die Module C und D werden erzeugt (siehe C0 und D0).*

A0:   *Implementierungsrahmen*

A1:   *Modifizierte Implementierungsvorgabe nach Veränderungen der Architektur (S3); Implementierung der Ressource a1; es fehlt ein Datentyp d6.*

A2:   *Implementierung der Ressource a2.*

A3:   *Modifikation durch Veränderung der Architektur (S4); Vervollständigung der Implementierung von a1.*

A4:   *Überarbeitung*

A5:   *Modifikation nach Test.*

B0:   *Implementierungsvorgabe*

B1:   *Implementierung der Ressource b1. Bei b2 fehlt ein Parameter. Ein neuer komplexer Datentyp wird für die Realisierung von b2 benötigt, außerdem noch weitere primitive Datentypen d4 und d5.*

B2:   *Modifikationen aufgrund von Architektur–Modifikationen (S3). Vervollständigung der Implementierung, erste vollständige Fassung.*

B3:   *Modifikationen nach Test.*

C0:   *Implementierungsvorgabe*

C1:   *Erste Implementierung der Ressourcen abgeschlossen.*

C2:   *Modifikationen nach Test*

C3:   *weitere Modifikationen*

D0:   *Implementierungsvorgabe*

D1:   *erste vollständige Implementierung*

Abbildung 3.2.2 Bearbeitungszustände voneinander abhängiger Dokumente

In der Literatur findet man verschiedene Auffassungen darüber, wie *neue Revisionen* entstehen. In einigen Ansätzen (z.B. /FH 87/) wird bei der Beendigung einer Bearbeitungssitzung (mit Veränderung des Dokuments) automatisch eine neue Revision gebildet. In anderen Ansätzen (z.B. /Ti 85/) werden *ausgewählte Zustände* vom Benutzer zu einer Revision erklärt. Dabei werden die Bearbeitungszustände zwischen den Revisionen "vergessen". Wir schließen uns diesem zweiten Standpunkt an, weil wir der Meinung sind, daß der Begriff der Revision ein Konzept sein sollte, das dem *Benutzer* Hilfsmittel zur Strukturierung der Entwicklungsgeschichte von Software-Systemen an die Hand gibt.

Die oben eingeführten Beziehungen zwischen Bearbeitungszuständen eines oder mehrerer Dokumente werden für die weitere Betrachtung auf die als Revisionen ausgezeichneten Zustände eingeschränkt (vgl. Abb. 3.2.3).

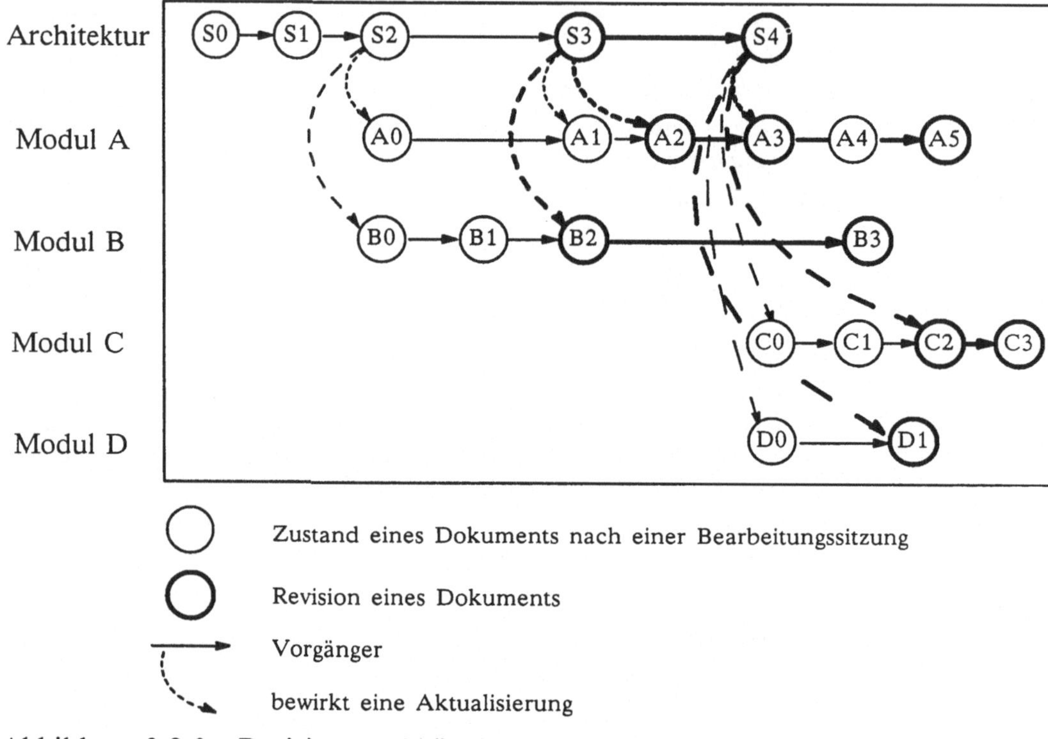

Abbildung 3.2.3. Revisionen abhängiger Dokumente

Als Beziehung zwischen zwei Revisionen eines Dokuments führen wir eine *Nachfolger-Relation* ein, zwischen Revisionen zweier verschiedener Dokumente kann eine *Aktualisierungs-Relation* mit der im Beispiel beschriebenen Bedeutung bestehen. Bislang haben wir nur Abhängigkeiten mehrerer Dokumente (Modulimplementationen) von einem anderen Dokument (System-architektur) betrachtet, im allgemeinen muß aber auch der Fall der Abhängig-keit eines Dokuments von mehreren anderen Dokumenten betrachtet werden (z.B. hängt die Dokumentation von der Architektur und den Modulimplemen-tationen ab).
Die Nachfolger-Relation soll die Eigenschaften einer linearen Ordnung haben.

Die Aktualisierungs–Relation zwischen Revisionen steht in Zusammenhang mit der Abhängigkeit der zugehörigen Dokumente. Eine Revision A_i kann die Aktualisierung einer Revision B_j nur bewirken, wenn das Dokument B vom Dokument A abhängig ist. Die Aktualisierungs–Relation soll asymetrisch und irreflexiv sein, ist aber im allgemeinen nicht transitiv.

Betrachtet man eine Menge von logisch abhängigen Dokumenten mit all ihren Revisionen, so wollen wir die durch die beiden genannten Relationen aufgespannte Struktur ein *Revisionsgeflecht* nennen. Da die Nachfolger–Relation die aufeinander folgenden Veränderungen innerhalb eines Dokuments und die Aktualisierungs–Relation die Abhängigkeit von Veränderungen in mehreren Dokumenten ausdrückt , können in einem "sinnvollen" Revisionsgeflecht beide Relationen nicht unabhängig voneinander sein.
Solange man keine Inhalte der voneinander abhängigen Dokumente betrachtet, ist es unmöglich, positiv die erlaubten Situationen für Revisionsgeflechte anzugeben. Es lassen sich lediglich aufgrund der unspezifischen Aktualisierungs–Relation und der Nachfolger–Relation Situationen charakterisieren, die im allgemeinen Fall, d.h. unabhängig von der jeweiligen inhaltlichen Veränderungen zwischen Revisionen, zu Unverträglichkeiten zwischen Revisionen führen.
Wir definieren im folgenden deshalb die Begriffe "kompatible Revisionen" und "konfliktfreies Revisionsgeflecht", die den Zusammenhang zwischen Nachfolger– und Aktualisierungs–Relation ausdrücken.

Um die Definitionen und die notwendigen Bedingungen in Form von prädikatenlogischen Ausdrücken angeben zu können, führen wir zu den oben erläuterten Relationen entsprechende Prädikate ein:

(B *depends_on* A) sei erfüllt, wenn das Dokument B vom Dokument A abhängt,

(A_j < A_i) sei erfüllt, wenn A_i ein Nachfolger von A_j ist,

(A_i *updates* B_j) sei erfüllt, wenn A_i und B_j in der Aktualisierungsrelation stehen, d.h. Änderungen die in A_i durchgeführt wurden, implizieren Änderungen in B_j .

In Abbildung 3.2.4. sind die typischen Situationen dargestellt, in denen Revisionen von zwei abhängigen Dokumenten A und B aufgrund der Nachfolger– und Aktualisierungsrelation *logisch nicht miteinander verträglich* sind.

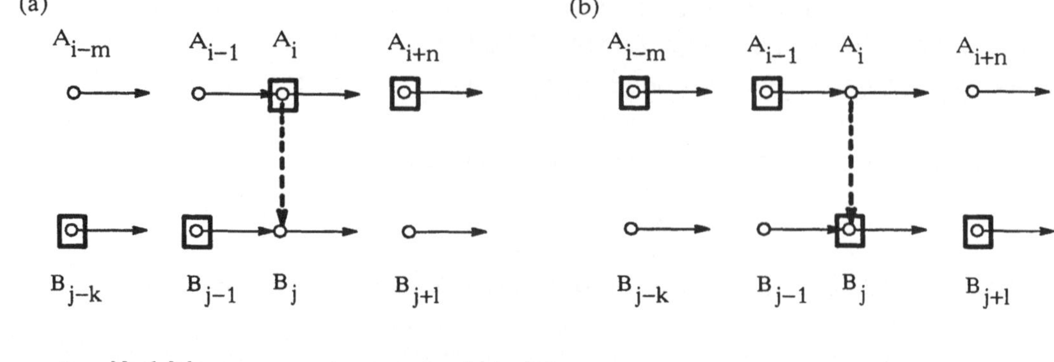

Abbildung 3.2.4 Inkonsistente Revisionen zweier Dokumente

In Situation (a) sind im allgemeinen die Revisionen B_{j-k} bis B_{j-1} zu den Revisionen A_i bis A_{i+n} , und B_j bis B_{j+l} zu A_{i-m} bis A_{i-1} inkonsistent. Die Revisionen des Dokuments A, die der Revision A_i folgen und A_i selbst enthalten Information, die zu einer Modifikation des Dokuments B (Revision B_j) geführt hatten. Deshalb sind die Revisionen von B, die vor B_j liegen zu A_i und allen ihren Nachfolgerrevisionen inkonsistent. Dasselbe gilt für die Revision B_j und ihre Nachfolger in Bezug auf alle Vorgängerrevisionen von A_i . Bei dieser Betrachtung ist der (theoretisch denkbare, aber allgemein nicht faßbare) Fall nicht berücksichtigt, daß Änderungen einer Revision von A in einer späteren Revision zurückgenommen werden, so daß diese Revision dann zu einer früheren Revision von B wieder konsistent sein könnte.

Mit Hilfe der vorher eingeführten Prädikate läßt sich der Begriff der *Inkonsistenz* von Revisionen formal definieren.

Definition: **(Inkonsistente Revisionen)**

Sei A_i eine Revision eines Dokumentes A und B_j eine Revision eines Dokumentes B, mit B *depends_on* A. Dann gilt:

$$B_j \text{ inconsistent } A_i \ <=> \ \exists \, A_{i'}, B_{j'} : (A_{i'} \text{ updates } B_{j'}) \text{ and}$$
$$((A_i < A_{i'} \text{ and } B_{j'} \leq B_j) \text{ or}$$
$$(A_{i'} \leq A_i \text{ and } B_j < B_{j'}))$$

($\leq$ steht für die reflexive Hülle von $<$)

Der Begriff der Inkonsistenz beschreibt nur die Beziehung zwischen Revisionen voneinander abhängiger Dokumente und ist *unsymmetrisch*, d.h. es kann nur eine Revision des untergeordneten Dokuments zu einer Revision des übergeordneten Dokuments inkonsistent sein.

Wir führen mit Hilfe des Begriffs dieser (direkten) Inkonsistenz von Revisionen den allgemeineren Begriff der *Kompatibilität von Revisionen* ein. Zwei Revisionen sollen dann zueinander kompatibel sein, wenn sie nicht beide Revisionen desselben Dokuments sind, und wenn sie im Fall der direkten Abhängigkeit der Dokumente nicht zueinander inkonsistent sind.

Definition: **(Kompatible Revisionen)**

Sei A_i eine Revision eines Dokumentes A und B_j eine Revision eines Dokumentes B. Dann gilt:

$$B_j \; compatible \; A_i \; <=> \; not \; (B_j < A_i \; or \; A_i < B_j) \; and$$
$$((B \; depends\_on \; A) \to not \, (B_j \; inconsistent \, A_i) \; or$$
$$(A \; depends\_on \; B) \to not \, (A_i \; inconsistent \, B_j))$$

∎

In einem Konfigurationsprozeß muß aus dem Revisionsgeflecht für alle an der Konfiguration beteiligten Dokumente eine passende Revision ausgewählt werden. Wir wollen eine solche Revisionsmenge *kompatibel* nennen, wenn jede Revision aus dieser Menge zu jeder anderen Revision aus dieser Menge kompatibel ist.

Definition: **(Kompatible Revisionsmenge)**

Sei $R = \{R_1, \dots, R_n\}$ eine Menge von Revisionen (voneinander abhängiger Dokumente), dann heißt R eine *kompatible Revisionsmenge* genau dann, wenn gilt

$$\forall R_i, R_j \in R : (R_i \; compatible \; R_j)$$

∎

Bisher haben wir keine Einschränkungen über die Gestalt des Revisionsgeflechts gemacht. Ausgehend von dem oben eingeführten Begriff der Kompatibilität von einzelnen Revisionen wollen wir für ein Revisionsgeflecht die Eigenschaft der *Konfliktfreiheit* fordern.
Ein Konflikt entsteht, wenn zu einer Revision eines Dokuments A keine kompatiblen Revisionen der Dokumente existieren, die vom Dokument A abhängen, oder von denen A abhängt.

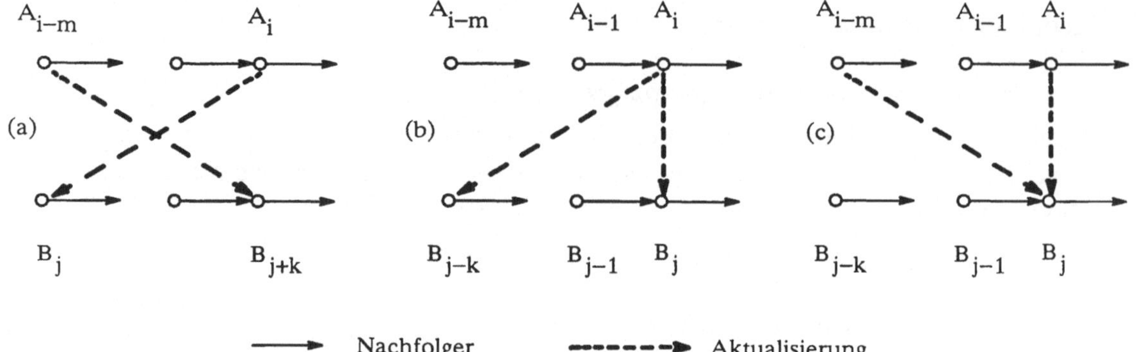

Abbildung 3.2.5 Konflikte im Revisionsgeflecht

Abbildung 3.2.5 charakterisiert schematisch die typischen Situationen, die zu solchen logischen Konflikten in einem Revisionsgeflecht führen.

Situation (a) widerspricht dem allgemeinen Kausalitäts- und Zeitbegriff, der der Nachfolger- und der Aktualisierungsrelation zugrunde liegt. Modifiziert eine Revision A_i eines Dokuments A eine Revision B_j eines Dokuments B, dann kann es keine Vorgängerrevision von A_i geben, die eine Nachfolgerrevision von B_j modifiziert.

In Situation (b), in der eine Revision von A mehrere Revisionen von B modifiziert, entsteht der Konflikt, daß nur die zuletzt modifizierte Revision B_j mit der betrachteten Revision A_i kompatibel ist. Zu den entsprechenden Vorgängerrevisionen (B_{j-k} ... B_{j-1}) existiert keine kompatible Revision des Dokuments A mehr.

Analog dazu existiert in Situation (c) keine Revision von Dokument B, die zu den Revisionen (A_{i-m} ... A_{i-1}) des Dokuments A kompatibel ist.

Formal wird der Begriff der Konfliktfreiheit für ein Revisionsgeflecht folgendermaßen definiert:

Definition: **(Konfliktfreies Revisionsgeflecht)**

Sei $R = \{ R_1, ..., R_n \}$ die Menge aller Revisionen eines Revisionsgeflechtes P, dann heißt P ein *konfliktfreies Revisionsgeflecht* genau dann, wenn gilt

$$\forall R_i, R_j \in R : (R_j \; updates \; R_i) \rightarrow (R_i \; compatible \; R_j)$$

Die hier eingeführten Begriffe beschreiben Eigenschaften eines Revisionsgeflechtes und von Revisionsmengen bezüglich eines solchen Geflechts.

Wir werden in Kapitel 4.3.2 einen *inkrementellen Revisions–Editor* vorstellen, der die Konfliktfreiheit des bearbeiteten Revisionsgeflechts bei jeder Veränderung überprüft und erhält.

Das *Konfigurationswerkzeug* aus Kapitel 4.3.3 benutzt Informationen über die Systemarchitektur, die Modulvarianten und die Revisionen, um Systemkonfigurationen zu erstellen. Dabei wird die Konsistenz der erzeugten Revisionsmenge gemäß dem oben definierten Kompatibilitätsbegriff überprüft und eingehalten.

Wir hatten uns bei der Betrachtung der Abhängigkeiten von Dokumenten auf *azyklische* Abhängigkeiten und bezüglich der Revisionsstruktur einzelner Dokumente auf einfache *Revisionssequenzen* eingeschränkt. Sollen diese Einschränkungen aufgehoben werden, müssen die oben definierten Begriffe neu überdacht und gegebenenfalls modifiziert werden.

4. Die IPSEN-Werkzeuge für das Programmieren im Großen

In diesem Kapitel stellen wir die Werkzeuge der IPSEN-Umgebung vor, die den Entwurf eines Programmsystems auf der Ebene von Modulen (4.1), die Erstellung konsistenter technischer Dokumentation und die Verwaltung eines Projektteams (4.2) unterstützen. Hinzu kommen Werkzeuge zur Bildung und Verwaltung von Varianten, Revisionen und Konfigurationen von Programmsystemen (4.3). Diese Werkzeuge werden hier aus der *Sicht des Benutzers* beschrieben, wobei an Beispieldialogen die Benutzerschnittstelle der Werkzeuge und ihre integrierte Arbeitsweise gezeigt wird. Die Funktionalität der einzelnen Werkzeuge wird exemplarisch erläutert; wir geben keine vollständige Beschreibung aller Werkzeugfunktionen. Die in den Abschnitten 4.1 und 4.2 dargestellten Werkzeuge wurden im Rahmen des IPSEN-Prototyps *implementiert*. Die Abbildungen in den entsprechenden Unterkapiteln sind Bildschirm-Kopien aus Bearbeitungssitzungen.
Dieses Kapitel soll für sich allein genommen auch als Benutzereinführung für den PiG-Teil von IPSEN dienen können.

Bevor wir uns den einzelnen Arbeitsbereichen zuwenden, folgen hier noch einige *allgemeine Bemerkungen* zur *Arbeitsweise* und *Benutzeroberfläche* des IPSEN-Systems.

Jedes Software-Projekt setzt sich (zur Zeit) zusammen aus der Beschreibung der Systemarchitektur, der Variantenbeschreibung der Module, den Implementierungen der einzelnen Module, der Revisionsbeschreibung der Architektur und der Modulimplementierungen und der Beschreibung des Programmierteams. Abbildung 4.0.1 zeigt die *Abhängigkeiten* und die Vernetzung dieser logischen Software-Dokumente untereinander.

Die Zielsetzung, diese Dokumente zeitlich verschränkt zu erstellen und dabei stets konsistent zu halten, erfordert eine sehr enge Verzahnung der Werkzeuge, die die einzelnen Dokumente verändern. Je stärker diese Integration der Werkzeugfunktionen und Werkzeugoberflächen gelingt, desdo weniger deutlich lassen sich aus der Sicht des Benutzers einzelne, strikt getrennte Werkzeuge im klassischen Sinne unterscheiden. Statt dessen präsentiert sich IPSEN dem Benutzer als ein *integriertes Gesamtwerkzeug*, das auf eine Menge von *integrierten Dokumenten* wirkt. Wir müssen also der Frage nachgehen, was wir in diesem Sinne als "Werkzeuge" bezeichnen wollen und wie diese Werkzeuge zusammenwirken.

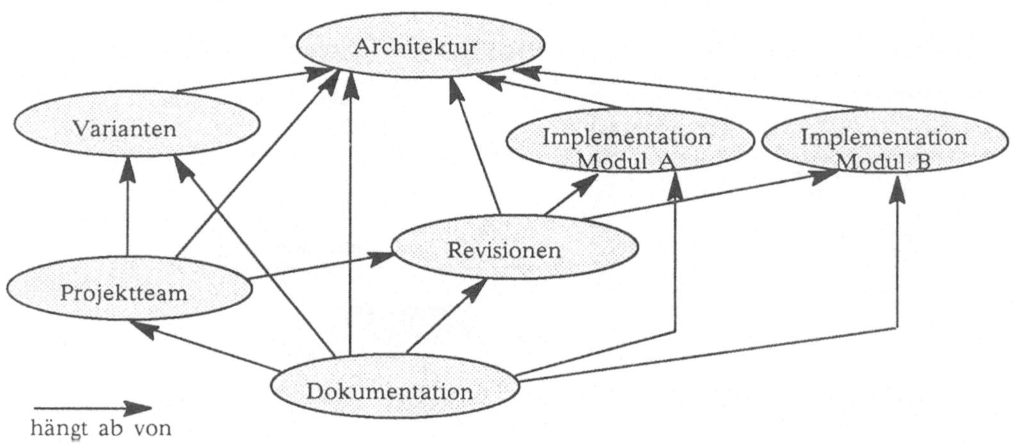

Abbildung 4.0.1 : Logische Abhängigkeiten der IPSEN-Dokumente

Die nächste Abbildung (4.0.2) zeigt einen typischen Bildschirminhalt. In mehreren Fenstern werden dem Benutzer Ausschnitte der gerade bearbeiteten Dokumente "Systemarchitektur" und "Dokumentation" angezeigt. Die Systemarchitektur wird dabei in drei verschiedenen Repräsentationen dargestellt, in zwei unterschiedlich fein strukturierten textuellen Notationen und in einer graphischen Notation (Systemdiagramm, vgl. Kapitel 2). Eine derartige spezifische Sicht auf ein Dokument nennen wir einen *"View"*. Ein View wird charakterisiert durch das *Bildschirmfenster*, das *Dokument*, das in ihm dargestellt wird, die Art der *Repräsentation* des Dokuments und die *Operationen* auf dem Dokument, die in dem View zugelassen sind. In jedem View gibt es ein *aktuelles Inkrement*, d.h. eine ausgezeichnete syntaktische Komponente des dargestellten Dokuments, auf das sich Benutzerkommandos beziehen. Das aktuelle Inkrement wird in geeigneter Weise gekennzeichnet, z.B. durch Fettschrift im Text oder inverse Darstellung in der Graphik. Im allgemeinen ist in einem Fenster nur ein Ausschnitt eines Dokuments zu sehen. Mit Hilfe von Rollfunktionen (Pfeilsymbole auf dem Fensterrahmen) läßt sich dieser sichtbare Ausschnitt über das ganze Dokument verschieben.
Geöffnet werden neue Views entweder implizit von den Werkzeugen oder durch explizite Benutzerkommandos. Zu jedem Zeitpunkt gibt es einen ausgezeichneten View, den sogenannten *aktiven View*. Auf das aktuelle Inkrement dieses Views beziehen sich die Benutzerkommandos. Beim Öffnen wird ein View automatisch zum aktiven View, bereits geöffnete Views können durch Mausklick in den Fensterbereich aktiviert werden, wobei der vorher aktive View deaktiviert wird. Geschlossen werden Views jeweils mit einem spezifischen 'quit'-Kommando.

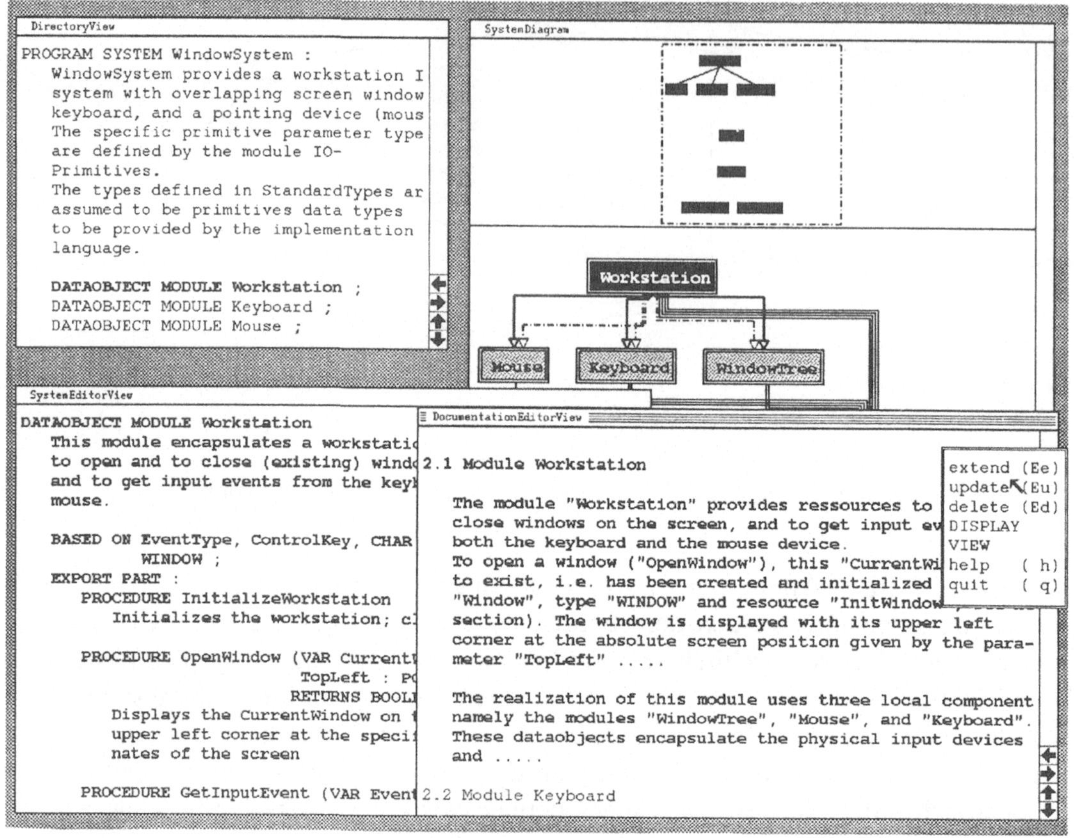

Abbildung 4.0.2 : Typischer IPSEN-Bildschirm

Da es zu einem Software-Dokument gleichzeitig mehrere Views geben kann, sind diese Views natürlich *voneinander abhängig*. Beispielsweise betrifft eine Änderung in der Systemarchitektur gegebenenfalls alle drei zugehörigen Views (vgl. Abbildung 4.0.2). Noch andere Abhängigkeiten von Views entstehen auch, wenn die in ihnen dargestellten Dokumente wie oben erwähnt voneinander abhängig sind (vgl. Abbildung 4.0.1). Beispielen für solche voneinander abhängigen Views werden wir in den nächsten Abschnitten dieses Kapitels an verschiedenen Stellen begegnen.

Die im aktiven View zum aktuellen Inkrement zur Verfügung stehenden *Kommandos* werden dem Benutzer in einem *Menü* angeboten. Die Aktivierung eines Kommandos geschieht durch Selektion der entsprechenden Menüalternative mit der Maus, oder durch Eingabe einer *Kommandokurzform* mit Hilfe der Tastatur. Die Kommandokurzform wird im Menü mit ausgegeben, um das Erlernen der Kurzkommandos zu erleichtern. In vielen Fällen kann ein Kommando durch einen einzigen Tastendruck gegeben werden. Bei der Benutzung von Kurzkommandos wird das Menü nicht weiter angezeigt, erst bei fehlerhafter Kommandoeingabe oder auf explizite Anforderung (Taste '?') wird das Menü wieder dargestellt.

Das Menü enthält *alle Kommandos des Gesamtwerkzeugkastens*, die in der jeweils spezifischen Situation (gegeben durch View, Inkrement, Zugriffsrecht und Dialogzustand) zur Verfügung stehen. Die Gesamtmenge der möglichen Benutzeraktionen, d.h. der Kommandos des IPSEN-Systems, läßt sich in natürlicher Weise in verschiedene disjunkte Klassen, sogenannte *Kommandogruppen*, einteilen. Solche Gruppen bilden beispielsweise alle Veränderungskommandos ('insert', 'delete', .., Gruppe 'EDIT'), die Analysekommandos ('ANALYSE'), Kommandos zum Öffnen und Schließen von Views ('VIEW'), Ausführungskommandos ('EXECUTE') oder Kommandos, die das Layout von Dokumenten beeinflußen (z.B. Formatierung, Holophrasting, ..., Gruppe 'DISPLAY'). Um die angezeigten Menüs überschaubar zu halten, werden die Kommandogruppen dazu benutzt, die Menüs zu strukturieren. Es werden immer nur die Kommandos *einer Gruppe expandiert angezeigt*, alle weiteren Kommandogruppen, aus denen Kommandos zur Verfügung stehen, werden nur durch den Namen der Kommandogruppe repräsentiert. Bei der Selektion eines solchen Gruppennamens werden die aktuell zur Verfügung stehenden Kommandos dieser Gruppe angezeigt, die vorher angezeigten Kommandos werden zum Namen ihrer Kommandogruppe zusammengefaßt. Diese Vorgehensweise vermeidet den Nachteil hierarchischer Menüs vieler Systeme, in denen bei jeder Menüselektion alle Hierarchiestufen erneut durchlaufen werden müssen, um in das gewünschte Untermenü zu gelangen (vgl. /In 86/).

Da zu jedem Zeitpunkt jedes beliebige aktuell anwendbare Kommando aktiviert werden kann, fällt es sehr schwer, einzelne Werkzeuge zu beschreiben. Wir führen deshalb den Begriff des *"Benutzer-Werkzeugs"* ein. Ein solches Werkzeug bietet alle Kommandos einer Kommandogruppe auf einer bestimmten Dokumentenklasse an.[1]
Die folgende Tabelle (Abb. 4.0.3) zeigt diesen Zusammenhang für die im weiteren vorgestellten Werkzeuge. In der Tabelle sind außerdem zu jedem Dokument noch die davon abhängigen Dokumente zusammen mit den benutzten Views und davon abhängigen Views angegeben.

---

1 "Benutzer-Werkzeug = Kommandogruppe + Dokumentenklasse"

Dokument	abhängige Dokumente	Kommando gruppe	Benutzer Werkzeug	Views	abhängige Views
System–Architektur	Dokumentation Projektteam Modulimpl. Varianten Revisionen	EDIT	Architektur–Editor	Systemview Modulview	Systemdiagram Exportview Dokumentations view Rollenview
		ANALYSE	Architektur–Analyse	Systemview Modulview	Analyseviews
		IMPLEMENT	Implementations generatoren	Systemview Modulview	M2–Sourceview C–Sourceview M2–Makeview C–Makeview
Dokumen-tation	——	EDIT	Dokumentations Editor	Dokumentations view	——
		DISPLAY	Dokumentations Browser	Dokumentations view	——
Projektteam		EDIT	Projektteam–Editor	Teamview Rollenview	Rollenview Teamview Projektstruktur view
Varianten	Dokumentation Projektteam	EDIT	Varianten–Editor		——
Revisionen		EDIT	Revisions–Editor	Revisions–view	——
System–Architektur Varianten Revisionen		CONFIGURE	System-konfigurator	Systemview Varianten-view Revisions-view	Analyseviews

Abbildung 4.0.3 : Dokumente, Benutzer–Werkzeuge und Views.

4.1 Entwurf von Systemarchitekturen

In den folgenden Abschnitten stellen wir die Werkzeuge zur Erstellung und Wartung von Systemarchitekturen und deren Abbildung in Implementierungssprachen vor. Konzeptuelle Grundlage für den Systemarchitektur-Editor (4.1.1), das Werkzeug für die Systemarchitektur-Analyse (4.1.2) und die Implementierungs-Generatoren (4.1.3) ist das Modulkonzept aus Kapitel 2. Die vorliegenden und im folgenden beschriebenen Versionen der Architektur-Werkzeuge unterstützen die *Erstellung einzelner Teilsysteme*, die Verbindung von Teilsystemen ist noch nicht realisiert.

4.1.1 Architektur-Editor

Der syntax-orientierte Editor für Software-Architekturen (Kommandogruppe 'EDIT' auf Systemarchitekturen) nimmt Bezug auf das in Kapitel 2 beschriebene Modulkonzept und die dort vorgestellten Text- und Diagrammrepräsentationen.

Syntax-orientiert bedeutet hier, wie bei allen IPSEN-Editoren, daß die Portionen, in denen ein Dokument aufgebaut oder verändert (bearbeitet) wird, die syntaktischen Einheiten (*Inkremente*) der zugrunde liegenden Dokumentenklasse sind. Solche Inkremente, wie z.B. der Export-Teil eines Moduls werden nicht textuell eingegeben oder verändert, sondern mit Hilfe eines entsprechenden Kommandos wird die konkrete Syntax vom Werkzeug erzeugt, wobei auch die kontextsensitive Syntax überprüft wird. Beispiele für kontextsensitive Überprüfungen werden wir weiter unten erläutern.

Wir unterscheiden generell folgende verschiedene Typen von Inkrementen:

- *Atomare Inkremente* haben keine weiter unterschiedene Feinstruktur. Beispiele dafür sind die Bezeichner von Modulen und Ressourcen, oder Kommentare, die hier als unstrukturierte Texte betrachtet werden.

- *Komplexe Inkremente* setzen sich aus mehreren atomaren oder wiederum komplexen Inkrementen zusammen. Ein Beispiel für ein komplexes Inkrement ist der Realisierungsteil eines Moduls, der sich aus dem Enthaltenseinsteil, dem Importteil und dem Implementierungsteil zusammensetzt.

- Sogenannte *Listeninkremente* sind ein Sonderfall komplexer Inkremente, die sich aus beliebig vielen gleichartigen Inkrementen zusammensetzen.

Noch nicht vorhandene innere Komponenten von komplexen Inkrementen werden durch *Platzhalter* dargestellt. Dies geschieht meist durch Angabe der syntaktischen Klasse des noch nicht expandierten Inkrements (z.B. '<export part>').

Für alle oben angegebenen Typen von Inkrementen unterscheiden wir zwischen *obligaten*, d.h. solchen die auf jeden Fall vorhanden sein müssen, und *optionalen* Inkrementen. Ein Beispiel für optionale Inkremente sind Kommentare zu einem Modul.

Platzhalter für solche optionalen Inkremente werden normalerweise nicht angezeigt.

Nur fünf verschiedene Kommandos reichen aus, um derart strukturierte Dokumente zu edieren.

- Das Kommando 'extend' expandiert Platzhalter für komplexe Inkremente in die entsprechende Inkrementstruktur, bzw. ersetzt Platzhalter für atomare Inkremente durch ein entsprechendes Literal.

- Die Kommandos 'insert' und 'append' dienen zum Einfügen neuer Listenelemente vor bzw. hinter dem Listeninkrement, auf dem sie aktiviert werden. Bei heterogenen Listen, d.h. solchen die sich aus verschiedenartigen Inkrementen zusammensetzen können, müssen mehrere entsprechende 'insert'- und 'append'-Kommandos zur Verfügung stehen (vgl. Abbildung 4.1.1.1).

- Ein 'delete'-Kommando dient zum Löschen beliebiger Inkremente. Das Kommando 'change' wird zum Ändern, d.h. Löschen und Neueintragen, von atomaren Inkrementen angeboten.

Die Abbildungen 4.1.1.1 bis 4.1.1.3 zeigen das kommando-gestützte, Syntax-orientierte Einfügen eines neuen Moduls in ein Programmsystem. Das Eröffnen des neuen Views, die Selektion des Platzhalters für den Modulbezeichner und das 'extend'-Kommando werden implizit (d.h. vom Werkzeug selbst) aktiviert. Solche *impliziten Kommandoaktivierungen* werden eingeführt, um typische Bearbeitungsabläufe, wie etwa das Erzeugen eines neuen Moduls und das anschließende Eintragen des Modulnamens, für den Benutzer zu einer komplexen Aktion zusammenzufassen.

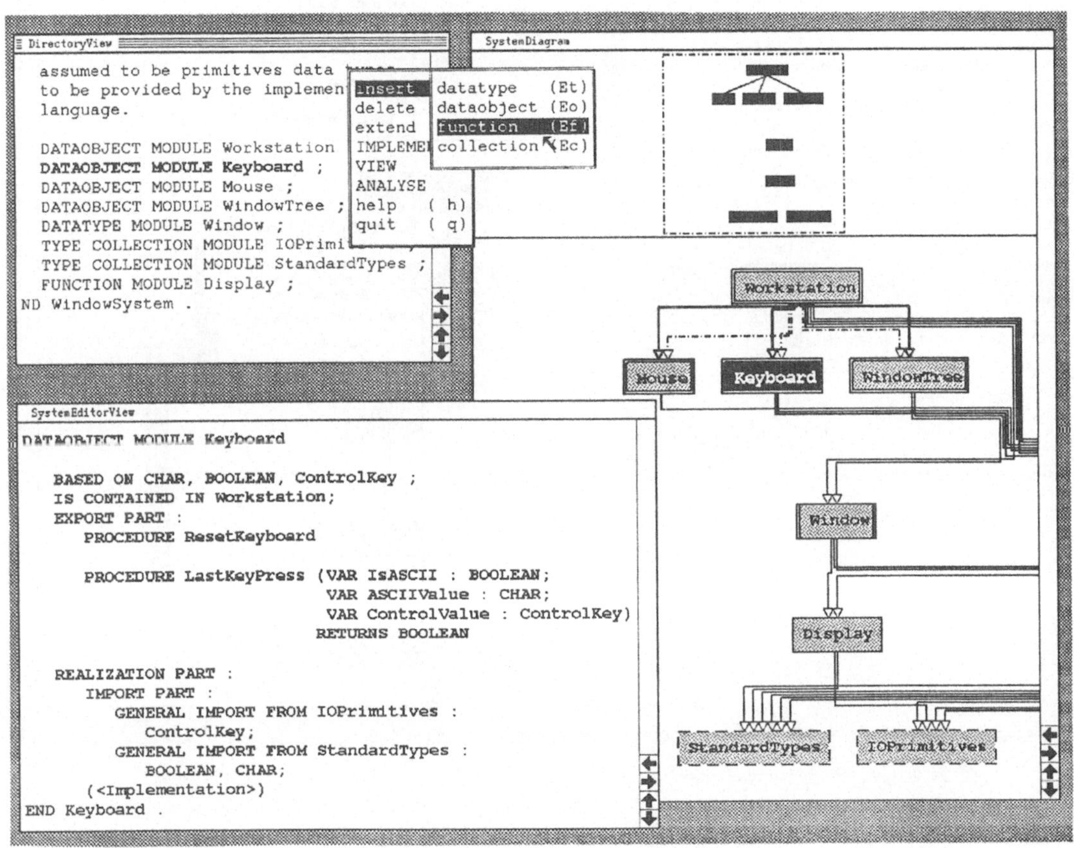

Abbildung 4.1.1.1

Dem Benutzer wird die bearbeitete Systemarchitektur in drei verschiedenen Repräsentationen dargestellt. In den Abbildungen ist jeweils links oben eine *komprimierte textuelle Darstellung* zu sehen, in der nur die einzelnen Module mit Modulklasse und –name aufgeführt werden. Darunter folgt die *ausführliche textuelle Beschreibung* des oben selektierten Moduls. Die komprimierte Darstellung dient im wesentlichen zum bequemen Navigieren in der Systemarchitektur. In einem dritten View wird die graphische Repräsentation des Software–Systems als *Systemdiagramm* (vgl. Abschnitt 2.5) angeboten. Das gerade selektierte Modul ist dort hervorgehoben. Wie den Abbildungen zu entnehmen ist, wirkt sich die Änderung der Software–Architektur durch Eintragen des neuen Moduls auf alle drei Views aus, in denen das Dokument dargestellt ist.

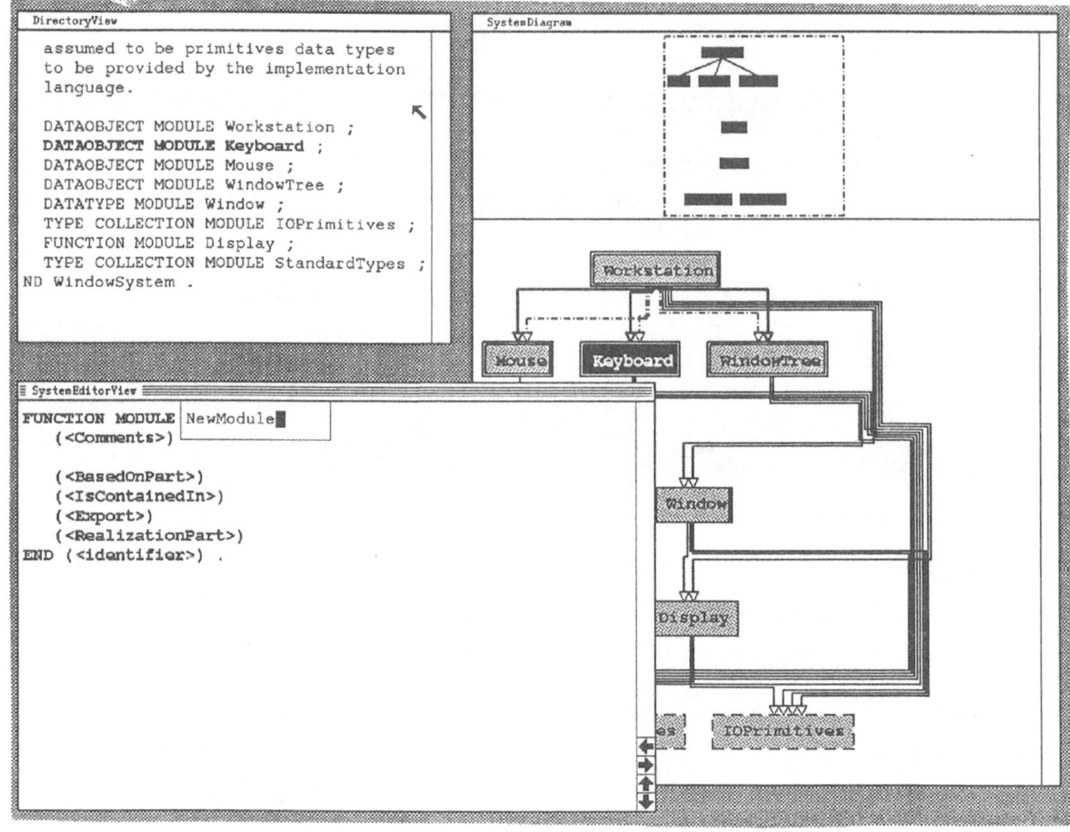

Abbildung 4.1.1.2

Auf die *Erzeugung* der automatisch gewonnenen Systemdiagramme soll in dieser Arbeit nicht näher eingegangen werden. Eine ausführliche Darstellung der Probleme und der gewählten Lösungsansätze ist in der Diplomarbeit von B. Pohlmann enthalten (/Po 87/). Dort sind auch Hinweise auf weitere Literatur zu den Themenkomplexen "Graphische Systembeschreibungen" und "Automatische Diagramm-Erzeugung" zu finden (z.B. /BN 84/, /Re 84b/, /LG 85/, /RD 87/, /TN 87/).

Der Systemdiagramm-View ist in zwei feste Bereiche eingeteilt, einem oberen *Navigationsbereich* und dem darunterliegenden eigentlichen *Diagrammbereich*. Im Navigationsbereich wird immer das gesamte Systemdiagramm mit allen Modulen und den Enthaltenseins-Beziehungen schematisch in entsprechender Verkleinerung dargestellt. Ein gestrichelter Rahmen kennzeichnet dort den im Diagrammbereich sichtbaren Ausschnitt der Systemarchitektur.

Zum *Layout der Systemdiagramme* werden wir nur einige wenige Punkte bemerken. Die Lage der Module ist bottom-up- und Schichten-orientiert, d.h.

ein allgemein benutzbares Modul oder ein Enthaltenseinsbaum wird der unterst möglichen horizontalen Schicht des Diagramms zugeordnet. Die Schichten sind jeweils übereinander zentriert angeordnet. Die Kanten zwischen den Modulkästchen werden in einem Gitter aus horizontalen und vertikalen Kanälen so gezogen, daß sie sich gegenseitig nicht überdecken und auch keine Modulkästchen durchschneiden. Jeder Enthaltenseins–Baum hat ein lokales Kanalsystem, hinzu kommt ein globales Kanalsystem für die Verbindungen zwischen den Schichten der allgemein benutzbaren Module (bzw. Bäume). Aus Gründen der Einfachheit liegen sowohl die lokalen, als auch die globalen vertikalen Kanäle einseitig am rechten Rand des jeweiligen Baumes bzw. des Gesamtdiagramms. Dadurch ergibt sich eine stark rechtslastige Verbindungsstruktur in den Diagrammen.

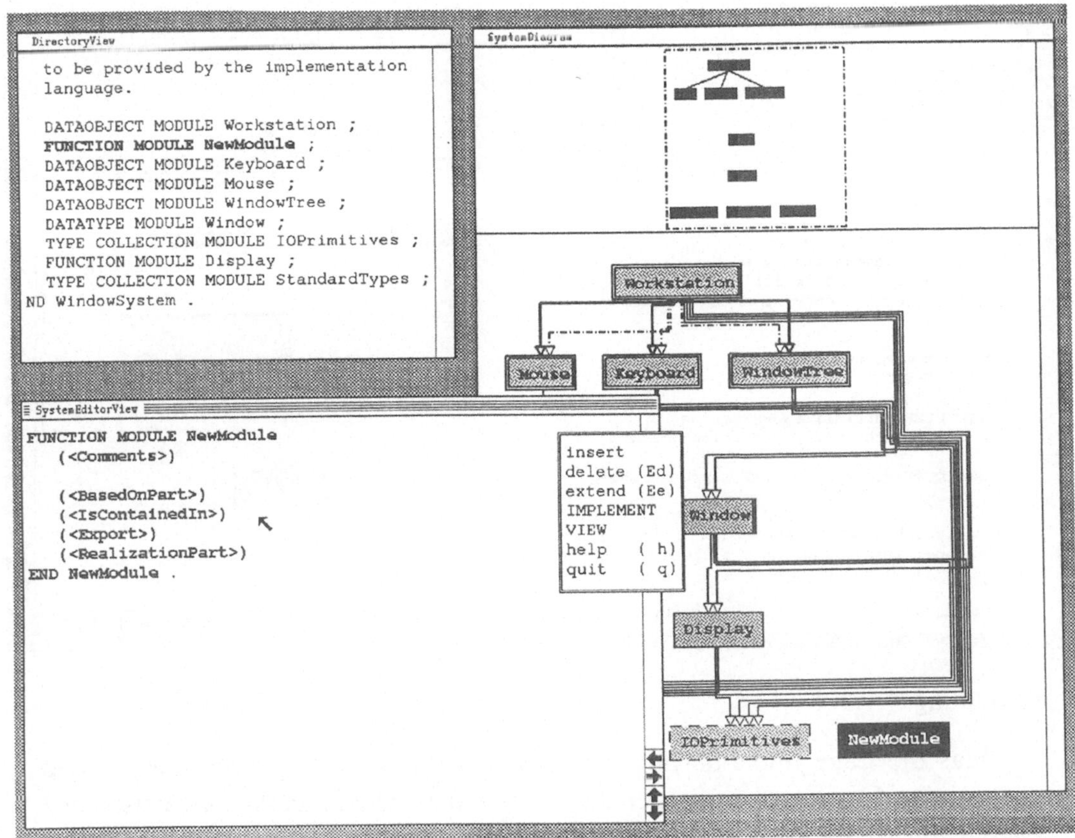

Abbildung 4.1.1.3

Wie man an den Abbildungen sieht, tragen die Typkollektions–Module, die typischerweise in der untersten Schicht der Systemarchitektur liegen und von denen die meisten anderen Module Ressourcen importieren, sehr zur

Unüberschaubarkeit der Systemdiagramme bei. Da außerdem die Typkollektionsmodule nicht wesentlich für die Struktur einer Systemarchitektur sind, wird die Möglichkeit angeboten, diese Module einschließlich ihrer einlaufenden Kanten in der Darstellung *aus-* bzw. wieder *einzublenden*. Dies geschieht mit Hilfe des Kommandos 'display (no) collections'. Die Position der übrigen Modulkästchen und der Kanten bleibt dadurch unverändert (vgl. Abbildungen 4.1.1.1 und 4.1.1.4).

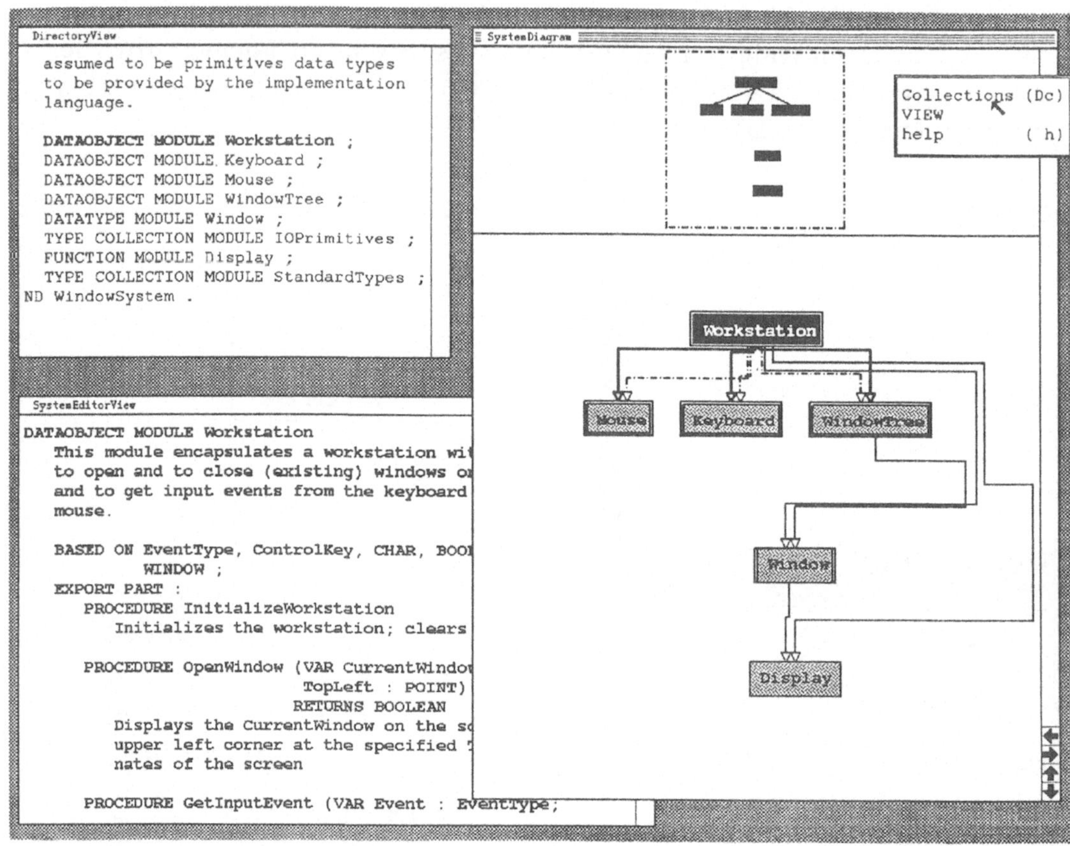

Abbildung 4.1.1.4

Was die Lage und Führung der Kanten im Systemdiagramm angeht sind noch einige Verbesserungen denkbar, um ein in vielen Fällen ästhetischeres Layout mit weniger Überkreuzungen und kürzeren Verbindungen zu erhalten. Auf diese Verbesserungen wurde in der oben zitierten Arbeit von Pohlmann bewußt verzichtet. Zum einen geschah dies aus Aufwandsgründen, zum anderen aber auch, weil sich nicht in jeder Situation und für jeden Benutzergeschmack "passende" Diagramme vollautomatisch erzeugen lassen. Hier soll in Zukunft ein *interaktives Layoutgestaltungs–Werkzeug* integriert werden, mit dem der Benutzer das Aussehen des Systemdiagramms auf komfortable Weise seinen Vorstellungen anpassen kann.

Zusätzlich zu der Möglichkeit, das Layout der Systemdiagramme interaktiv zu gestalten, wird es später auch möglich sein, im Systemdiagramm–View Inkremente (Module, Modulbeziehungen) zu selektieren und mit den entsprechenden Editor–Kommandos direkt das Architekturdokument zu bearbeiten. Dabei wäre eine stärker *graphisch orientierte Kommandoeingabe* denkbar, bei der beispielsweise zum Einfügen einer Modulbeziehung einfach das importierende und das exportierende Module im Diagramm mit der Maus selektiert werden und direkt vom Benutzer durch eine entsprechende Kante verbunden werden.

Wie oben bereits erwähnt, werden auch alle *Konsistenzbedingungen* für Software–Architekturen (vgl. Abschnitt 2.5, Bedingungen 1–8) bei jeder Editor–Operation *sofort überprüft* und die Einhaltung dieser Bedingungen erzwungen. Die weiteren Bedingungen (9–12), die in einer syntaktisch vollständigen und minimalen Software–Architektur gelten müssen, können mit Hilfe des im nächsten Abschnitt beschriebenen Analyse–Werkzeugs überprüft werden.

Für den Umgang mit Konsistenzbedingungen (kontextsensitive Regeln) gibt es hier prinzipiell zwei verschiedene Strategien.

Ein erster Ansatz besteht darin, *Inkonsistenzen* oder *Unvollständigkeiten* zu *vermeiden*, indem vom Werkzeug automatisch geeignete Maßnahmen ergriffen werden, wenn dies ohne weitere Eingaben des Benutzers möglich ist. Ein Beispiel dafür ist der automatische Import des Typbezeichners eines Datentypmoduls, sobald überhaupt ein Import von Ressourcen dieses Datentypmoduls eingetragen wird. Es wird damit vermieden, daß beim Import von Zugriffsoperationen eines Datentypmoduls vergessen wird, den zugehörigen und auf jeden Fall benötigten Datentyp selbst auch zu importieren. Ein weiteres Beispiel für diese Vorgehensweise ist das Kommando 'change'. Wird ein Bezeichner an einer definierenden Stelle (z.B. Modul- oder Ressourcenname) geändert, so wird diese Änderung – wenn möglich – automatisch auch an allen benutzenden Stellen (z.B. Importlisten) durchgeführt.

In der Mehrzahl der Fälle kann jedoch eine Verletzung von Konsistenzregeln nicht befriedigend automatisch behoben werden. Abbildung 4.1.1.5 zeigt am Beispiel die Reaktion des Editors in einer solchen Situation. Der Benutzer hat versucht, im Modul 'Display' einen Import vom Modul 'Workstation' einzutragen. Dies würde einen indirekten Zyklus in der allgemeinen Importbeziehung erzeugen. Die fehlerhafte Eingabe wird abgewiesen, der Import wird nicht eingetragen. Zusätzlich zu einer entsprechenden *Fehlermeldung* wird in einem weiteren View als Ergebnis einer implizit angestoßenen Analyse die Stelle in der Architektur markiert, in der die Fehlersituation entdeckt wurde. In diesem *Fehleranalyse-View* kann der Benutzer blättern, um den Fehlerkontext genauer zu inspizieren und die Fehlerursache zu erkennen.

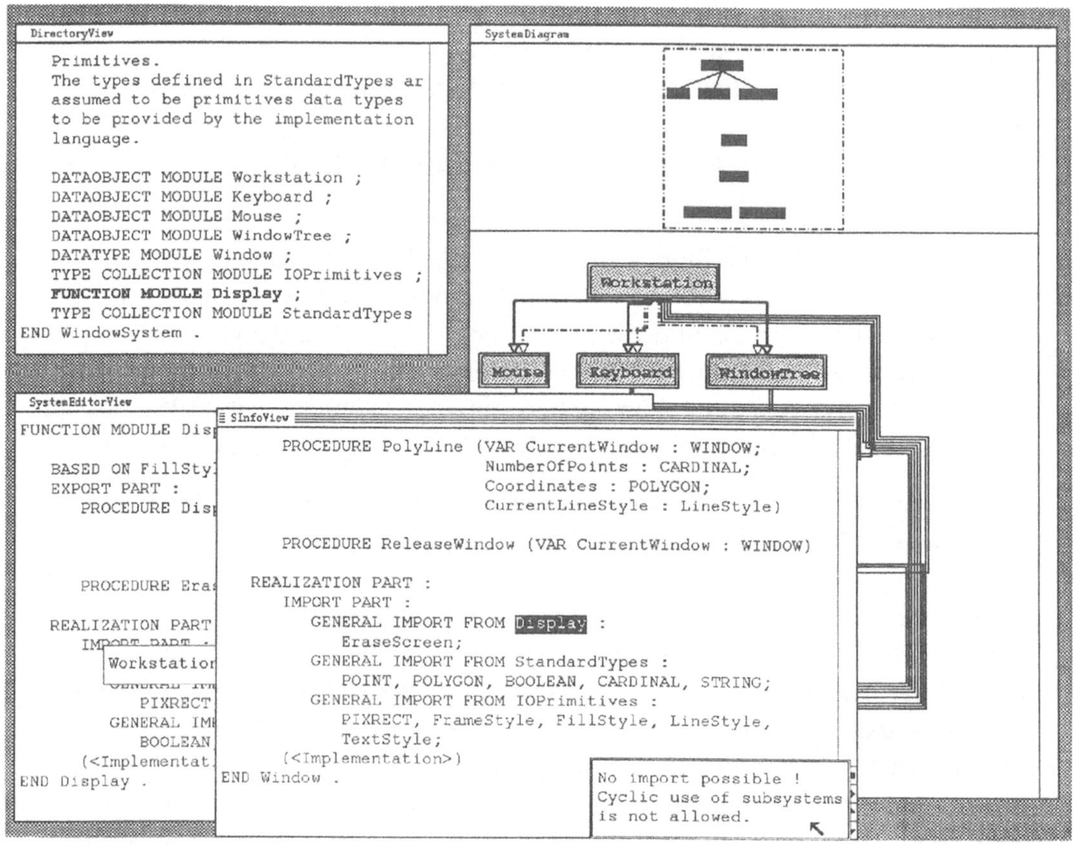

Abbildung 4.1.1.5

Außer zur Erkennung von Inkonsistenzen werden integrierte, inkrementelle Analyseschritte auch verwendet, um dem Benutzer während des Edierens *Informationen bereit zu stellen*, die seine Arbeit erleichtern und auch helfen, Fehler zu vermeiden.

Ein Beispiel dafür gibt Abbildung 4.1.1.6. Es soll im Modul 'Workstation' eine weitere Ressource des Moduls 'Window' importiert werden. Nach Eingabe des 'append'-Kommandos wird dem Benutzer in einem speziellen *Export-View* eine komprimierte Darstellung des Exportteils des Moduls 'Window' angeboten. Hierbei werden die im aktuellen Importteil bereits importierten Ressourcen berücksichtigt und nicht mehr angezeigt. Der Benutzer kann in

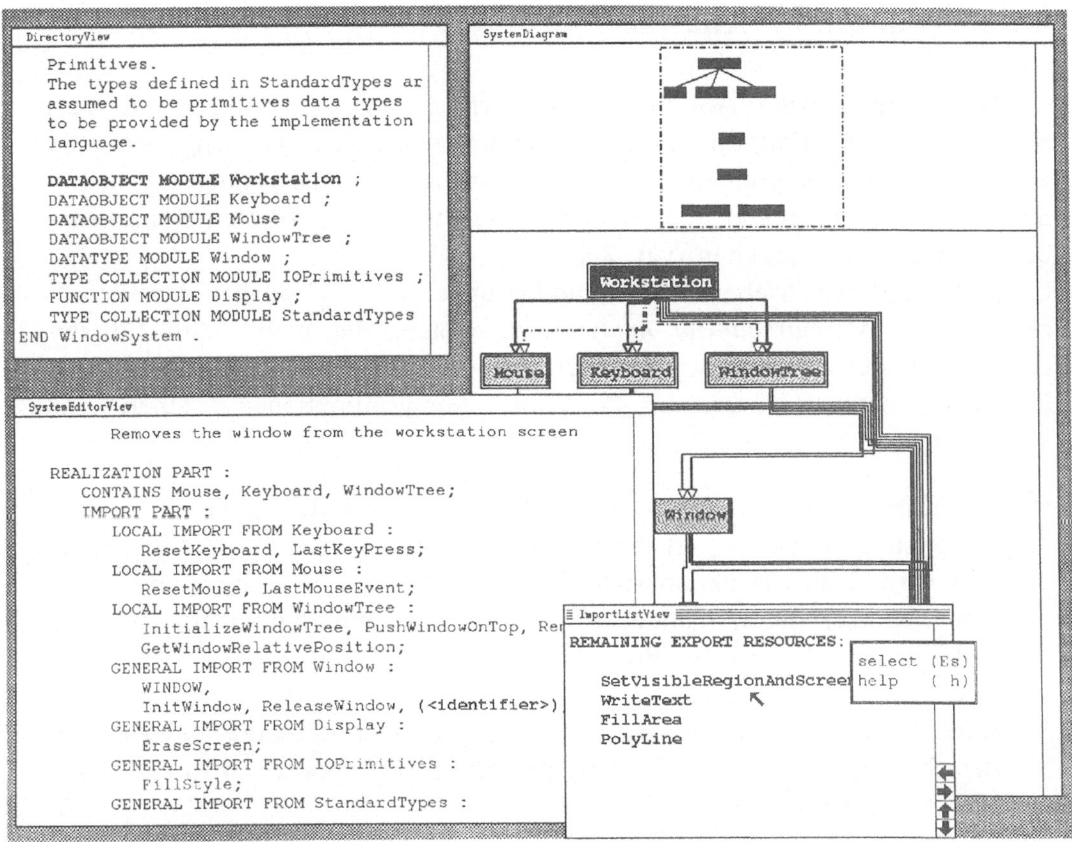

Abbildung 4.1.1.6

diesem Export–View die gewünschte Ressource als aktuelles Inkrement auswählen, ein anschließendes 'select'–Kommando trägt den Import ein. Die Aktivierung dieses Kommandos und das Schließen des Export–Views geschieht auch hier implizit vom Werkzeug. Es entfällt das sonst notwendige Nachsehen, welche Ressourcen der Modul 'Window' überhaupt exportiert, und auch das fehleranfällige Eingeben des gewünschten Ressourcennamens.

Diese Vorgehensweise läßt sich prinzipiell überall dort einsetzen, wo vorher definierte Objekte verwendet werden sollen. Nachteile, die der Benutzer dabei eventuell in Kauf nehmen muß, sind eine längere Reaktionszeit des Editors, der im vorbereitenden Analyseschritt *alle in Frage kommenden Objekte* ermitteln muß, und besonders bei umfangreichen Objektlisten ein aufwendiger Suchprozeß des Benutzers nach dem gewünschten Objekt in dem Auswahlfenster. Es scheint deshalb sinnvoll, beide Möglichkeiten zum Eintragen von Objektbenutzungen vorzusehen, wie es auch in anderen Systemen mit objektorientierter Benutzerschnittstelle getan wird (vgl. z.B. Microsoft Windows /Mi 85/).

4.1.2 Architektur–Analyse

Bereits im letzten Abschnitt haben wir im Zusammenhang mit dem Systemarchitektur–Editor implizit durchgeführte Analysen kennengelernt. Sie wurden dort bei bestimmten Editor–Operationen automatisch angestoßen, um Situationen zu entdecken, die den im Modulkonzept geforderten Konsistenzbedingungen widersprechen (vgl. 2.4).

Unter der hier beschriebenen Kommandogruppe 'ANALYSE' werden dem Benutzer weitere *Systemarchitektur–Analysen* angeboten, die nicht beim Edieren automatisch durchgeführt werden, sondern die *explizit* auf Anforderung des Benutzers aktiviert werden. Folgende Analysefunktionen stehen zur Verfügung:

- Das Kommando 'import locations' liefert zu einer Ressource alle Stellen der Systemarchitektur, an denen diese Ressource verwendet, d.h. importiert wird. Diese Funktion stellt Informationen zur Verfügung, die sonst vom Benutzer durch manuelles, sequentielles Durchlaufen aller Module erst gewonnen werden müßte.
  Eine typische Anwendung, die durch dieses Kommando unterstützt wird, wäre das zusätzliche Eintragen des Imports einer Ressource 'b' an allen den Stellen, an denen bereits eine Ressource 'a' importiert wird (vgl. auch PiK–Analysen, /En 86/).

- Die Kommandos 'unused modules', 'unused export resources' und 'unused parameter imports' dienen ganz allgemein gesprochen dazu, Bestandteile einer Software–Architektur zu finden, die zwar an einer Stelle definiert worden sind, aber nirgendwo benutzt werden. Dies ist möglich für ganze Module, für einzelne exportierte Ressourcen eines Moduls und für Parametertypen eines 'BASED-ON'–Teils.
  Das Vorhandensein solcher unbenutzter Teile eines Software–Systems kann Hinweise auf noch anderweitig unvollständige Bereiche des Systems geben. Es kann beispielsweise vergessen worden sein, bestimmte Ressourcen an geeigneter Stelle zu importieren. Zum anderen können auch solche Module oder Ressourcen entdeckt werden, die ursprünglich einmal geplant waren, dann bei der Weiterentwicklung überflüssig geworden waren, aber nicht gelöscht worden sind.
  Diese Analysen helfen also, die inhaltliche Vollständigkeit und Minimalität eines Software–Systems zu erreichen.

Zwei weitere Analysekommandos überprüfen syntaktische Vollständigkeitsbedingungen:

- Ein Kommando 'missing imports' überprüft für ein Modul, ob zu jeder importierten Ressource auch die benötigten Parametertypen mit importiert werden. Das sind die Datentypen, die im entsprechenden 'BASED-ON'–Teil der Ressource stehen (oder eine Teilmenge davon). Fehlende Typen werden angezeigt.

- Das Kommando 'parameter completeness' überprüft für Datentyp–Module, ob in jeder Zugriffsoperation des Moduls mindestens ein Parameter vom exportierten Datentyp vorkommt. So muß beispielsweise jede Operation eines Datentyp–Moduls 'stack', das den Typ 'STACK 'exportiert, einen Parameter des Typs 'STACK' haben, da sie sonst nicht als Zugriffsfunktionen des abstrakten Datentyps aufgefaßt werden kann.

Die beiden zuletzt beschriebenen Vollständigkeitsbedingungen ließen sich prinzipiell auch durch *implizite Analysen* beim Edieren inkrementell überwachen und einhalten.

Im ersten Fall ließen sich die beschriebenen Unvollständigkeiten dadurch *verhindern*, daß automatisch bei jedem Import die benötigten Parametertypen mit importiert werden. Alle Änderungen von Parametertypen einer Ressource müßten dann an solchen implizierten Importstellen gegebenenfalls berücksichtigt werden. Dies ist aber nicht in allen Fällen automatisch (d.h. ohne Benutzerinteraktion) sinnvoll durchführbar. Man betrachte dazu das Beispiel aus Abbildung 4.1.2.1. Angenommen, der Typ des Parameters 'b1 'der Procedur 'B1' im Modul 'B' wird von 'C1' nach 'C3' geändert, dann muß dieser neue Typ 'C3' auch im 'BASED-ON'–Teil von 'B' und im Realisierungsteil von 'A' eingetragen werden. Im Realisierungsteil von 'A' ist jedoch nicht klar, ob der bestehende Import 'C1' von 'C' gelöscht werden darf. Es ist ja möglich, daß dieser Typ weiterhin, unabhängig von der Ressource 'B1', in der Implementierung von 'A' zur Verfügung stehen soll.

```
FUNCTION MODULE  A                  DATAOBJECT MODULE  B
    <export part>                       BASED ON  C1 ;
    REALIZATION PART:                   EXPORT PART:
        IMPORT PART                         PROCEDURE B1 (b1 : C1) ;
            GENERAL IMPORT FROM B:      REALIZATION PART:
                B1;                         IMPORT PART
            GENERAL IMPORT FROM C:              GENERAL IMPORT FROM C:
                C1, C2;                             C1 ;
        <implementation>                    <implementation>
END  A .                            END  B .
```

Abbildung 4.1.2.1 Beispiel für Probleme bei automatischem Parameterimport

Die Vollständigkeit der Parameterteile von Zugriffsoperationen eines Datentyp-Moduls läßt sich noch schwieriger automatisch gewährleisten. Wollte man beispielsweise bereits beim Erzeugen einer neuen Zugriffsoperation gleich einen entsprechenden Parameter mit einfügen, stände man vor der Frage, ob dies ein Referenz-, Wert- oder Resultat-Parameter sein soll. Diese Problem wäre nur zu lösen, indem man hier einen komplexen Dialogablauf als atomaren Dialogschritt auffaßte und als solchen handhabte. Darauf wurde um der Einheitlichkeit des Dialogablaufs willen verzichtet.

Anhand des Beispiels der 'import locations'-Analyse in Abbildung 4.1.2.2 zeigen wir die *Besonderheiten* und *neuen Aspekte der Benutzerschnittstelle* des Analyse-Werkzeugs.

Der Benutzer hat das Analysekommando auf dem ganzen Modul 'io-Primitives' aufgerufen. Das heißt, daß für *jede Ressource* dieses Moduls *alle Importstellen* angezeigt werden sollen. Aus der Sicht des Analysewerkzeugs wird somit das Kommando für jedes geeignete Inkrement (hier Exportressource) aufgerufen, das in dem aktuellen Inkrement enthalten ist und auf das das Kommando anwendbar ist. In einem *zweistufigen Vorgehen* werden zunächst alle in Frage kommenden Inkremente bestimmt, dann für das erste dieser Inkremente das gewählte Analysekommando ausgeführt.

An der Benutzeroberfläche spiegelt sich diese Zweistufigkeit in Form von zwei Views auf das betreffende Dokument wider. Im ersten View wird die *Menge der zu analysierenden Inkremente* markiert, eines dieser Inkremente ist als aktuelles Analyse-Inkrement hervorgehoben. In einem zweiten View werden die *Analyse-Ergebnisse* zu dem aktuellen Analyse-Inkrement ausgegeben. Das Architekturdokument ist in beiden Fällen in der ausführlichen Textrepräsentation dargestellt. Der Benutzer kann in beiden Views in gewohnter Weise blättern und so die Analyse-Ergebnisse inspizieren. In beiden Views können markierte Inkremente selektiert werden. Wird im ersten Analyse-View ein neues Inkrement ausgewählt, dann erscheinen im zweiten View die Analyse-Ergebnisse zu dem neuen Inkrement. Da die markierten Inkremente textuell beliebig weit voneinander entfernt sein können, werden als zusätzlicher Komfort die Navigationskommandos 'next' und 'previous' angeboten, die ausgehend vom aktuellen markierten Inkrement das nächste bzw. vorhergehende markierte Inkrement selektieren. Dabei wird gegebenenfalls der Bildschirmausschnitt verschoben, um das neue Inkrement sichtbar zu machen.

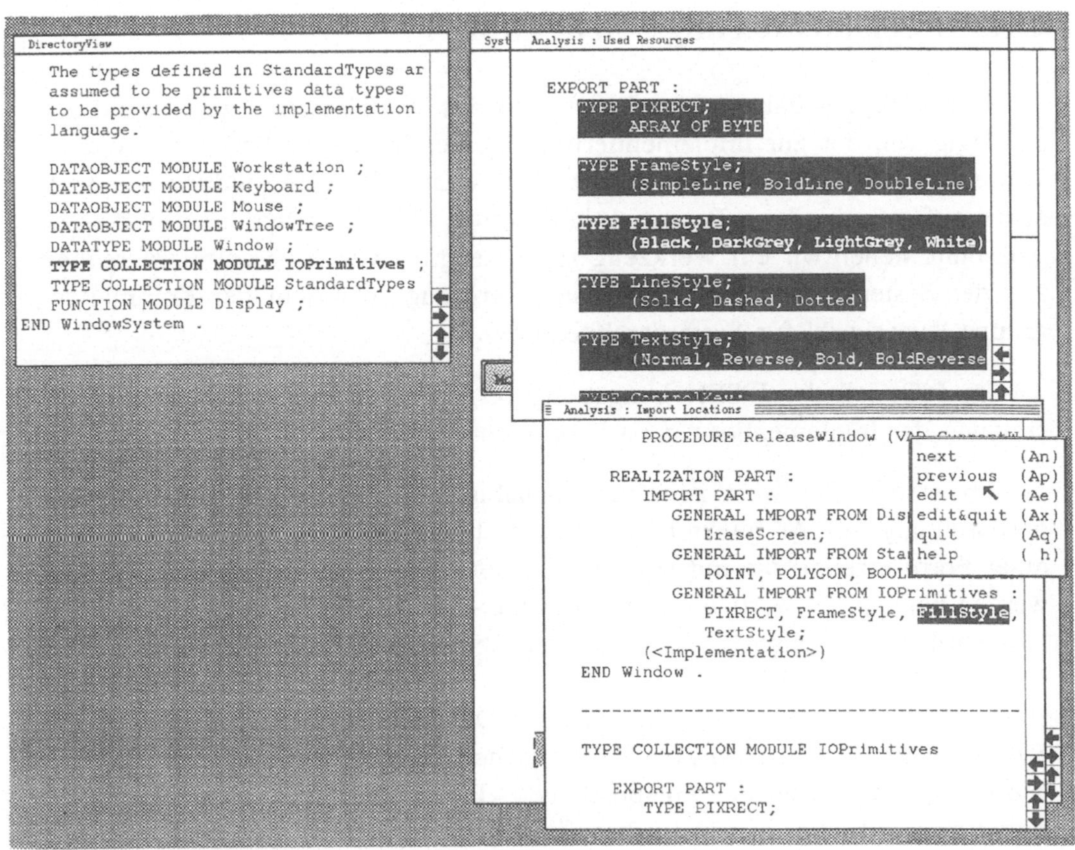

Abbildung 4.1.2.2

Die *Anzeige* von Analyse-Ergebnissen und das *Bearbeiten* der Systemarchitektur sollen möglichst weitgehend *integriert* werden. Dazu steht im Analyse-View das Kommando 'view edit' zur Verfügung, das den Systemarchitektur-View aktiviert und das aktuelle Inkrement des Analyse-Views als neues aktuelles Inkrement für den Editor übernimmt. Werden bei angezeigten Analyse-Ergebnissen Veränderungen in der Systemarchitektur vorgenommen, so werden die Analyse-Ergebnisse inkrementell angepaßt
Um sich diese *Verschränkung von Systemarchitektur-Analyse und -Editor* zu verdeutlichen, stelle man sich einen Benutzer vor, der zu einer Ressource alle Importstellen sucht, sie sequentiell durchläuft und dabei an einigen Stellen diese Importe löscht, da sie dort nicht mehr benötigt werden.

4.1.3 Implementierungs–Generatoren

In Kapitel 2.6 haben wir erörtert, daß das Modulkonzept weitgehend unabhängig von der zur Implementierung des beschriebenen Software–Systems verwendeten Programmiersprache ist. Dort war auch die Abbildung des Konzepts auf verschiedene Programmiersprachen diskutiert worden. In diesem Abschnitt stellen wir ein Werkzeug zur Erzeugung von Programmiervorgaben aus der Systemarchitektur vor. Dieses Werkzeug entspricht der Kommandogruppe 'IMPLEMENT' für Systemarchitekturen.

Im PiG–Teil der IPSEN–Umgebung verfolgen wir *zwei Linien* zur Unterstützung der Implementierung von Software–Systemen:

Im ersten Fall wird zu einem beliebigen Zeitpunkt aus einer Modulbeschreibung auf Architekturebene der Rahmen eines Modula–2–Moduls in einer Form erzeugt, die mit Hilfe der *IPSEN–PiK–Werkzeuge* weiter bearbeitet werden können. Es werden dafür ein syntax–orientierter Editor, Analyse– und Ausführungswerkzeuge für Modula–2 angeboten (vgl. /En 86/, /Sc 86/, /ENS 86/, /ES 87/, /EJS 88/). Ziel ist dabei die *volle Integration der PiG– und PiK–Werkzeuge* und der zugehörigen Software–Dokumente. Jede Modifikation der Systemarchitektur bewirkt bei schon bestehenden, abhängigen Modulimplementierungen entsprechende Folgeänderungen. Diese müssen zusammen mit einer Meldung über die durchzuführenden Änderungen an die betroffenen Moduldokumente und die dafür verantwortlichen Programmierer weitergeben werden (vgl. /LNW 87/). Solche implizierten Veränderungen in den Moduldokumenten können und sollen in den wenigsten Fällen völlig automatisch, d.h. unabhängig vom zuständigen Programmierer durchgeführt werden, sondern erfordern das Zusammenspiel von komplexen automatischen Veränderungsoperationen und Benutzerinteraktionen. Dabei kommen Strategien und Mechanismen zum Tragen, die im Rahmen dieser Arbeit nicht weiter betrachtet werden können. Es müssen Probleme bedacht werden wie die Speicherung und vom Benutzer beliebig verzögerte Ausführung implizierter Veränderungen im Moduldokument oder das überwachte Zulassen und spätere Beheben beliebig vieler Inkonsistenzen innerhalb von Dokumenten. Hinzu kommen erweiterte Aspekte des Mehrbenutzer–Zugriffs und der Verteilung von Software–Dokumenten in einem lokalen Rechnernetz. Diese Fragestellungen werden gegenwärtig in zwei Dissertationsvorhaben und mehreren Diplomarbeiten bearbeitet.

Die zweite Entwicklungslinie betrifft die Verbindung der IPSEN–PiG Werkzeuge zu traditionellen *externen Programmierwerkzeugen* wie sie beispielsweise in der UNIX–Umgebung zur Verfügung stehen. Dafür werden

Kommandos angeboten, die für einzelne Module oder das gesamte Programmsystem Quelltextrahmen erzeugen. Realisiert wurde dies für die Programmmiersprachen C und Modula-2. Die Abbildung des Modulkonzepts in diese beiden Sprachen wurde bereits in Kapitel 2.7 beschrieben. Bei der Abbildung auf Modula-2 werden für jeden Modul zwei Übersetzungseinheiten (Textdateien), ein sogenanntes 'DEFINITION MODULE' und ein 'IMPLEMENTATION MODULE' erzeugt. Zur Verwendung von C als Implementierungssprache wird für jeden Modul eine Übersetzungseinheit generiert.

Der Benutzer bekommt die erzeugten Quelltextrahmen jeweils in einem eigenen *Implementation-View* angezeigt, kann sie inspizieren und als Textdateien ausgeben lassen (vgl. Abbildung 4.1.3.1). Der Dateiname setzt sich aus dem Modulnamen und einem entsprechenden Suffix zusammen (".def" für Modula-2 'DEFINITION MODULES', ".mod" für Modula-2 'IMPLEMENTATION MODULES', ".c" für C-Übersetzungseinheiten).

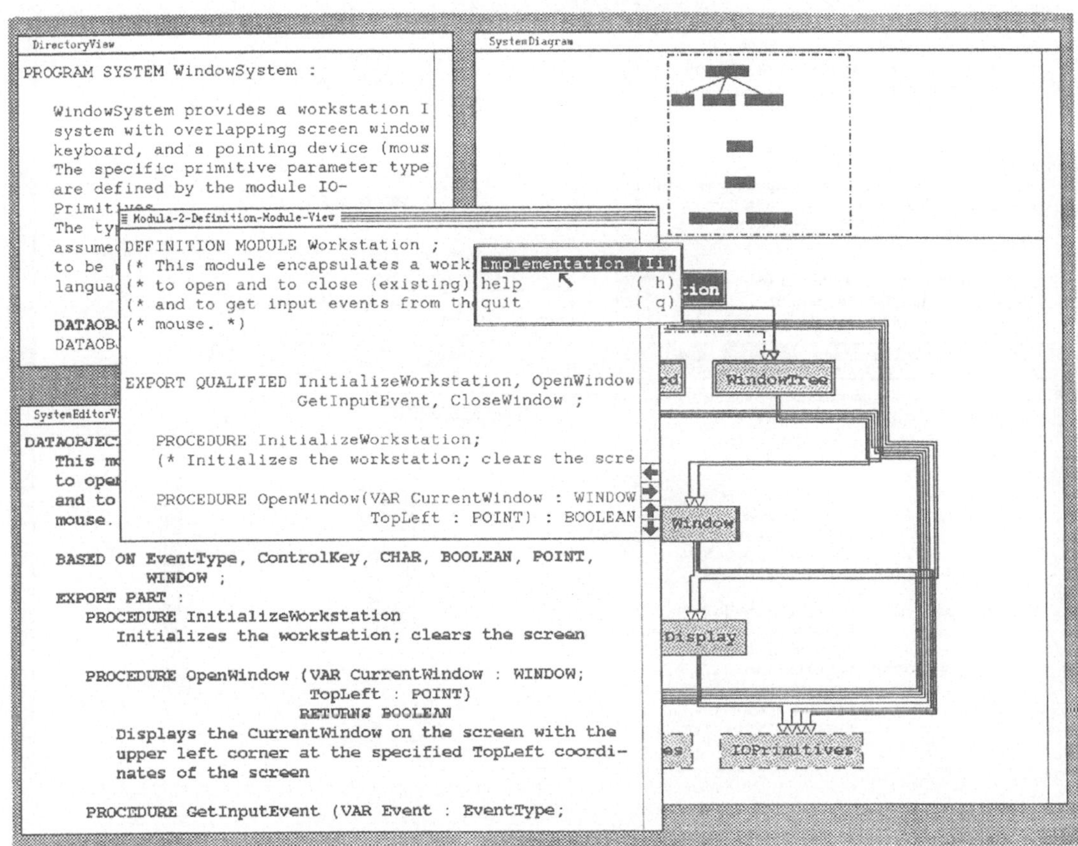

Abbildung 4.1.3.1

Bei dieser Vorgehensweise ist eine Integration der Architekturbeschreibung mit den abhängigen Modulimplementierungen im oben erwähnten Sinne kaum noch oder gar nicht mehr möglich. Eine inkrementelle Propagation von Änderungen in der Architektur in bereits erzeugte und von einem Programmierer weiter bearbeitete Quelltexte der Implementierung wird nicht angeboten.

Die in der Systemarchitektur vorhandene Information über die *Modulabhängigkeiten* wird benutzt, um mit Hilfe der Kommandos 'M2make' und 'Cmake' UNIX-"makefiles" für das bearbeitete Software-System zu erzeugen. Abbildung 4.1.3.2 zeigt das Modula-2 "makefile" für unser Beispiel-Programmsystem aus Kapitel 2.5. Diese Beschreibungen von Modulabhängigkeiten und Übersetzungsregeln werden von dem UNIX-Werkzeug "make" (vgl. /Fe 79/) zur *automatischen Rekompilation* von Programmsystemen benutzt.

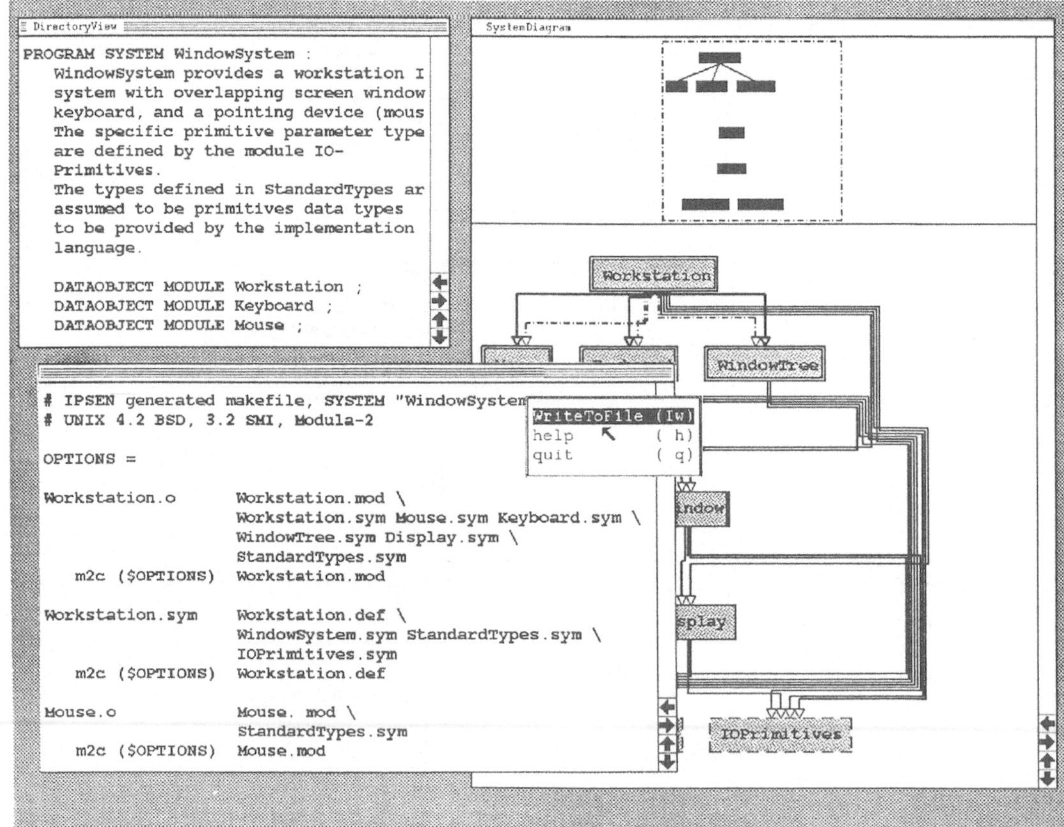

Abbildung 4.1.3.2

Unabhängig von der angestrebten Integration der IPSEN PiG- und PiK-Werkzeuge machen die realisierten Funktionen zur Erzeugung von Quelltextrahmen und "makefiles" die beschreibenen Architektur-Werkzeuge zu *wertvollen Hilfsmitteln* für die Entwurfsphase von großen Modula-2 oder C-Programmen. Besonders bei der Verwendung von C erfährt der Benutzer durch die IPSEN-Werkzeuge wesentlich mehr Unterstützung als die üblicherweise verfügbaren C-Werkzeuge (Texteditor, Compiler, Syntaxchecker, Cross-Reference-Generator, Linker usw.) bieten können.

4.2 Dokumentations- und Projektteamverwaltung

Wir beschreiben im folgenden Werkzeuge für die Unterstützung bei der Erstellung der *technischen Dokumentation* zu einem Software-System und für die Verwaltung der *Zugriffsrechte und Verantwortlichkeiten* in einem Programmierteam. Die zugrunde liegenden Konzepte sind in zwei Diplomarbeiten ausführlich dargestellt worden (/Be 87/, /Ja 87/). Sie werden hier zusammen mit den entsprechenden Werkzeugen Dokumentations-Editor, Dokumentations-Browser und Projektteam-Editor in den Abschnitten 4.2.1 und 4.2.3 nur kurz erläutert.

4.2.1 Dokumentations-Editor

Ein wesentlicher Arbeitsbereich der Programmentwicklung ist die *Erstellung von Programmdokumentation* (vgl. /BS 83/, /He 82/). Zu einem Programmsystem wird es in der Regel verschiedenerlei Dokumentationen geben, die unterschiedliche Aufgaben erfüllen und sich demgemäß in Inhalt, Struktur und ihrer äußeren Form unterscheiden. Man denke an verschiedene Klassen von Dokumentationen wie Benutzerhandbücher, Installationsmanuale, "design rationales", oder technische Programmdokumentation. In allen Fällen nimmt die Dokumentation Bezug auf das darin beschriebene Programmsystem, sei es daß die Bedienung oder die intendierte Verwendung, die Struktur des Systems oder die Funktionalität einzelner Bausteine beschrieben wird.

Ein besonderes Problem bei der Dokumentationserstellung ist, daß diese Bezüge zu dem beschriebenen Software-System *konsistent gehalten werden müssen*, wenn an den beschriebenen Komponenten oder Eigenschaften etwas verändert wird. Das Problem der Konsistenz der Dokumentation entsteht besonders für solche, die parallel zu der Entwicklung des Software-Systems erstellt und benutzt werden. Ein Beispiel dafür sind technische Handbücher,

die den Software–Entwicklern bei ihrer Arbeit zur Kommunikation dienen sollen. Ebenso wie sich die Entwicklung eines großen Software–System als evolutorischer Prozeß darstellt, bei dem verschiedene Aktivitäten wie Entwurf, Implementierung und Test stark verschränkt ablaufen, kann auch die Dokumentionserstellung nicht als abgekoppelte, sequentielle Phase gesehen werden, sondern muß selbst mit dem gesamten Entwicklungsprozeß verwoben sein (vgl. /Sc 84/, /HW 85/, /Pr 86/).
In diesem Abschnitt beschreiben wir einen Dokumentations–Editor, der in den IPSEN–Werkzeugkasten integriert ist und die *projektbegleitende Erstellung von konsistenter Dokumentation* unterstützt.

Das Werkzeug erlaubt es, Beziehungen zwischen dem Dokumentationstext und den darin beschriebenen Software–Dokumenten herzustellen und zu verwalten. Komfortable Möglichkeiten zur Formatierung und der Textgestaltung unter Verwendung verschiedener Zeichensätze und der Einbeziehung von Graphik werden dabei bewußt vernachlässigt, da es sich dabei eher um allgemeine Probleme aus dem Bereich der Textverarbeitung handelt (vgl. /Er 86/, /Ti 86/), die in diesem Rahmen nicht behandelt werden können. Es geht uns hier um den Aspekt der Behandlung von *Vernetzungen zwischen verschiedenen Software–Dokumenten*. Erstrebenswert wäre natürlich die Kombination des Dokumentations–Editors mit einem modernen Text– und Graphiksystem (z.B. /In 86/).
Das IPSEN–Dokumentationswerkzeug ist in der Diplomarbeit von E. Berens (/Be 87/) ausführlich beschrieben, wir fassen hier die wesentlichen Ideen nochmals zusammen und stellen das Werkzeug aus Benutzersicht vor.

In der oben zitierten Arbeit werden zwei entgegengesetzte Vorgehensweisen für die Kopplung von Dokumentationstexten mit den beschriebenen Dokumenten diskutiert.
Im ersten Fall wird die Struktur und Teile des Inhalts der Dokumentation aus der Struktur der zu beschreibenden Software–Dokumente abgeleitet (vgl. /BW 81/, /Sc 84/). Eine solche *strukturelle Kopplung* zeigt Abbildung 4.2.1.1 für ein Beispiel. Die Dokumentation besitzt hier eine vorgegebene Struktur aus den angedeuteten Kapiteln. Der Aufbau der Kapitel wird aus der Architekturbeschreibung des Programmsystems erzeugt. So enthält das zweite Kapitel, in dem die einzelnen Module grob beschrieben werden, für jedes Modul ein Unterkapitel mit dem Modulnamen als Titel. Die Kommentare aus der Systemarchitektur werden automatisch in den Dokumentationstext übernommen. Veränderungen der Systemarchitektur werden berücksichtigt, indem die korrespondierenden Teile der Dokumentation *inkrementell angepaßt* werden. Im Extremfall kann bei diesem Ansatz die Dokumentation zu einem Software–System aus den anderen Software–Dokumenten wie Anforderungsdefinition,

Architektur und den Modulimplementierungen vollständig erzeugt werden. Sie enthält dann in speziell aufbereiteter Form und einer neuen Strukturierung nur Informationen, die bereits in den anderen Dokumenten enthalten sind.

```
PROGRAM SYSTEM Demo;                Technical Documentation "Demo"
   This is a simple demo system     1. General Description
   doing nothing special ....          This is a simple demo system
                                       doing nothing special ....
   DATATYPE MODULE Data;            2. The Modules
      EXPORT PART:                     2.1. Data
         TYPE Foo;                        ......
         PROCEDURE Open (...);        2.2. Fun
         PROCEDURE Close (...);           ......
      REALIZATION PART:            3. The Export Interfaces
         ....                         3.1. Data :
   END Data ;                             PROCEDURE Open (...);
                                          Purpose: .....
   FUNCTION MODULE Fun;
      EXPORT PART:                        PROCEDURE Close (...);
         PROCEDURE Fun1 : BOOLEAN;        Purpose: .....
         PROCEDURE Fun2 : BOOLEAN;
      REALIZATION PART:              3.2. Fun :
         ....                             PROCEDURE Fun1 : BOOLEAN;
   END Fun ;                              Purpose: .....

END Demo .                                PROCEDURE Fun2 : BOOLEAN;
                                          Purpose: .....
```

Abbildung 4.2.1.1   Strukturelle Kopplung zwischen Systemarchitektur und
                    Dokumentation für ein Beispiel

Die wesentlichen *Vorteile* einer solchen Vorgehensweise sind die starke *Standardisierung* von Programmdokumentationen und der hohe Grad an *Automatisierung* bei der Erstellung und Pflege konsistenter Dokumentationen. *Nachteile* ergeben sich daraus, daß die Struktur der Dokumentation sehr stark vorgegeben ist und aus der Struktur der übrigen Dokumente abgeleitet ist. Die Freiheitsgrade bei der Erstellung von Dokumentationen sind dadurch stark eingeschränkt. So ist es beispielsweise schwierig, Gemeinsamkeiten mehrerer Systemkomponenten oder konzeptuelle Ideen zu dokumentieren, die sich nicht in der Struktur des Systems ausdrücken. Zudem ist die Anpassung des Dokumentationsmodells an verschiedene Dokumentationsrichtlinen oder -stile mit hohem Aufwand verbunden, und umgekehrt wirkt sich jede Änderung in der Struktur der anderen Dokumente direkt auf das Dokumentationsmodell aus.

Ein entgegengesetzter Ansatz, auf dem das hier beschriebene Werkzeug basiert, geht von rein *inhaltlichen Beziehungen* zwischen der Dokumentation und den darin beschriebenen Software-Dokumenten aus (vgl. /CL 84/, /HW 85/). Die Dokumentation hat dabei eine völlig eigene, prinzpiell unabhängige Struktur, z.B. eine Textstruktur aus Kapiteln, Unterkapiteln, Absätzen und Unterabsätzen. Zwischen den einzelnen Textkomponenten und beliebigen Inkrementen anderer Dokumente, auf die darin Bezug genommen wird, werden explizit *Referenzen* hergestellt. Abbildung 4.2.1.2 zeigt den Ausschnitt eines Dokumentationstextes mit der Angabe der referenzierten Objekte für die einzelnen Kapitel, Unterkapitel und Absätze. Diese Referenzen werden dazu benutzt, um bei Änderungen von referenzierten Inkrementen die betroffenen Teile der Dokumentation zu finden und zu kennzeichnen. Es kann also mit Hilfe der expliziten Referenzen ausgedrückt werden, daß sich ein Kapitel, Unterkapitel oder Absatz auf eine Menge von Inkrementen bezieht. In welcher Weise sich diese inhaltliche Beziehung im Text ausdrückt und wie eventuelle Änderungen von referenzierten Inkrementen im Text berücksichtigt werden müssen, bleibt hier dem Benutzer überlassen.

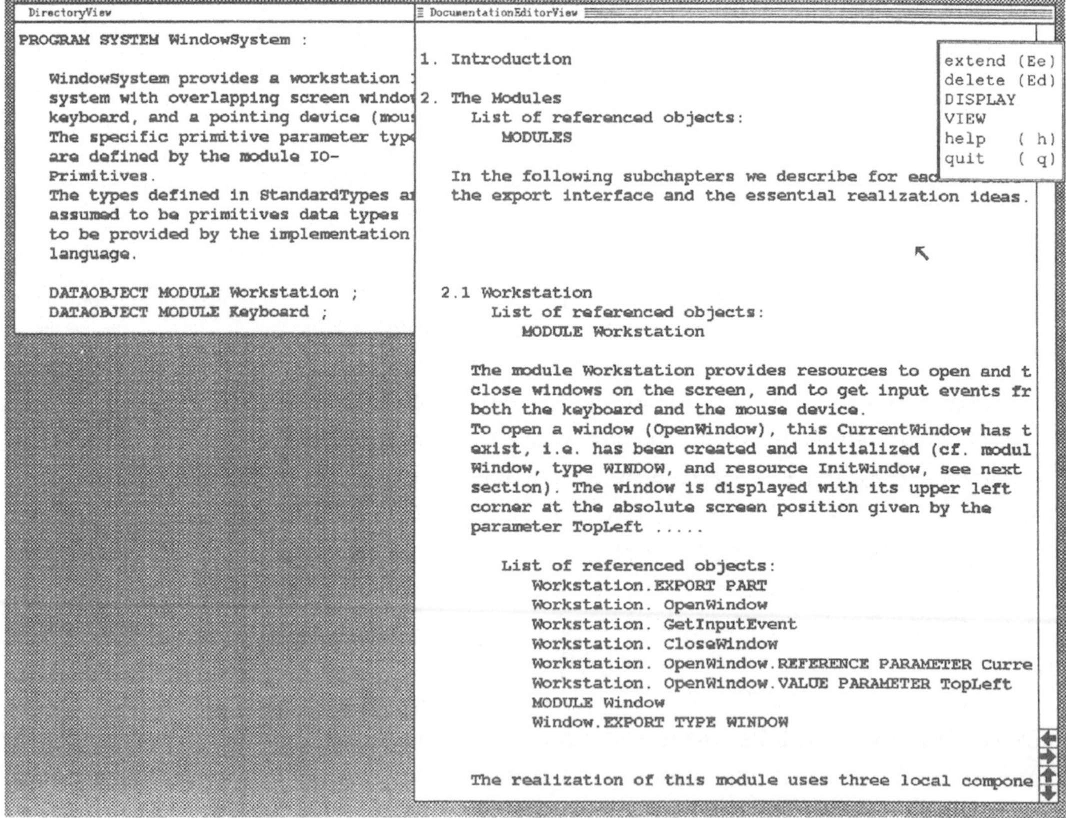

Abbildung 4.2.1.2

Die wesentlichen *Vorteile* dieser Vorgehensweise sind die starke *Flexibilität* des Dokumentationsmodells und seine *Unabhängigkeit* von anderen verwendeten Modellen (z.B. Modulkonzept für die Architekturbeschreibung). Dadurch lassen sich sehr verschiedene Klassen von Dokumentationen erstellen, angefangen vom Benutzerhandbuch, bei dem es wenig Referenzen zur Architektur geben wird, bis hin zu einer Entwurfsbeschreibung, die sehr eng mit dem Architekturdokument verbunden ist. Auch verschiedene Projektstrukturen oder Dokumentationsrichtlinien können auf der Basis dieses Dokumentationsmodells berücksichtigt werden. Die damit natürlicherweise verbundenen *Nachteile* sind die völlig fehlende Unterstützung zur Standardisierung von Dokumentationen und die mangelnden Möglichkeiten zur Automatisierung der Dokumentationserstellung. Es bleibt völlig dem Ersteller der Dokumentation überlassen, wieviele und welche Referenzen er einträgt.

Diese Nachteile können wenigstens zum Teil durch *weitere Werkzeuge zur Dokumentationsunterstützung* behoben werden, die das oben beschriebene flexible Modell als Basis benutzen. Analog zu der Vorgehensweise bei den Implementierungsgeneratoren (vgl. 4.1.3) lassen sich *Dokumentationsvorgaben* in Form von vorstrukturierten Textrahmen mit entsprechend eingetragenen Referenzen erzeugen. Als Ausgangspunkt für eine Programmdokumentation könnte so ein ganz ähnlicher Text wie in Abbildung 4.2.1.1 aus der Architektur des Software-Systems erzeugt werden. Die *inkrementelle Propagation* von Änderungen in den referenzierten Dokumenten führt dann in abgeschwächter Form zu ähnlichen Problemen wie sie im Zusammenhang mit der Integration von Systemarchitektur und Modulimplementierungen diskutiert wurden.

Anhand der nächsten Abbildungen zeigen wir das Arbeiten mit dem *Dokumentations-Editor*. Der Text wird syntax-orientiert erstellt. Es stehen Kommandos wie 'insert' / 'append' / 'delete chapter' zur Verfügung, um die Struktur zu edieren. Beim Einfügen von Kapiteln und Unterkapiteln wird die Numerierung automatisch erzeugt und die schon bestehenden (Unter-) Kapitel werden gegebenfalls konsistent umnumeriert. Atomare Inkremente sind hier Titelzeilen und ganze Unterabsätze. Zu ihrer Eingabe stehen text-orientierte Operationen (wie Buchstaben einfügen/löschen/verschieben, Zeilen einfügen/ löschen usw.) und Cursorbewegungen zur Verfügung.
Abbildung 4.2.1.3 zeigt das Eintragen einer weiteren Referenz zu dem gerade bearbeiteten Absatz. Im Text wird auf die zur Realisierung des Moduls 'Workstation' verwendeten Module 'Mouse', 'Keyboard' und 'WindowTree' Bezug genommen. Referenzen auf die ersten beiden Module sind bereits eingetragen, es soll nun noch der Modul 'WindowTree' referenziert werden. Mit Hilfe des 'append'-Kommandos wird der Platzhalter für die neue Referenz erzeugt. Der Benutzer selektiert dann das gewünschte Modul in der Systemarchitektur.

Solange das aktuelle Inkrement der Dokumentation der Platzhalter für ein Referenzobjekt ist, wird dem Benutzer in allen anderen Dokumenten ein 'reference'-Kommando angeboten, mit dem eine Referenz zu einem dort selektierten Inkrement eingetragen werden kann. Der Platzhalter für die Referenz in der Dokumentation wird dabei durch eine Zeichenkette in Form eines Selektorausdrucks ersetzt. Solche Selektorausdrücke dienen zur Identifizierung des referenzierten Inkrements und werden aus der Inkrementstruktur der anderen Dokumente generiert.

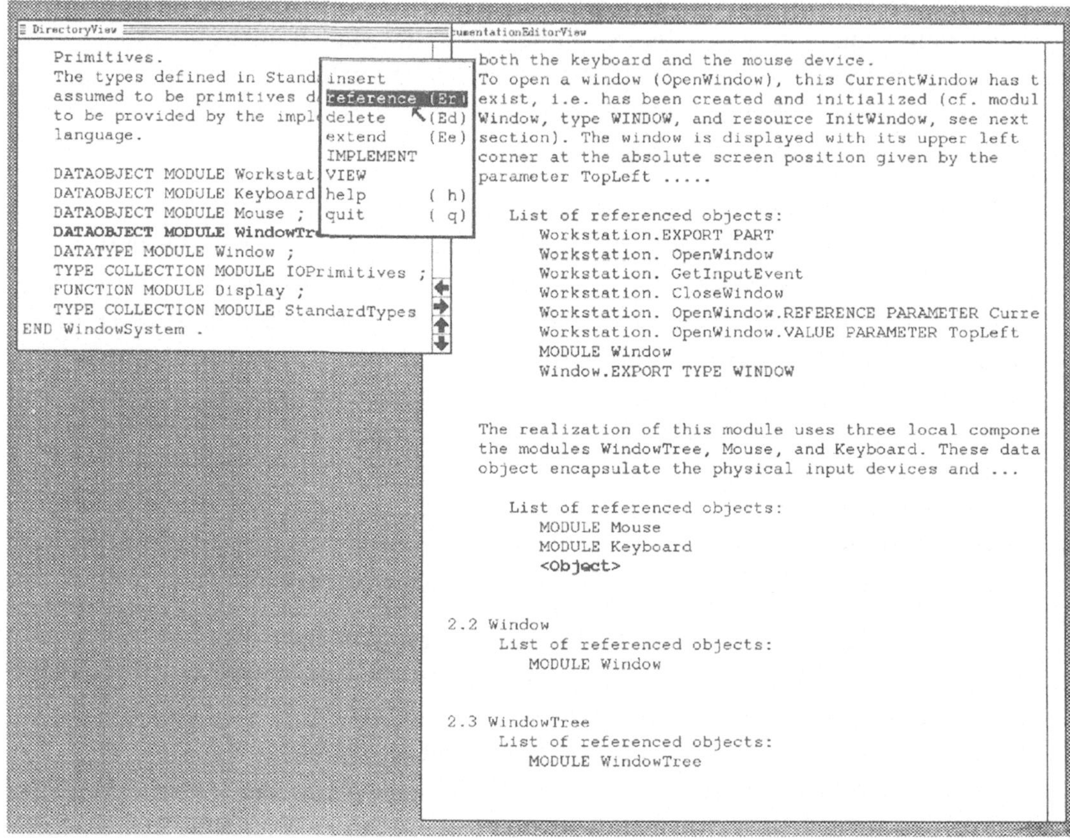

Abbildung 4.2.1.3

Die Auswirkungen der *Modifikation eines referenzierten Inkrements* in der Systemarchitektur auf die Dokumentation zeigt die Abbildung 4.2.1.4. Der Name des Moduls 'WindowTree' wurde in 'WindowStructure' geändert. Im Dokumentationstext werden alle Textkomponenten *markiert* (invers dargestellt), für die eine Referenz auf dieses Modul eingetragen ist. Zusätzlich ist als Kommentartext zu dem betroffenen Referenzobjekt die Ursache für die entstandene Inkonsistenz angegeben. Außer der in diesem Fall vorliegenden Änderung des Namens sind auch das Löschen eines referenzierten Inkrements oder das Einfügen und Löschen in Listen mögliche Ursachen dafür, daß die Dokumentation inkonsistent wird.

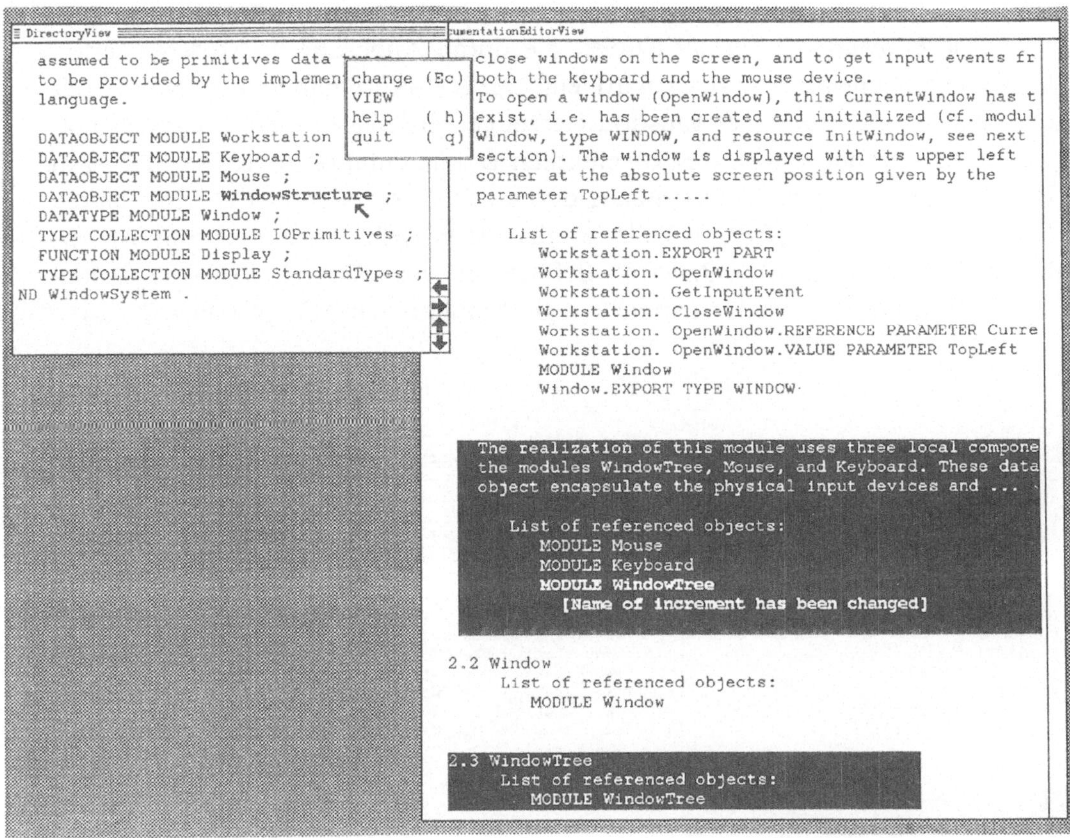

Abbildung 4.2.1.4

Bezüglich der Auswirkungen von Modifikationen auf die Dokumentation wurde folgende Strategie gewählt: Vom *Löschen* eines Inkrements sind alle Referenzen auf das Inkrement selbst und auf alle in diesem Inkrement enthaltenen Inkremente betroffen. Das *Expandieren* eines komplexen Inkrements hat auf eventuell bestehende Referenzen keinen Einfluß. *Änderungen* von atomaren Inkrementen werden als Löschen und Neueinfügen aufgefaßt und betreffen somit die Referenzen auf das Inkrement. Eine Sonderrolle spielen auch hier wieder die Listeninkremente. Das Einfügen eines neuen Listenelements betrifft Referenzen, die sich auf die ganze Liste beziehen. Auf diese Weise wird der Tatsache Rechnung getragen, daß die Anzahl der Elemente einer Liste variabel ist und nur so Erweiterungen von Listenstrukturen berücksichtigt werden können. Aus Symmetriegründen wurde diese Vorgehensweise auch für das Löschen von Listenelementen übernommen.

Die oben beschriebene Strategie zur Propagation von Inkonsistenzen muß dem Benutzer klar sein, damit er in der Dokumentation sinnvollen Gebrauch von dem Referenzierungsmechanismus machen kann.

Zur *Behebung der Inkonsistenzen*, die durch Änderung von referenzierten Inkrementen entstanden sind, wird ein 'update'-Kommando angeboten, mit dem der veränderte Selektorausdruck erzeugt werden kann. Die eventuell notwendigen Veränderungen des zugehörigen Dokumentationstextes werden vom Benutzer ohne weitere Unterstützung durch das Werkzeug durchgeführt. Ist die Konsistenz des betroffenen Teils wieder hergestellt, wird dies mittels des Kommandos 'noticed' mitgeteilt. Bei dessen Ausführung wird die Inkonsistenz-Markierung wieder entfernt. (vgl. Abbildungen 4.2.1.4 und 4.2.1.5).

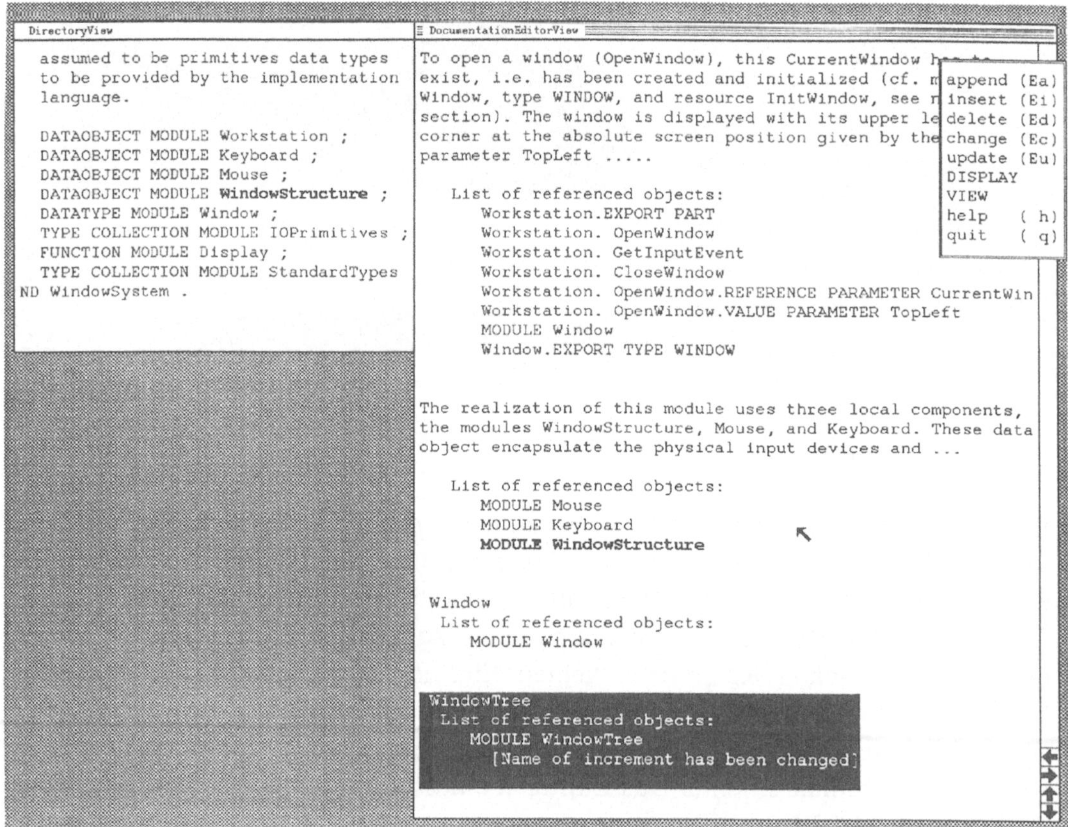

Abbildung 4.2.1.5

4.2.2 Dokumentations–Browser

Im letzten Abschnitt haben wir ein Werkzeug zum Erstellen von Programmdokumentationen vorgestellt. Ergänzt wird dieser Dokumentations–Editor durch einen Dokumentations–Browser (Kommandogruppe 'DISPLAY' auf der Dokumentation).
Diese Werkzeug unterstützt das komfortable *Navigieren* in Dokumentationstexten und erlaubt verschiedenartige *Darstellungen* von Programmdokumentationen.

In den Abbildungen des letzten Abschnitts war der Dokumentationstext immer *mit allen referenzierten Objekten* und bei Inkonsistenzen *mit entsprechender Markierung* der betroffenen Textkomponenten dargestellt. Diese Angaben sind vor allem für den Ersteller der Dokumentation gedacht, der sie benötigt, um den Dokumentationstext zu pflegen und konsistent weiter zu entwickeln. Andere Mitglieder des Projektteams, wie etwa die Systementwerfer oder Programmierer werden die in den Text eingestreuten Listen der referenzierten Objekte eher als störend empfinden. Sie sind an der Beschreibung des Programmsystem interessiert und gegebenenfalls noch an der Angabe, welche Teile der Dokumentation gerade nicht konsistent sind. Denkbar ist, daß für außenstehende, d.h. nicht zum Entwicklerteam des Software–Systems gehörende Benutzer sogar die Information über die inkonsistenten Teile der Dokumentation nicht zur Verfügung gestellt wird.
Aufgrund dieser unterschiedlichen Anforderungen wird die Möglichkeit vorgesehen, die Darstellung von referenzierten Objekten und inkonsistenten Teilen unabhängig voneinander zu unterdrücken. Dafür stehen die Kommandos '(no)refs' und '(no)marks' zur Verfügung (vgl. Abbildung 4.2.2.1).

In Abschnitt 4.1.1 haben wir im Zusammenhang mit dem Architektur–Editor bereits eine Maßnahme zur *Unterstützung des Navigierens* in einem umfangreichen Dokument kennengelernt. Die Systemarchitektur wird textuell in zwei Views mit unterschiedlicher Granularität dargestellt (hinzu kommt noch die graphische Repräsentation). Bei diesem zweistufigen Vorgehen enthält die obere Ebene eine komprimierte Darstellung des gesamten Systems, die untere Ebene die ausführliche Darstellung eines einzelnen Moduls. Die Selektion eines Moduls auf der oberen Ebene bewirkt die Anzeige der verfeinerten Modulbeschreibung im zweiten View. Die komprimierte Darstellung dient also im wesentlichen dem bequemen Navigieren zwischen den einzelnen Modulen der Systemarchitektur.
Im Zusammenhang mit der Dokumentation stellt sich das Problem des Navigierens durch den Text in noch stärkerem Maße. Die zugrunde liegende syntaktische Struktur ist sehr "flach" und "breit", beispielsweise liegen zwei

benachbarte Kapitel oder Unterkapitel textuell sehr weit auseinander. Hier bietet das in allen Software–Dokumenten mögliche sequentielle Rollen des Textausschnitts keine befriedigende Möglichkeit zum gezielten Durchqueren der Textstruktur. Auf der anderen Seite läßt sich aber die oben besprochene Lösung einer zweistufigen Darstellung nicht sinnvoll übertragen, da hier eine Einschränkung auf die Darstellung einzelner Kapitel oder Unterkapitel immer noch zu große Texteinheiten übrig ließe. Hinzu kommt die Anforderung, Textfragmente, die bei sequentieller Darstellung weit voneinander entfernt sind, in direkter Nachbarschaft anzuzeigen, um schnell zwischen ihnen wechseln zu können, oder sie parallel im Auge zu haben. Dies ist vom Umgang mit seitenorientierten Papier–Dokumenten (Büchern) vertraut.

Es werden deshalb spezielle *Darstellungskommandos* angeboten, die ein stufenweises selektives Komprimieren und Expandieren des Textes erlauben. Derartige Techniken sind in der Literatur unter den Begriffen "zooming" (/Mi 85/), "holophrasting" (/Ha 71/, /DH 84/), "ellipsis" (/Op 81/, /TR 81/) oder "folding" (/ML 84/) bekannt.

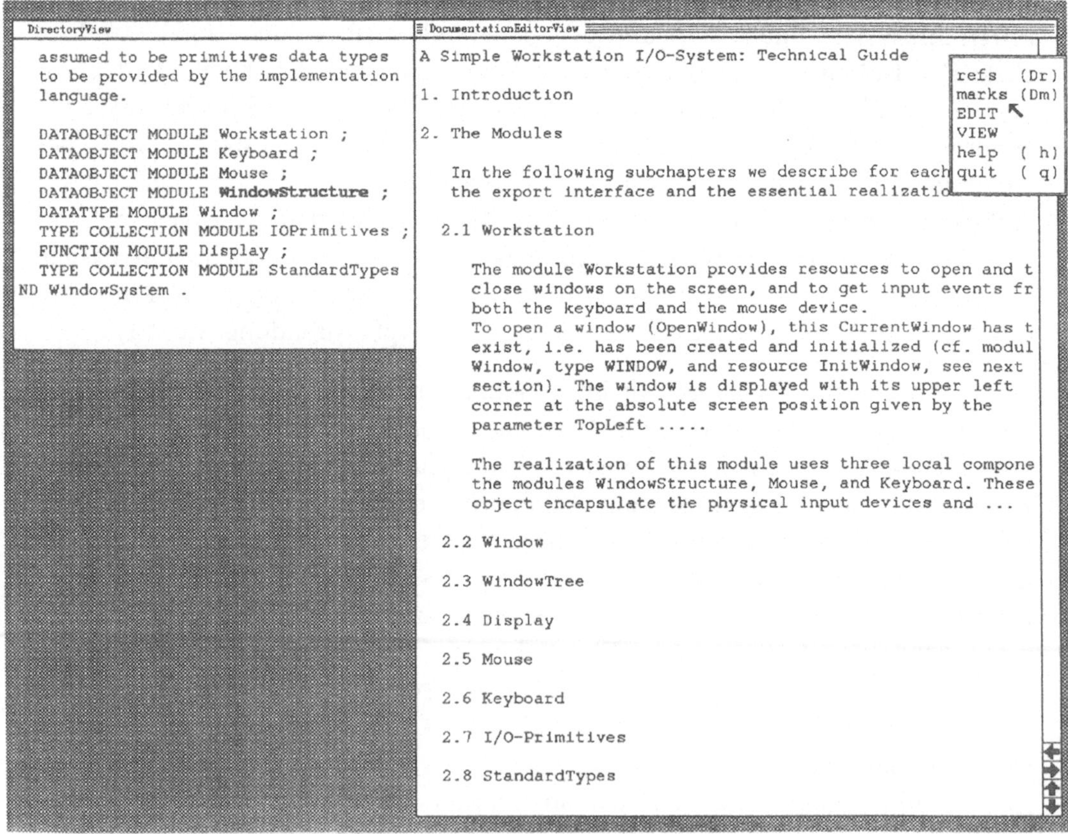

Abbildung 4.2.2.1

Abbildung 4.2.2.2 zeigt einen Dokumentationstext nach mehrmaliger Anwendung der Kommandos 'zoom out', 'step in' und 'zoom in'. Das Kommando 'zoom out' *komprimiert* ein komplexes Inkrement, 'zoom in' *expandiert* ein komplexes Inkrement *vollständig*, und 'step in' *expandiert* das Inkrement bis zur *nächst tieferen* syntaktischen Ebene. Die komprimierte Darstellung eines Kapitels oder Unterkapitels besteht aus der jeweiligen Titelzeile, die eines Absatzes aus der ersten Zeile des zugehörigen ersten ersten Unterabsatzes. Zunächst wurde der gesamte Beispieltext auf die Ebene der Kapitel komprimiert, dann Kapitel 2 um eine Stufe expandiert und Unterkapitel 2.1. ebenfalls um eine weitere Stufe expandiert. Zuletzt wurden der zweite Absatz von Unterkapitel 2.1 und das gesamte Unterkapitel 2.3. völlig expandiert.

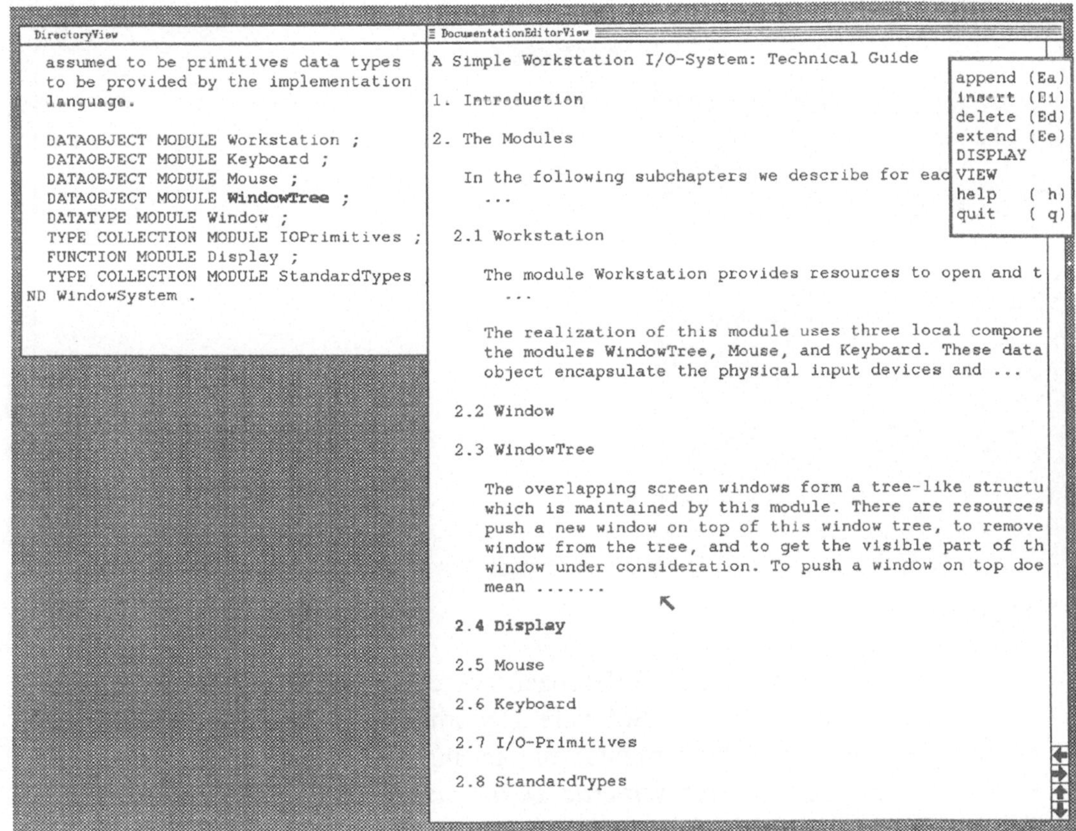

Abbildung 4.2.2.2

Die Möglichkeit der komprimierten Darstellung von beliebigen Teilstrukturen wird mit der Anzeige der *Markierungen von inkonsistenten Teilen* kombiniert. Wird ein komplexes Inkrement komprimiert, das ein markiertes inneres Inkrement enthält, so wird die komprimierte Darstellung dieses übergeordneten Inkrements markiert, d.h. die Markierungen werden immer auf die tiefste sichtbare Ebene übertragen, damit die Information über Inkonsistenzen auch bei komprimierter Darstellung nicht verloren geht. Abbildung 4.2.2.3 zeigt dies am Beispiel des komprimierten Unterkapitels 2.1, dessen zweiter Absatz inkonsistent ist (vgl. Situation in Abbildung 4.2.1.4).

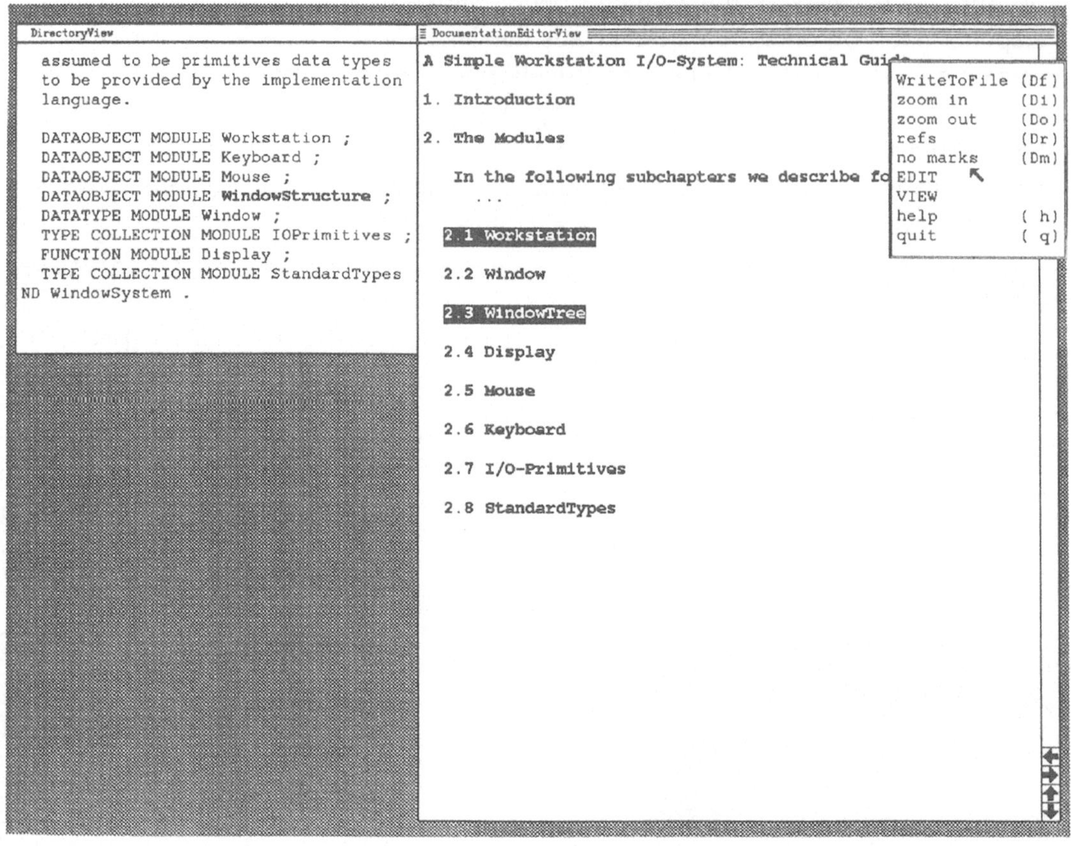

Abbildung 4.2.2.3

Durch die eingetragenen Referenzen zwischen den Teilen des Dokumentationstextes und anderen Software-Dokumenten entsteht eine Menge miteinander vernetzter Dokumente, die in ihrer Gesamtheit ein Software-Projekt beschreiben. Derart *vernetzte Dokumente* spielen in vielen Bereichen eine zunehmend stärkere Rolle und werden in der Literatur meist als *Hypertexte* bezeichnet (vgl. /Me 86/, /TW 86/). Im letzten Abschnitt wurde gezeigt, wie anhand der Beziehungen zwischen den Teilen diese Hyperdokuments globale Konsistenzbedingungen überwacht werden.

Zusätzlich lassen sich die Beziehungen zwischen Inkrementen verschiedener (Teil-) Dokumente dazu benutzen, in komfortabler, inhaltsbezogener Weise durch das Hyperdokument zu *navigieren*. Im Fall der Dokumentation werden dazu zwei Möglichkeiten angeboten. Zum einen kann man sich zu einem

Abschnitt der Programmdokumentation über die Referenzen alle Teile von anderen Software–Dokumenten (speziell der Systemarchitektur) anzeigen lassen, auf die sich der Text bezieht. Zum anderen können zu einem Inkrement der Systemarchitektur alle Dokumentationstexte angezeigt werden, die auf diese Inkrement Bezug nehmen. Diese Anzeigeoperationen kann man auch als dokumentübergreifende integrierte Analysen auffassen.

Noch weitergehende Möglichkeiten des Navigierens und des integrierten Bearbeitens von derartigen, heterogenen Hyperdokumenten werden gerade in einer weiteren Diplomarbeit untersucht (/He 88/).

4.2.3 Projektteam–Editor

Der Entwurf, die Implementierung und die Dokumentation eines großen Programmsystems werden üblicherweise nicht von einer einzelnen Person, sondern einer Gruppe von Software–Entwicklern bearbeitet. In diesem arbeitsteiligen Entwicklungsprozeß werden den einzelnen Mitgliedern eines solchen *Projektteams* verschiedene Aufgaben zugeordnet. Die Aufgaben sind mit *Verantwortlichkeiten* und zugehörigen *Rechten* verbunden und bestimmen die Rolle des Mitarbeiters im Projekt. Wie bereits im ersten Kapitel erwähnt wurde, ergeben sich aus unserer Sicht die Aufgaben im Entwicklungsprozeß nicht durch streng sequentielle Phasen, sondern durch miteinander verzahnte und gleichzeitig existierende *Arbeitsbereiche*. Bisher haben wir die Bereiche "Programmieren–im–Großen" (Systementwurf), "Programmieren–im–Kleinen" (Modulimplementierung und –test) und "Dokumentation" betrachtet.

Die oben genannte Verwaltung eines Projektteams fällt in einen weiteren eigenen Arbeitsbereich *"Projektmanagement"*, der in integrierter Weise von der Software–Entwicklungsumgebung unterstützt werden soll. Für diese *Integration* gibt es mehrere Argumente:

- Die Information über die Aufgaben und Verantwortlichkeiten der einzelnen Projektteam–Mitglieder kann dazu benutzt werden, die jeweils benötigten *Werkzeuge und Zugriffsrechte* zur Verfügung zu stellen.
  Ein Mitarbeiter, der beispielsweise für die Dokumentation zuständig ist, darf mit dem Dokumentations–Editor den Dokumentationstext modifizieren und Referenzen auf andere Software–Dokumente eintragen.

- Die Zuordnung von Mitarbeitern und Verantwortlichkeiten unterstützt die *geregelte Kommunikation* zwischen den Mitarbeitern. Bei einer Veränderung der Systemarchitektur können automatisch die Programmierer der von der Änderung betroffenen Modulimplementationen benachrichtigt werden.

- Die Struktur eines Software–Projekts, die zu bewältigenden Aufgaben und gegebenenfalls auch die Besetzung des Projektteams ändern sich während des Entwicklungsprozesses. Wird in der Systemarchitektur ein neues Modul oder Teilsystem eingefügt, so muß einem oder mehreren Mitarbeitern die Verantwortung für die Implementierung des Modulrumpfes übertragen werden. Die *Aufgabenverteilung* muß also *dynamisch anpaßbar* sein.

- Die Vergabe von Zugriffsrechten auf die Software–Dokumente berührt Aspekte der Zugriffskontrolle im *Mehrbenutzerbetrieb* und hat Auswirkungen auf die *Verteilung der Dokumente* in einer verteilten Software–Entwicklungsumgebung.

Im Rahmen der Diplomarbeit von Th. Janning (/Ja 87/) wurde als erstes IPSEN–Werkzeug des Arbeitsbereiches "Projektmanagement" ein Editor zur Verwaltung der Mitglieder eines Projektteams erstellt und mit den bereits beschriebenen PiG–Werkzeugen integriert.
Wir erläutern hier das zugrundeliegende Konzept und stellen den *Projektteam-Editor* vor.

Anhand der nächsten Abbildung (4.2.3.1) soll der *Zusammenhang* zwischen den bereits benutzten Begriffen "Arbeitsbereich", "Verantwortlichkeit", "Rolle" und "Zugriffsrecht" verdeutlicht werden.

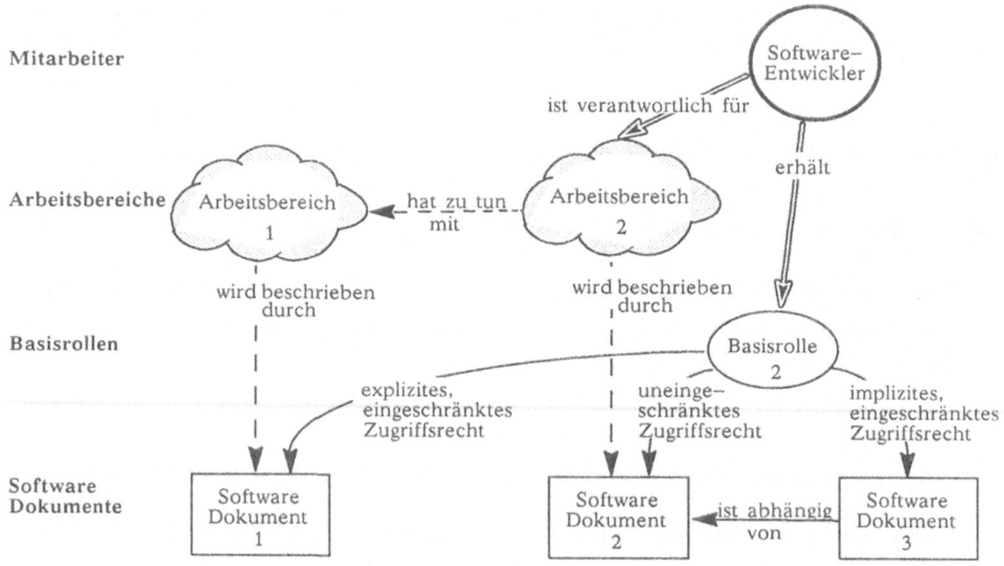

Abbildung 4.2.3.1 Arbeitsbereich–Verantwortlichkeit–Rolle–Zugriffsrecht

Die genannten *Arbeitsbereiche* (PiG, PiK, ...) werden im allgemeinen jeweils durch eine Menge von Software–Dokumenten derselben *Dokumentenklasse* beschrieben. Der Arbeitsbereich PiK umfaßt beispielsweise die Implementationen der verschiedenen Module. Die einzelnen Dokumente der Arbeitsbereiche bilden in natürlicher Weise die Grundlage für das unterstützte Arbeitsteilungsmodell. In jedem Arbeitsbereich wird eine sogenannte *Basisrolle* definiert, die die *Zugriffsrechte* auf die Dokumente der unterschiedlichen Dokumentenklassen beschreibt. Für jedes Dokument in einem Arbeitsbereich wird diese Basisrolle instantiiert und einem oder mehreren *Mitarbeitern* zugeordnet, die für diesen Arbeitsbereich *verantwortlich* sind.

Die Dokumente mit ihren Abhängigkeiten und die Instanzen der Basisrollen mit den entsprechenden Zugriffsrechten beschreiben die *Struktur eines Software–Projekts*. Bisher ist die Grundstruktur fest vorgegeben. Sie besteht aus einem Architektur–Dokument mit der Basisrolle 'specificator', einem Projektteam–Dokument mit der Basisrolle 'manager' und einem Dokumentations–Dokument mit der Basisrolle 'dokumentator'. Hinzu kommen die Modul–Dokumente mit jeweils einer zugeordneten Basisrolle 'implementator'. Die Modul–Dokumente werden erst im Verlauf der Entwicklung des Projektes erzeugt oder auch wieder gelöscht, alle anderen Dokumente werden zusammen mit dem ganzen Projekt initialisiert.

Auf das ''Hauptdokument'', das der Rolleninstanz zugeordnet ist, erhält ein Mitarbeiter mit dieser Basisrolle *uneingeschränktes Zugriffsrecht*. Für Dokumente, die logisch von dem Hauptdokument abhängen, wird im allgemeinen ein *implizites, eingeschränktes Zugriffsrecht* eingeräumt. Zusätzlich kann ein *explizites, eingeschränktes Zugriffsrecht* auf weitere Dokumente vergeben werden.
So hat zum Beispiel der Entwerfer eines Programmsystems uneingeschränktes Lese- und Schreibrecht auf der Systemarchitektur. Um von Änderungen der Architektur implizit Änderungskommandos in die abhängigen Modulimplementationen propagieren zu können, wird ein implizites Schreibrecht auf Moduldokumente vergeben. Eingeschränkt ist der Schreibzugriff jedoch auf solche Teile, die als Implementierungsvorgaben aus der Architektur erzeugt worden sind. Außerdem bekommt der Systementwerfer das Recht, die Dokumentation zu lesen und dabei in verschiedener Form darstellen zu lassen (vgl. Abschnitt 4.2.1).

Der Benutzer, der ein neues Projekt *initiiert*, erhält automatisch die 'manager'–Rolle und kann weitere Mitarbeiter und deren Basisrollen eintragen. Eine weitere, nicht explizit aufgeführte Rolle 'user' wird implizit jedem Benutzer zugeordnet, der nicht Mitglied des Projektteams ist.

Ein Mitarbeiter kann *beliebig viele Basisrollen* erhalten und umgekehrt kann jede Basisrolle von *beliebig vielen Mitarbeitern* eingenommen werden. Standardmäßig, d.h. ohne daß dies explizit angegeben wird, erlauben alle Basisrollen, einschließlich der Rolle 'user' uneingeschränkten *Lesezugriff auf alle Dokumente*. Die unterschiedlichen Schreibrechte für die einzelnen Basisrollen und Dokumente zeigt Abbildung 4.2.3.2 in tabellarischer Form.

Dokument / Rolle	Projektteam	System-Architektur	Dokumentation	Implementation
manager	U	--	I	--
specificator	I	U	I	I
documentator	E	E	U	E
implementator	--	--	I	U

U = uneingeschränkt   I = implizit, eingeschränkt   E = explizit, eingeschränkt

Abbildung 4.2.3.2   Schreibrechte der Basisrollen

Die *Rolle* eines Mitarbeiters setzt sich in der Regel aus einer *Menge von Basisrollen* zusammen. Seine Zugriffsrechte auf die verschiedenen Dokumente ergeben sich jeweils durch die Vereinigung der Rechte, die die einzelnen Basisrollen für das entsprechende Dokument einräumen.

Aufgrund der Möglichkeit der beliebigen Zuordnung von Basisrollen zu Mitarbeitern ist das vorgeschlagene Modell als Basismodell dazu geeignet, *verschiedene Projektteam-Strukturen* zu realisieren (z.B. "chief-programmerteam", "egoless-team", vgl. /Ma 81/). Die Struktur des Projektteams, d.h. die Teamgröße und die Verteilung der Aufgaben, kann entsprechend der Art des zu bearbeitenden Projekts gewählt werden und sogar dynamisch an den Projektverlaufs angepaßt werden. Diese Aspekte sind in /Ja 87/ ausführlich dargestellt.

Die nächsten Abbildungen (4.2.3.3 - 5) zeigen Fragmente eines Beispieldialogs des Benutzers 'claus' mit dem Projektteam-Editor. Das Projektteam-Dokument ist in zwei Views dargestellt, einem *rollen-orientierten* View links und einem *mitarbeiter-orientiertem* View rechts daneben. In beiden Views kann ediert werden. Neue Mitarbeiter können werden in dem "Mitarbeiter-View" eingefügt, weitere Moduldokumente werden (implizit) bei der Erweiterung der

Systemarchitektur im "Rolle-View" eingefügt. Die Verantwortlichkeiten, d.h. die Zuordnungen von Basisrollen zu Mitarbeitern, können in beiden Views bearbeitet werden.

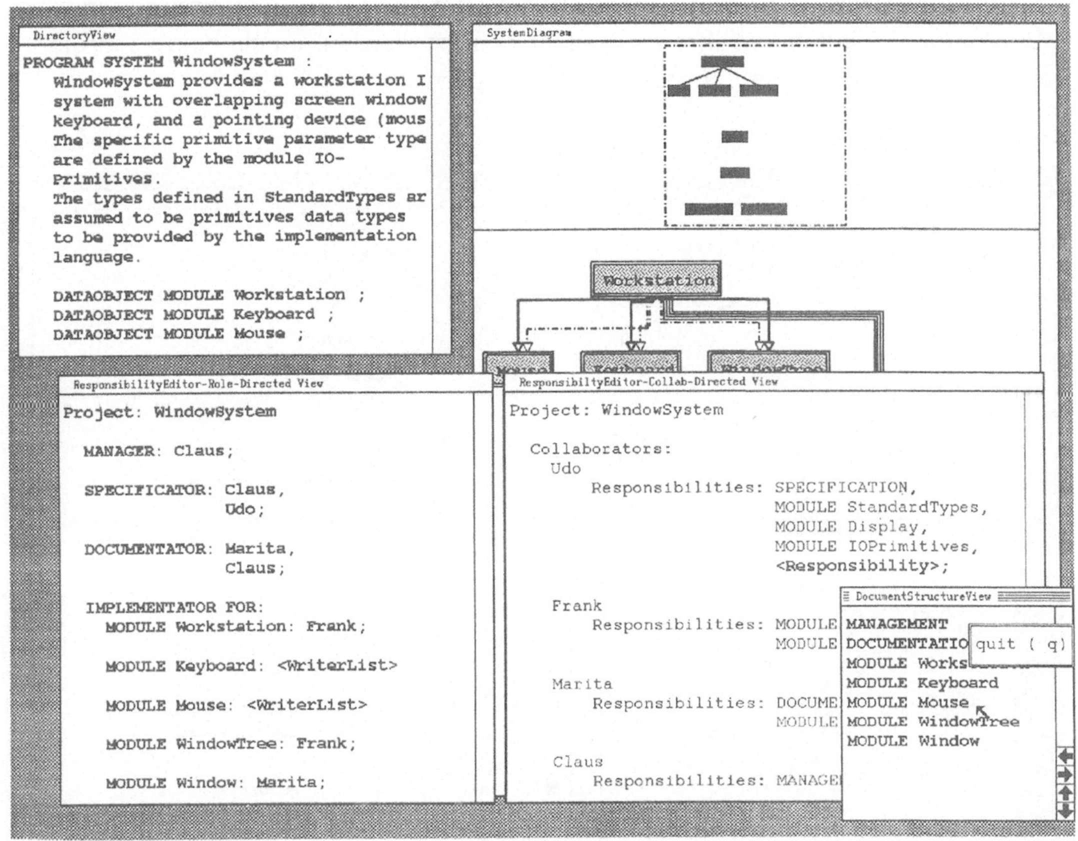

Abbildung 4.2.3.3

Da der Benutzer 'Claus' als Projektmanager des Beispielprojekts eingetragen ist, hat er das Recht, weitere Verantwortlichkeiten einzutragen. Der Benutzer 'Udo' soll die Implementierung des Moduls 'Mouse' übernehmen. Nach Eingabe des 'append'-Kommandos auf dem letzten Element der Verantwortlichkeitsliste wird – wie gewohnt – ein Platzhalter für ein Dokument erzeugt. Völlig analog zu der Vorgehensweise beim Architektur-Editor (vgl. 4.1) wird automatisch ein View geöffnet, in dem alle Dokumente angezeigt werden, für die noch eine Verantwortlichkeit dieses Mitarbeiters eingetragen werden kann (Abbildung 4.2.3.3). Anschließend ist die neue Zuständigkeit des Mitarbeiters 'Udo' in beiden Views eingetragen (Abbildung 4.2.3.4).

An der nächsten Abbildung (4.2.3.5) wird deutlich, in welcher Weise die durch die Rollenverteilung beschriebenen *Zugriffsrechte* der Mitarbeiter überwacht werden. In seiner Rolle als Manager löscht 'Claus' seine Verantwortlichkeit für die Systemarchitektur. Daraufhin werden in den Views auf das Architekturdokument *keine* Kommandos der Gruppen 'EDIT' und 'IMPLEMENT' mehr angeboten, d.h. der Architektur-Editor und die ImplementierungsGeneratoren können von ihm nicht mehr benutzt werden, da sie beide Schreibzugriffe auf das Architekturdokument erfordern.

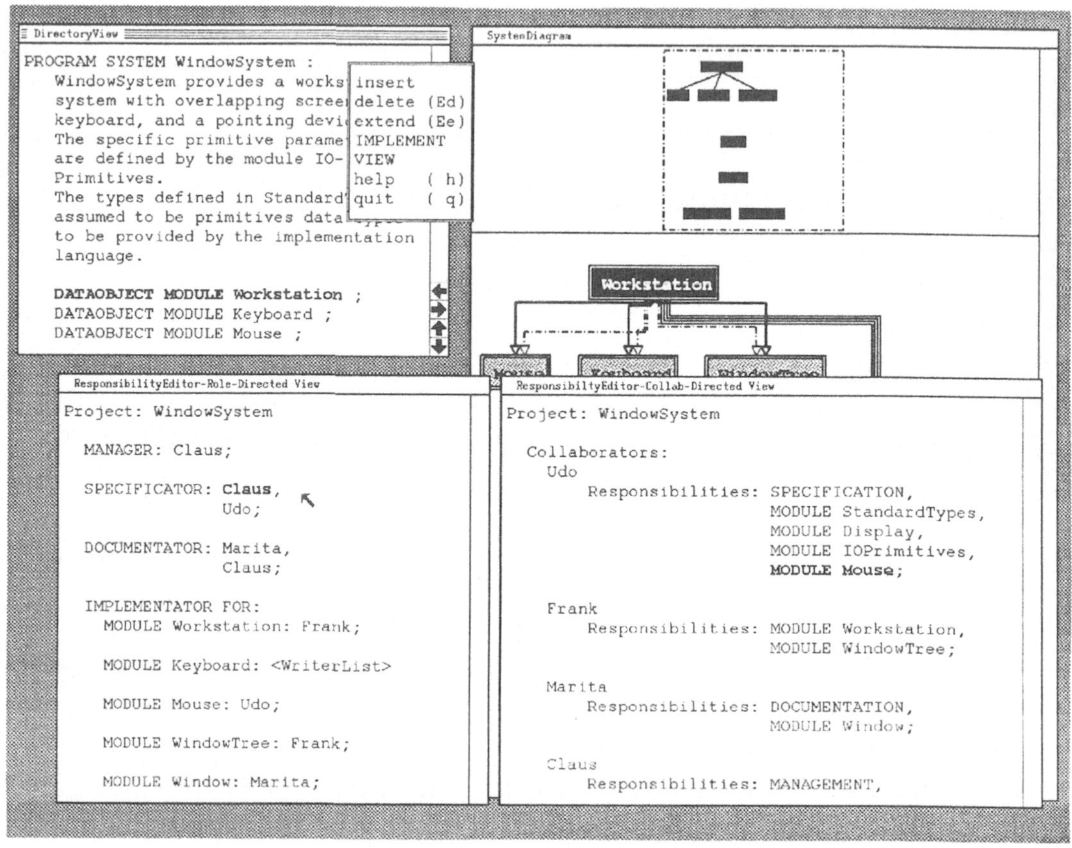

Abbildung 4.2.3.4

Die *Filterung* der Liste der insgesamt zu einem Inkrement möglichen Kommandos anhand der Zugriffsrechte des aktuellen Benutzers stellt einen *effektiven* und sehr *differenzierten Mechanismus zur Zugriffskontrolle* auf der logischen Ebene dar. Diese Vorgehensweise zur Verwaltung und Kontrolle der Zugriffsrechte auf Dokumente unterscheidet sich von den Ansätzen, die aus Betriebs- und Dateiverwaltungssystemen (z.B. UNIX) bekannt sind, in drei wesentlichen Punkten:

- Es wird nicht nur nach Lese- und Schreibrecht unterschieden, sondern es können beliebig *differenzierte, eingeschränkte Lese- und Schreibrechte* miteinander kombiniert werden.

- Die Einschränkung des Zugriffsrechts bezieht sich nicht auf das ganze Dokument, sondern kann beliebige *logische Teilstrukturen des Dokuments* betreffen.

- Im Gegensatz zu der in Betriebssystemen üblichen und wenig flexiblen Einteilung der Benutzer in eine strenge "world-group-owner"-Hierarchie lassen sich hier beliebige, einander *überlappende Zugriffsprofile* für die einzelnen Benutzer definieren.

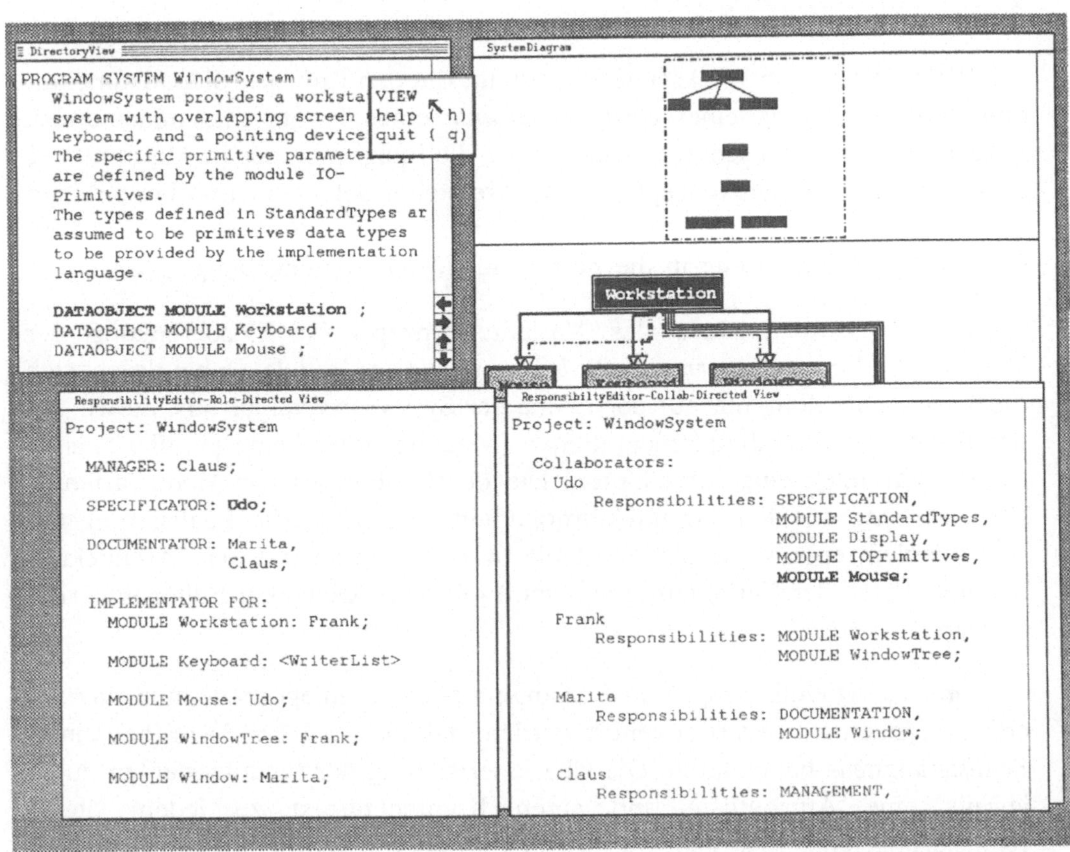

Abbildung 4.2.3.5

4.3 Varianten-, Revisions- und Konfigurationsverwaltung

In den folgenden Abschnitten skizzieren wir Werkzeuge aus dem Bereich Versions- und Konfigurationskontrolle und ihre Verzahnung mit der Systemarchitektur. Die Werkzeuge *Varianten-Editor* (4.3.1) und *Revisions-Editor* (4.3.2) stützen sich auf das Varianten- und Revisionskonzept aus Kapitel 3. Ein *Systemkonfigurator* (4.3.3) nimmt als integrierendes Werkzeug auf beide oben erwähnte Modelle und das Modulkonzept Bezug.
Für diese Werkzeuge liegen noch keine Implementierungen vor.

4.3.1 Varianten-Editor

Bisher haben wir Werkzeuge vorgestellt, die den Entwurf, die Dokumentation und Verwaltung einer *einzigen Variante* eines Programmsystems unterstützen. In diesem Abschnitt skizzieren wir die Integration des in Abschnitt 3.1 eingeführten Variantenkonzepts in das Architekturdokument und beschreiben den (geplanten) Varianten-Editor zur Bearbeitung der Variantenbeschreibungen und seine Einbettung in die bestehende Werkzeugumgebung.

Eine wesentliche Idee des Variantenkonzepts ist Einschränkung der Variantenbildung auf *alternative Realisierungsteile der Module*. Dabei drückt sich die Variantenbildung nur auf der Ebene der Systemarchitektur aus, da wir auf der Ebene der Modulimplementationen (Modulrümpfe) keine parallel existierenden Varianten eingeführt hatten. Die Beschreibungen von Modulvarianten sind sehr eng mit dem Architekturdokument gekoppelt, die Realisierung des Variantenkonzepts wirkt sich deshalb in erster Linie auf das Architekturdokument aus, der Varianten-Editor muß mit dem ArchitekturEditor integriert werden.

Um das Modulkonzept und Variantenmodell zu integrieren, muß das Architekturdokument derart erweitert werden, daß ein Modul *mehrere* (benannte) *Realisierungsteile* haben kann. Die Charakterisierung der Modulvarianten durch jeweils eine Attributliste und einen Kommentartext zu jedem dieser Realisierungsteile wird nicht im Architekturdokument vorgenommen, sondern steht in einem eigenen *Variantendokument*. Analog dazu werden die Variantenbeschreibungen an der Benutzeroberfläche in einem eigenen *Varianten-View* angeboten. Durch diese Trennung der alternativen Realisierungsteile der Module von den zugehörigen Variantenbeschreibungen erhält man eine gewisse Unabhängigkeit von Modul- und Variantenkonzept, die eine Austauschbarkeit der Konzepte erleichtert.

Für die Handhabung von (Teil-) Systemvarianten aus Benutzersicht sehen wir zwei mögliche Vorgehensweisen:

Im ersten Fall bearbeitet und sieht der Software-Entwickler zu *einem Zeitpunkt* immer nur *eine Variante* des Software-Systems, dh. sowohl in der textuellen als auch in der graphischen Repräsentation ist nur eine aktuelle Variante dargestellt. Unterstützt durch einen Konfigurationsprozeß, der die Systemvariante bereitstellt, arbeitet der Benutzer in gewohnter Weise mit dem Architektur-Editor. Nur für diese Variante werden dann vom Architektur-Editor die Konsistenzbedingungen geprüft. Neue Modulvarianten werden in der Variantenbeschreibung eingetragen, in der aktuellen Variante der Systemarchitektur wird in der Folge ein neuer (noch leerer) Realisierungsteil für das Modul eingetragen.
Soll die neue Variante eines Moduls in einer anderen Systemvariante benutzt werden als der, in der sie erzeugt wurde, dann muß sie in einem Konfigurationsschritt in diese Variante der Systemarchitektur eingefügt werden. Dabei muß die Konsistenz der neu entstehenden Systemvariante überprüft werden, dh. der Konfigurationsprozeß *ist von den Konsistenzregeln* des Modulkonzepts *abhängig*. Möglicherweise entdeckte Inkonsistenzen in der gewünschten Systemvariante, die dazu führen, daß diese Variante nicht konfiguriert werden kann, müssen dann durch Veränderungen in der ursprünglichen Systemvariante behoben werden. Ähnliche Probleme ergeben sich, wenn ein und dasselbe Modul in mehreren Varianten bereits benutzt wird und verändert werden soll. Die Veränderungen eines solchen Moduls in der aktuell bearbeiteten Systemvariante werden dort anhand der Konsistenzbedingungen überprüft, wirken sich aber natürlich auch auf mehrere andere Systemvarianten aus (eventuell ohne daß sich der Benutzer dessen bewußt ist). Da jene jedoch für den Systementwerfer nicht sichtbar sind, ist eine *sinnvolle Behandlung* von gegebenenfalls dort entdeckten Inkonsistenzen *nicht möglich*. Wir werden deshalb den nachfolgend beschriebenen zweiten Weg verfolgen.

Im Gegensatz zur oben skizzierten Sicht bearbeitet hier der Software-Entwerfer nicht eine Architekturvariante, sondern stets die *Menge aller möglichen, parallel existierenden Architekturen* für ein Software-System. Er entwirft und modifiziert also stets ganze "Systemfamilien". Bei Veränderungen einzelner Module (bzw. Modulvarianten) wird die Konsistenz aller überhaupt möglichen Systemvarianten überprüft, im Konfliktfall können *Inkonsistenzen sofort angezeigt* werden. Der Konfigurationsprozeß kann immer nur konsistente Systemvarianten erzeugen, dh. die Konsistenzregeln brauchen beim Konfigurieren nicht weiter betrachtet werden.
Um andererseits *unabhängig vom Konfigurationsprozeß* beim Erstellen von Systemarchitekturen bereits die Konsistenz aller möglichen Systemvarianten

gewährleisten zu können, werden die Konsistenzregeln des Modulkonzepts (vgl. 2.5) auf derartige Systemfamilien ausgedehnt und geringfügig folgendermaßen erweitert:
Ein Modul ist (1) in *allen Varianten* entweder lokaler oder generell benutzbarer Baustein und (2) kann nur in den Varianten *eines einzigen Moduls* enthalten sein.

Dieses Vorgehen ist etwas *einschränkender* als das zuerst beschriebene. Es wird hier auch die Konsistenz von Systemvarianten erzwungen, die eventuell aus Gründen der Unverträglichkeit der Variantenattribute von beteiligten Modulen nie zustande kämen. Außerdem bedingen die oben angegebenen Erweiterungen der Konsistenzregeln, daß es Fälle gibt, bei denen zwar alle einzelnen Systemvarianten den Konsistenzregeln genügen, jedoch ihre Kombination in einer Systemfamilie nicht erlaubt ist. Die Abbildung 4.3.1.1 zeigt zwei dafür typische Situationen.

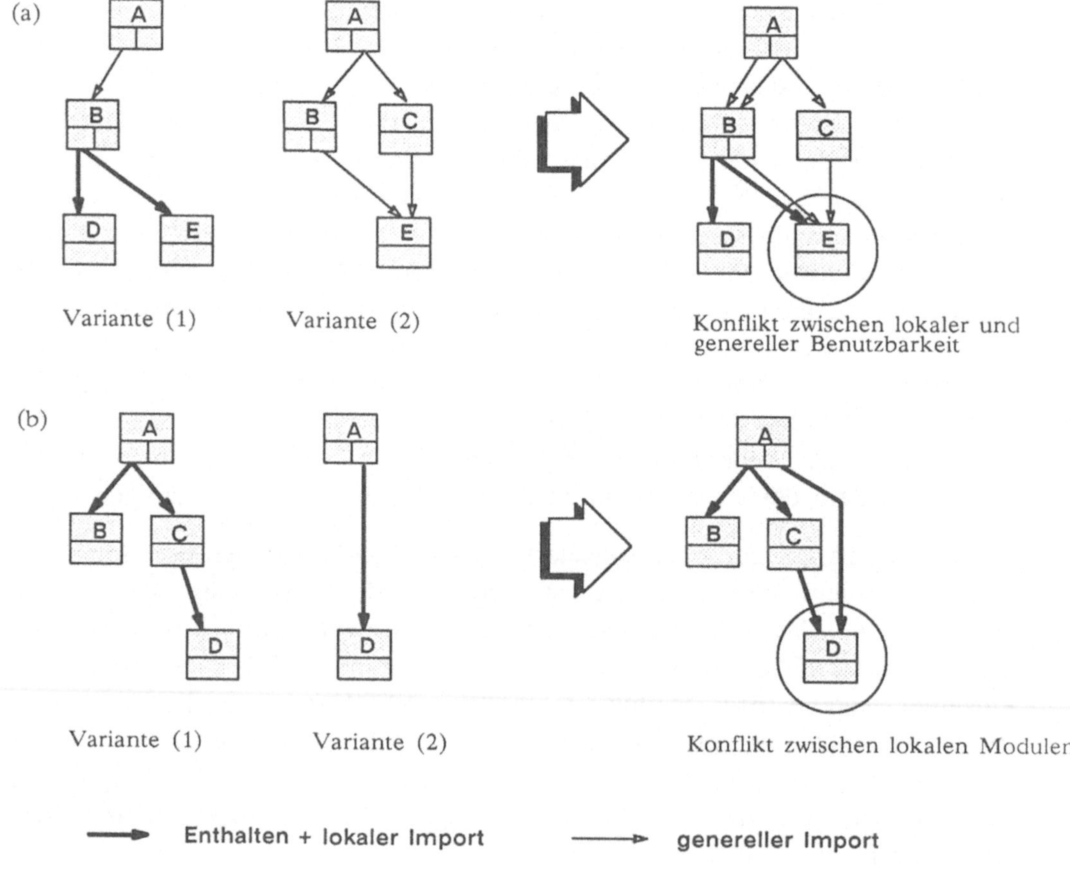

Abbildung 4.3.1.1

Die Bildung von *konkreten einzelnen Systemvarianten* spielt bei dieser Sichtweise erst für die Erzeugung von Implementierungsvorgaben (Quelltextrahmen und makefiles, vgl. 4.1.3) und das Testen (Ausführen) von Modulen und Teilsystemen eine Rolle. Dazu müssen dann noch die Revisionen sowohl des Architekturdokuments, als auch der einzelnen Modulimplementationen berücksichtigt werden. Die dazu benötigten Konfigurations- und Bindefunktionen werden von eigenen Werkzeugen zur Verfügung gestellt. (vgl. 4.3.3).

Das *Erzeugen* und *Löschen* von *Modulvarianten* wird auf dem Architekturdokument angestoßen, die zugehörigen Kommandos gehören also zum *Architektur-Editor*. Analog zu der Behandlung anderer Listeninkremente werden auf den Realisierungsteilen die Kommandos 'insert', 'append' und 'delete' angeboten. Hinzu kommt das Kommando 'derive', mit dem eine Realisierungsvariante einschließlich eines gegebenenfalls schon vorhandenen Modulrumpfes kopiert und umbenannt wird, um so die Ausgangsbasis für eine nur in Teilen veränderte *alternative Realisierung* zu werden. Dieses Kommando schlägt in gewisser Weise die Brücke zu der Erzeugung und Verwaltung von alternativen Revisionszweigen, ohne jedoch explizit zu machen, daß die neu gewonnene Variante des Moduls aus einer anderen Variante entstanden ist. In derselben Weise wie bei der Integration des Projektteam-Dokuments mit dem Architektur-Dokument wird hier das Varianten-Dokument integriert. Parallel zum Erzeugen, Verändern und Löschen von Realisierungsteilen in der Systemarchitektur wird dies in den Variantenbeschreibungen durchgeführt.
Die Kommandos des eigentlichen *Varianten-Editors* beziehen sich auf die Variantenattribute und Kommentartexte. Bei den Variantenattributen finden in gewohnter Weise kontextsensitive Überprüfungen zwischen definierendem und angewandten Auftreten statt.

Die hier beschriebene Sicht der gleichzeitigen Entwicklung aller Systemvarianten wird bislang in der Systemdiagramm-Darstellung nicht berücksichtigt. Analog zur Erweiterung der Textnotation ist es notwendig, die *Diagramme* so zu *erweitern*, daß für jedes Modul mehrere Realisierungsteile dargestellt werden. Dies könnte etwa in der in Abschnitt 3.1 vorgeschlagenen Form geschehen. Da Systemdiagramme, die alle Systemvarianten gleichzeitig darstellen jedoch dazu tendieren, total unübersichtlich werden, müssen geeignete *Browsing-Mechanismen* hinzukommen, die erlauben, gerade nicht relevante Teile der Systemarchitektur auszublenden. Wünschenswert sind Funktionen, die sowohl die *Darstellung aller Varianten* eines Systemteils ermöglichen, als auch die *Darstellung einer bestimmten Systemvariante*, wie sie als Ergebnis des Konfigurationsprozesses entsteht. Dies gilt natürlich ebenso für die textuelle Darstellung.

Zusammenfassend wollen wir bemerken, daß die Vorstellung der Erstellung einer konsistenten Systemfamilie mit den sofortigen inkrementellen Überprüfungen für alle Systemvarianten eher auf der Linie der bisherigen Philosopie für die IPSEN-Werkzeuge liegt, als die zuerst angedeutete Alternative. Außerdem wird hier sowohl die Sicht auf alternative Varianten, als auch die Sicht auf eine aktuelle Systemvariante unterstützt.

4.3.2 Revisions-Editor

In Kapitel 3.2 wurde ein Konzept für die Verwaltung von Revisionen der Software-Dokumente vorgeschlagen. Dabei war der Schwerpunkt der Betrachtungen, daß die Revisionen verschiedener Dokumente *voneinander abhängig* sind, da die Dokumente logisch voneinander abhängen. Es wurde der Begriff "konfliktfreies Revisionsgeflecht" definiert. In diesem Abschnitt skizzieren wir einen *Revisions-Editor* zum Bearbeiten solcher Revisionsgeflechte.

Die Beschreibung der Revisionen aller Dokumente eines Software-Systems und ihres Zusammenhanges sind in einem eigenen *Revisionsdokument* enthalten, das für den Benutzer in einem *Revisions-View* dargestellt wird. Zu jedem Software-Dokument wird textuell die Liste der Revisionen angegeben.
Die Beschreibung einer einzelnen Revision besteht aus der Angabe des *Revisionszeitpunktes*, einem *Namen* für die Revision und einem *Kommentartext*. Hinzu kommt eine Liste der Revisionen anderer Dokumente, von denen diese Revision abhängt. Beim Erzeugen einer Revision wird die aktuelle Systemzeit vom Revisions-Editor als Revisionszeitpunkt übernommen. Der Kommentartext enthält eine Beschreibung des Bearbeitungszustandes, den die jeweilige Revision repräsentiert. Zusätzlich wird ein Revisionsname vergeben, der die betreffende Revision charakterisiert. und so zum einen dem Benutzer eine Gedächtnisstütze bietet, zum anderen aber auch als Eingabe für das Konfigurationswerkzeug benutzt werden kann. Die Revisionsnamen müssen innerhalb der Menge der Revisionen eines Dokuments eindeutig sein.

In Abbildung 4.3.2.1 ist ein Ausschnitt aus dem Revisionsdokument eines Beispiel-Systems dargestellt (vgl. Abbildung 3.2.2). Das jeweils letzte Element in der Liste der Revisionen eines Dokuments repräsentiert den aktuellen Bearbeitungszustand des Dokuments. Der Revisionszeitpunkt dieser letzten Revision wird automatisch nach jeder Bearbeitungssitzung des zugehörigen Dokuments aktualisiert. Ein Kommando 'freize' friert diesen Bearbeitungszustand als Revision ein, es wird ein neuer aktueller Bearbeitungszustand an die Revisionsliste angehängt. Jede Revision, außer dieser letzten, kann mit dem Kommando 'delete' gelöscht werden, dabei wird einfach der zugehörige Bearbeitungszustand des Dokuments "vergessen". Hinzu kommen Kommandos zum Eintragen und Ändern der Revisionsnamen und der Kommentartexte, Revisionszeitpunkte können vom Benutzer nicht verändert werden.

Sowohl beim Erzeugen, als auch beim Löschen einer Revision wird die in Abschnitt 3.2 definierte Eigenschaft der *Konfliktfreiheit* des Revisionsgeflechtes *überprüft*. In Fehlerfällen wird, wie beim Architektur-Editor, zusätzlich zu einer entsprechenden Meldung der Fehlerkontext mit angezeigt.

```
------------------------------------------------------------------------

    REVISIONS OF:             MODULE A


       12/12/87-13:55         A0  Implementation frame;
                                  DEPENDS ON: ARCHITECTURE S2;
       14/12/87-08:47         A1  procedure a1 implemented;
                                  DEPENDS ON: ARCHITECTURE S3;
       21/12/87-15:11         A2  procedure a2 implemented and tested;
                                  DEPENDS ON: ARCHITECTURE S3;
       07/01/88-09:23         A3  new implementation of proc. a1;
                                  DEPENDS ON: ARCHITECTURE S4;
       07/01/88-14:12         A4  first complete implementation
                                  DEPENDS ON: ARCHITECTURE S4;
       07/01/88-14:12         A5  tested and released version;
                                  DEPENDS ON: ARCHITECTURE S4;


END MODULE A ;
------------------------------------------------------------------------
```

Abbildung 4.3.2.1   Ausschnitt aus dem Revisionsdokument für ein Beispiel

In ähnlicher Weise, wie dies am Beispiel von Projektteam-Beschreibung und Systemarchitektur dargestellt wurde, *hängt das Revisionsdokument von allen anderen Dokumenten ab*. Wird ein neues Dokument in dem Software-Projekt erzeugt (z.B. ein neuer Modul in die Architektur eingefügt), dann muß hier eine entsprechende Revisionsliste initialisiert werden. Veränderungen von Dokumenten, die Modifikationen in anderen Dokumenten implizieren, bewirken einen Eintrag in die entsprechenden Abhängigkeitslisten des Revisionsdokuments.

Neben der textuellen Repräsentation, die die Abhängigkeiten von Revisionen verschiedener Dokumente nicht besonders anschaulich wiedergibt, wäre eine *graphische Repräsentation* des Revisionsgeflechtes sehr wünschenswert (vgl. Abbildung 3.2.3). Besonders die Ausgabe von Fehlerkontexten und die Durchführung von interaktiven Konfigurationsschritten (vgl. Abschnitt 4.3.3) könnten so an der Benutzeroberfläche gut unterstützt werden. In diesem Zusammenhang wäre ein *komfortabler graphischer Revisions-Browser* sehr von Vorteil.

4.3.3 Konfigurator

In den letzten Abschnitten haben wir gezeigt, wie die Bearbeitung von Systemvarianten durch den Varianten-Editor unterstützt wird, und wie Zustände der einzelnen Dokumente als Revisionen mit Hilfe des Revisions-Editors verwaltet werden können. Als Ergebnis dieser Tätigkeiten liegt ein Programmsystem auf der Ebene der Architektur als Sammlung von möglichen Systemvarianten vor – wir hatten hierfür informell den Begriff "Systemfamilie" gebraucht. Die Architektur dieser Systemfamilie existiert in mehreren zeitlichen Zuständen, den Architekturrevisionen. Auf der Ebene der Modulimplementationen finden wir zu jeder Realisierungsvariante der einzelnen Module einen Modulrumpf. Diese Dokumente liegen wiederum in mehreren Revisionen vor (vgl. Abbildung 4.3.3.1).
In diesem Abschnitt skizzieren wir ein *Konfigurations-Werkzeug*, das den Zusammenbau einzelner Systemvarianten und ausführbarer Systemkonfigurationen aus der gesamten Menge der Dokumentrevisionen eines Software-Projekts unterstützt. Dieses Werkzeug (Kommandogruppe 'CONFIGURE') ist nicht mehr *einer* Dokumentenklasse zugeordnet, sondern kombiniert gleichermaßen die Information über die Dokumentrevisionen, über die logische Struktur der Systemarchitektur und über die Varianten der einzelnen Module. In diesem Sinne läßt sich der Konfigurator als *integrierendes Werkzeug* auffassen.
Anders als bei den bekannten batch-orientierten Ansätzen (z.B. /DEC 82/, /LM 85/) soll hier der Konfigurationsprozeß *inkrementell* ablaufen.

In der Einleitung des Kapitels 3 haben wir den Begriff der *Konfiguration eines Programmsystems* eingeführt. Wir verstehen darunter eine Variante der Systemarchitektur innerhalb einer bestimmten Architekturrevision, zusammen mit einer dazu kompatiblen Menge von Modulimplementationen. Für jedes an der Systemvariante beteiligte Modul muß eine geeignete Revision des entsprechenden Modulrumpfes enthalten sein. Der Konfigurationsprozeß findet also auf *zwei Ebenen* statt.

Auf der ersten Ebene geht es darum, aus der Revisionsgeschichte der gesamten Systemfamilie eine *Revision* auszuwählen und anschließend innerhalb dieser Revision eine *Systemvariante* zu bilden. Diese Vorgehensweise für das

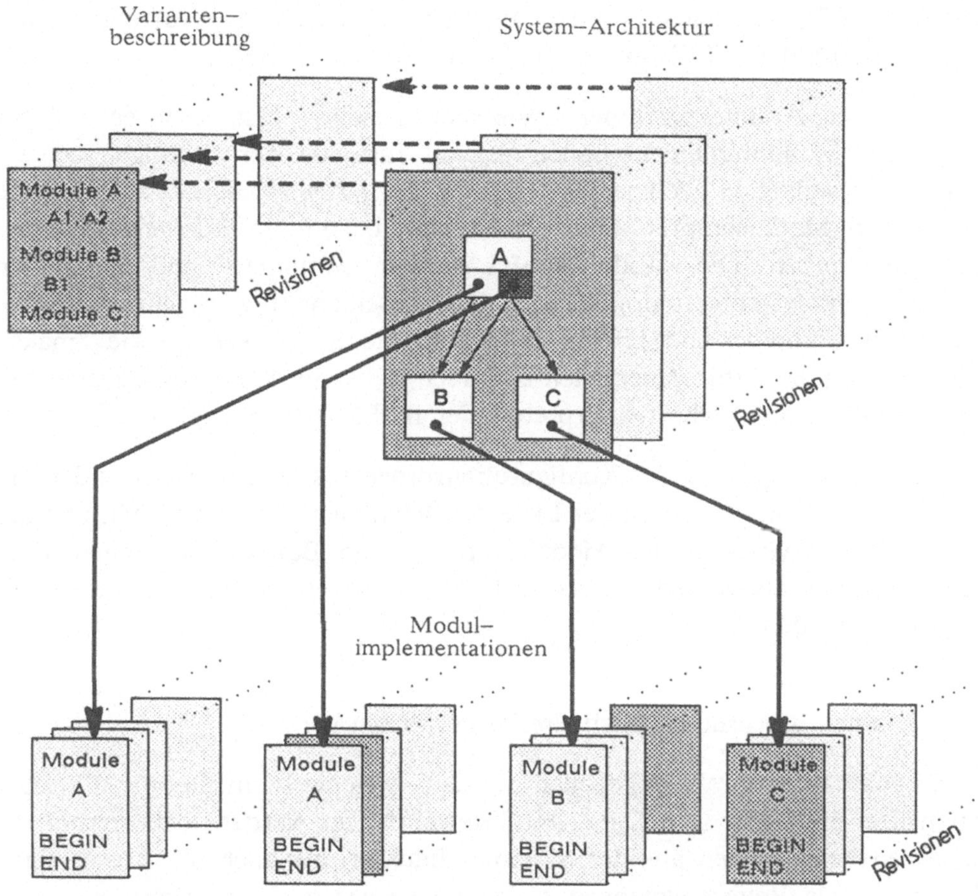

Abbildung 4.3.3.1   Varianten – Revisionen – Konfiguration

Zusammenspiel von Revisions- und Variantenmodell ergibt sich aus der Vorstellung, daß ein einziges Architekturdokument jeweils eine ganze System-familie beschreibt und nicht für jede Systemvariante ein eigenes Architektur-dokument existiert (vgl. Abschnitt 4.3.1). Da Revisionen nur immer von ganzen Dokumenten, unabhängig von ihrer Internstruktur, betrachtet werden, kann es dann auch nur Revisionen ganzer Systemfamilien und nicht von einzelnen Systemvarianten geben. Das Ergebnis dieser ersten Konfigurationsphase ist *eine Systemarchitektur*, dargestellt als Text oder Systemdiagramm, im Sinne der Betrachtungen von Kapitel 2 (vgl. auch Abschnitt 4.1.1 und 4.1.2). Sie dient in der dort diskutierten Weise zur Kommunikation zwischen den Software-Entwicklern. In dieser konkreten Systemarchitektur ist die Bindung zwischen den einzelnen Modulen beschreiben. Diese Information wird sowohl zur Erzeugung von Übersetzungs- und Bindesequenzen benötigt (vgl.

Abschnitt 4.3), als auch bei der direkten interpretativen Ausführung des Systems durch den IPSEN-Interpreter (vgl. /En 86/, /ES 85/).

Liegt die Architektur einer Systemkonfiguration fest, geht es auf der Ebene der Modulimplementationen darum, für jede der beteiligen Modulvarianten jeweils eine geeignete *Revision des Modulrumpfes* auszuwählen. Diese Menge von Modulrümpfen bildet dann eine bestimmte *Implementation des Gesamtprogramms*. Die Modulrümpfe werden compiliert und zu einem ausführbaren Gesamtsystem gebunden. Dies geschieht entweder auf klassische Weise mit Compiler und Linker, unterstützt durch Werkzeuge wie "make" (/Fe 79/) und die dafür generierten Eingaben, oder mit Hilfe des inkrementellen Compilers, und Hybrid-Interpreters der IPSEN-Umgebung.

Das Gesamtergebnis des Konfigurationsprozesses besteht also aus der Angabe der Architekturrevision, der Liste der beteiligten Modulvarianten und der zugehörigen Revisionen der Modulrümpfe. Diese Beschreibung einer Konfiguration kann als einfache textuelle Liste, die sogenannte *Konfigurationsliste*, dargestellt werden.

Zur Erstellung der Konfigurationslisten, d.h. für den Konfigurationsprozeß, sehen wir grundsätzlich *zwei Mechanismen* vor:

Einmal kann *direkt* angegeben werden, welche Elemente die Konfigurationsliste enthalten soll. Dabei muß gewährleistet werden, daß sowohl die Konsistenzbedingungen aus der Systemarchitektur, als auch die Bedingungen für kompatible Revisionsmengen eingehalten werden. Eine solche *interaktive* Erzeugung von konsistenten Konfigurationslisten wird durch geeignete Browsing-Funktionen auf den einzelnen Dokumenten unterstützt (vgl. Abschnitte 4.3.1, 4.3.2). Typischerweise würde hierbei zunächst im Revisionsdokument die gewünschte Architekturrevision ausgewählt, dann in der Systemarchitektur ausgehend von den Realisierungsvarianten der obersten Module des (Teil-) Systems über die Importbeziehungen weitere Module hinzugenommen. Für diese würden erneut Realisierungvarianten ausgewählt usw., bis die vollständige transitive Hülle über die Importbeziehungen gebildet ist. Im Revisionsdokument können dann entsprechende, zur Architekturrevision kompatible Modulrevisionen ausgewählt werden. Die Auswahl von Modulvarianten und zugehörigen Modulrevisionen kann auch *verschränkt* werden.

Der andere Ansatz zur Konfigurierung ist *batch-orientiert* und basiert auf *Konfigurationsbeschreibungen*. Vom Benutzer wird eine Beschreibung der gewünschten Konfiguration in Form einer Bedingung über Variantenattributen und Revisionszeitpunkten vorgegeben (z.B. `'((ExecutionSpeed = fast) AND (MaxWindows > 5) AND ((Date = 12.12.87) OR (Date = 15.12.87)))'`. Analog zu der oben beschriebenen Vorgehensweise versucht das Konfigurationswerkzeug, eine Systemkonfiguration zu konstruieren für die die gegebene Bedingung erfüllt wird, indem die Revisionsdaten und die Variantenattribute zur Auswahl der Konfigurationselemente benutzt werden. Intern müssen dazu komplexe Analysefunktionen auf Revisions-, Varianten- und Systemarchitektur-Dokument mit einem back-tracking Mechanismus kombiniert werden. Die beiden skizzierten Konfigurationsmechanismen sollen beliebig miteinander verschränkt verwendet werden können.

5. Realisierung – Erfahrungen – Ausblick

In diesem letzten Kapitel beschreiben wir in zusammengefaßter Form die Realisierung der beschriebenen Werkzeuge und ihre Integration zu einer gesamten Software–Entwicklungsumgebung. Dies betrifft sowohl die Ebene der *Modellierung von Software–Dokumenten und Werkzeugen* (Abschnitt 5.1), als auch die konkrete *Software–Architektur und Implementierung* des Systems (Abschnitt 5.2). Beide Aspekte sind bereits ausführlich in den Dissertationen von G. Engels /En 86/ und W. Schäfer /Sc 86/ und in weiteren Veröffentlichungen, /ELN 86/, /Le 86/, /ENS 86/, /LNW 87/, dargestellt worden. Die weiterführenden Überlegungen zum Entwurf einer Standard–Architektur für Software–Entwicklungsumgebungen bzw. allgemeinen Dialogsystemen sollen in einer *eigenen Veröffentlichung* behandelt werden. Wir beschreiben kurz den aktuellen Entwicklungsstand der Implementierung und berichten von den ersten Erfahrungen mit dem Prototypen der IPSEN-Umgebung. Zum Abschluß geben wir einen kurzen Ausblick auf weitere Entwicklungen (Abschnitt 5.3).

5.1 Graphmodellierung / Graphentechnik

Ein wesentliches Charakteristikum des IPSEN-Projekt ist der spezifische "*Graphentechnik–Ansatz*" für die Modellierung und Implementierung von komplexen Dokumenten und von Werkzeugen zur Manipulation der Dokumente. Im Unterschied zu dem klassischen "Baum-Ansatz" (vgl. /DK 84/, /FM 81/, /Ha 82/, /HN 86/, /Re 84a/, /Sn 85/, /TR 81/) werden Software-Dokumente als attributierte, knoten- und kantenmarkierte gerichtete Graphen modelliert. Die verschiedenen Aspekte dieses Ansatzes sind in mehreren Aufsätzen beschrieben (/ELS 87/, /En 86/, /LN 84/, /LNW 88/, /LS 88/, /Na 87/). Wir fassen hier nur die wesentlichen Ideen zusammen.

Jeder Klasse von Software-Dokumenten liegt eine bestimmte *formale Sprache* zugrunde (z.B. Programmiersprache für PiK, Architektursprache für PiG, usw.). Ausgangspunkt für die Definition einer Dokumentenklasse ist im allgemeinen die Beschreibung des *kontextfreien* Anteils der jeweiligen formalen Sprache. Dieser Anteil beschreibt, aus welchen Inkrementen die Dokumente bestehen, und wie diese Inkremente ineinander geschachtelt werden können. Ergänzt wird diese baumartige hierarchische Beziehung der Inkremente durch weitere, sogenannte *kontextsensitive* Beziehungen zwischen beliebigen Inkrementen (z.B. Beziehung zwischen Definitions- und Verwendungsstelle eines Objekts). Werden die Inkremente als Knoten und die Beziehungen zwischen den Inkrementen als Kanten aufgefaßt, ergibt sich insgesamt als Struktur eines

Software–Dokuments ein *allgemeiner (gerichteter) Graph*. Der abstrakte Syntaxbaum des Dokuments spielt die Rolle eines Spannbaumes für diesen Graphen. Nicht–strukturelle Information, wie beispielsweise Literale für Objektbezeichner oder alle Wertinformationen, werden als Attribute zu den Knoten dargestellt (vgl. Abbildung 5.1.1).

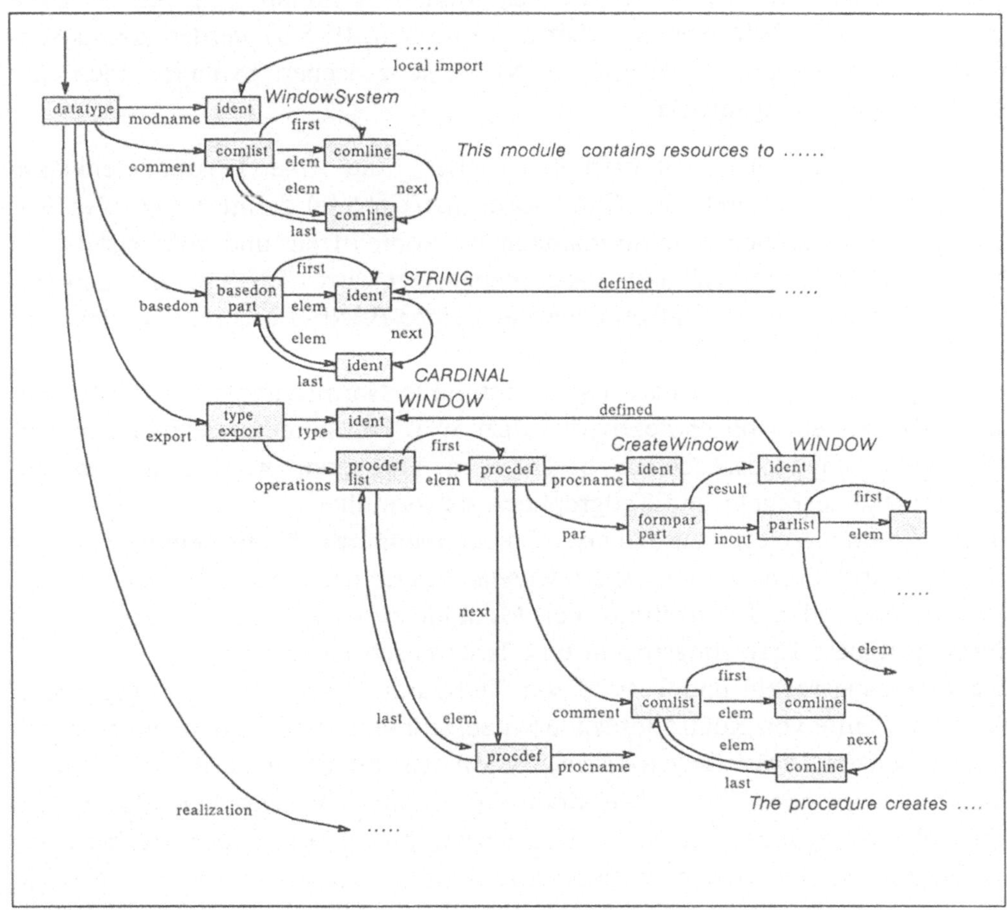

Abbildung 5.1.1 Ausschnitt aus einem Architektur–Dokument

Der Vorteil dieses Ansatzes gegenüber anderen liegt darin, daß die verschiedenen strukturellen Anteile eines Dokumentes in einem *einheitlichen Modell* behandelt werden, und auf der Modellierungsebene eine saubere Trennung zwischen strukurellen und wert–orientierten Dokumenten–Anteilen vorgenommen wird.
Vorgehensweisen, die in eine ähnliche Richtung gehen, jedoch auf anderen formalen Kalkülen basieren, findet man auch zunehmend in anderen Projekten. Beispielsweise werden in dem Ansatz von Horwitz (/Ho 85/, /HT 86/) Baumstrukturen mit einem relationalen Modell kombiniert, in den Arbeiten von Fritzson (/Fr 86/), bzw. Micallef und Kaiser (/MK 88/) werden kontextsensitive Beziehungen über zusätzliche Verweise zwischen Syntaxbäumen und Symboltabellen ausgedrückt.

Die Klasse von attributierten Graphen, die eine Dokumentenklasse repräsentiert, wird durch eine *Graph–Grammatik* formal definiert (vgl. /Na79/), die aus verschiedenen Teilgrammatiken für kontextfreie und kontextsensitive Anteile der Dokumentenklasse zusammengesetzt wird (/LN 84/). Die kontextfreien Regeln können im allgemeinen aus einer EBNF–Beschreibung der kontextfreien abstrakten Syntax der Dokumentenklasse auf mechanische Weise gewonnen werden. Dabei haben sich bestimmte Normierungen für die Gestalt der EBNF als sinnvoll erwiesen (vgl. /En 86/). Die kontextsensitiven Regeln, die meist umgangssprachlich beschrieben vorliegen, werden als weitere Graphersetzungsregeln und Teilgraphentests formuliert.
Hinzu kommen oft zusätzliche "nicht–baumartige" Beziehungen oder Teilgraphstrukturen, die *weitere strukturelle Aspekte* der Dokumentenklasse, wie z.B. Daten– oder Kontrollfluß bei Moduldokumenten, repräsentieren und durch geeignete Ersetzungsregeln und Tests beschrieben werden.
Die Ersetzungsregeln und Tests dieser Teilgrammatiken werden in geeigneter Weise mit Hilfe von Kontrollprozeduren zusammengesetzt, um so ein *programmiertes, attributiertes Graphersetzungssystem* zu bilden, das die betrachtete Graphenklasse spezifiziert. Die Kontrollprozeduren beschreiben also operational die Übergänge zwischen zulässigen Graphsatzformen der spezifizierten Graphenklasse. Reichert man dieses Graphersetzungssystem noch um Navigations– und Beobachtungsfunktionen, d.h. weitere Produktionen und Teilgraphentests an, dann erhält man eine *operationale Spezifikation eines abstrakten Datentyps*, der die gewünschte Dokumentenklasse mit ihren Zugriffsoperationen beschreibt (vgl. auch /EHH 86/).

Ein *Werkzeug*, mit dem Software–Dokumente einer bestimmten Klasse bearbeitet werden können (z.B. der Editor für Systemarchitekturen), wird auf dieser Modellierungsebene als *inkrementeller Graph–Transformator* aufgefaßt, der klassenerhaltende Transformationen zwischen Graphsatzformen einer

Graphenklasse ausführt. Jede Werkzeugoperation kann durch eine Kontroll-
prozedur spezifiziert werden, in der elementare Kontrollprozeduren der
Graphenklasse (= Zugriffsoperationen des abstrakten Datentyps) in geeigneter
Weise zusammengesetzt werden.

Spezielle Werkzeuge sind sogenannte *Unparser*, die für die Dokumente einer
Klasse verschiedene andere Repräsentationen erzeugen. Die Beschreibung der
internen Struktur einer Dokumentenklasse wird ergänzt durch die Be-
schreibung von Abbildungen der Graphen in andere Repräsentationen.
Beispiele dafür sind textuelle Darstellungen von Dokumenten, die an der
Benutzeroberfläche eine Rolle spielen, oder die Laufzeitdaten bei der
Ausführung eines Moduldokuments. Solche Unparser lassen sich mit Hilfe der
Navigations- und Beobachtungsfunktionen beschreiben, sie verändern die
Dokumente nicht.

Abbildung 5.1.2 veranschaulicht nocheinmal den Zusammenhang zwischen
Dokumenten, Werkzeugen und Unparsern.

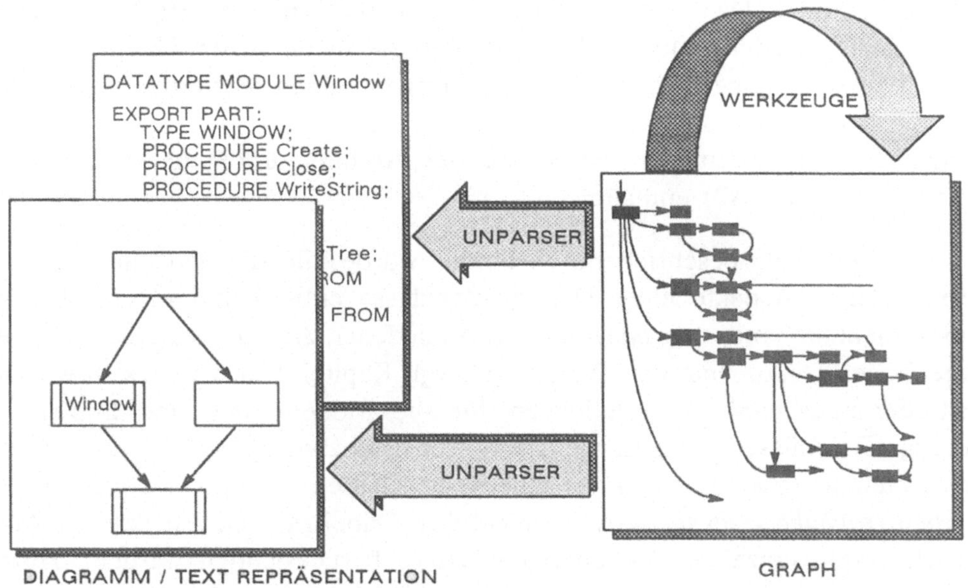

Abbildung 5.1.2   IPSEN Transformations-Schema

Der Übergang von dieser Modellierungsebene zu der Ebene von *Software-
Architekturen* wurde oben schon angedeutet. Die Dokumentklassen finden sich
als *Datentypmodule* wieder, die Werkzeuge werden jeweils durch *Funktionsmodule* oberhalb der Dokumentenschicht realisiert. Die Implementierung der
Graphenklassen geschieht durch mechanische (aber zur Zeit von Hand
durchgeführte) Abbildung der Graphproduktionen und Teilgraphentests auf die

Operationen eines *speziellen Datenbanksystems* zur effizienten Behandlung von beliebigen markierten attributierten Graphen (/BL 85/, /Br 84/, /LS 88/). Die Kontrollprozeduren lassen sich in natürlicher Weise durch Kontrollkonstrukte von Programmiersprachen wie Modula-2 oder C realisieren.
Für den oben skizzierten Ansatz zur Modellierung und Implementierung von Software-Dokumenten und -Werkzeugen wurde der Begriff *Graphentechnik* geprägt (/Na 87/).

In dreierlei Hinsicht lieferte das hier beschriebene IPSEN-Teilprojekt einen Beitrag zur Fortentwicklung des Graphentechnik-Ansatzes.

(1) Das in /En 86/ beschriebene Kalkül der attributierten Graphersetzungssysteme wurde weiter entwickelt. Dies betrifft vorallem die formale Fassung des *Teilgraphen-Ersetzungsbegriffs* (eine notwendige Voraussetzung zur Beschreibung der Komposition von Teil-Ersetzungssystemen), und die Definition von *Knotenmengenoperatoren* und deren Verwendung in Produktionen und Teilgraphentests. Da diese Überlegungen und formalen Ergebnisse eine eigenständige Gedankenlinie bilden, wurden sie nicht in den Hauptteil, sondern in einen Anhang (A2) dieser Arbeit aufgenommen. Als größeres Beispiel für die Graph-Grammatik-Spezifikation einer Dokumentenklasse ist das Graphersetzungssystem für die Klasse der Architekturdokumente in einem weiteren Anhang (A3) enthalten.

(2) Die oben beschriebene Methodik wurde für die Modellierung der verschiedenen Aspekte einer Dokumentenklasse entwickelt und erprobt. Im Zusammenhang mit der *Integration* verschiedener Arbeitsbereiche, d.h. der zugehörigen Dokumente und Werkzeuge (vgl. Kapitel 4), ergeben sich weitere Anforderungen und Fragestellungen für die Modellierung und Implementierung. Es müssen Beziehungen und Konsistenzbedingungen zwischen Inkrementen aus Dokumenten verschiedener Klassen beschrieben werden, es werden *graphübergreifende* Kanten eingeführt. Dabei müssen Aspekte der Austauschbarkeit einzelner Dokumentenklassen berücksichtigt werden. Hinzu kommen Fragen der Modellierung von *Mehrbenutzer-Zugriffen* auf die Dokumente und die damit verbundenen Probleme der Konsistenz zwischen Dokumenten. Erste Lösungsansätze sind in den Diplomarbeiten von Berens /Be 87/, Janning /Ja 87/ und Pohlmann /Po 87/ beschrieben. Zusammenfassend werden die eingesetzten *Integrationsmechanismen* für die Modellierung und Implementierung von logisch vernetzten Graphen in /LNW 88/ dargestellt.
Die bisherigen Überlegungen in diesem Bereich haben noch pragmatischen und vorläufigen Charakter. Es fehlt bislang eine einheitliche Sicht und eine Formalisierung für das "Spezifizieren im Großen". Dies ist Gegenstand weiterer Forschungsarbeit (vgl. auch /BEH 87/).

(3) Ein wichtiger Schritt für die Einsetzbarkeit des Graphenmodells auf der Realisierungsebene war die *Neuentwicklung eines geeigneten Graph–Datenbanksystems*. Ausgehend von früheren Überlegungen und Erfahrungen mit derartigen Graphenspeichern (vgl. /EW 74/, /GN 81/) wurde im Rahmen der Diplomarbeit von Th. Brandes der Datenbanksystem–Kern "GRAS" implementiert und in den letzten Jahren weiterentwickelt. GRAS erlaubt die effiziente Handhabung von Mengen beliebig großer und beliebig strukturierter attributierter Graphen und stellt einen wesentlichen Basisbaustein des gesamten IPSEN–Systems dar (/Br 84/, /BL 85/, /LS 88/).
Im Zusammenhang mit der Weiterentwicklung des Graph–Grammatik–Kalküls wird auch an einer erweiterten Funktionalität des Graphenspeichers gearbeitet. Es sollen allgemeine Basismechanismen zur Verwaltung von Revisionen der Graphen und zur Handhabung von graphübergreifenden Beziehungen zur Verfügung gestellt werden.

5.2 Systemarchitektur und Implementierung

Der Entwurf der Architektur des IPSEN–Systems war die erste größere Anwendung des in Kapitel 2 beschriebenen Modulkonzepts. Ein wesentliches Ziel dieser Bemühungen war die *Entwicklung einer Standard–Architektur* für Dialogsysteme, speziell für integrierte Software–Entwicklungsumgebungen. Allgemeine Anforderungen wie Erweiterbarkeit, Adaptabilität und Portabilität sollten erfüllt werden (vgl. /ES 85/, /ELN 86/, /Le 86/). Ausgehend von der Vorstellung einer *Schichtenarchitektur* mit den daten-orientierten Basisbausteinen ganz unten, und einer funktionalen Kontrollschicht ganz oben, entstand die Architektur in einem lang andauernden inkrementellen Prozeß. Sie umfaßt mehr als 180 Module in etwa 30 Teilsystemen.[1] Die dabei gewonnenen Erkenntnisse sind zum Teil bereits in die Arbeiten von Engels (/En 86/) und Schäfer (/Sc 86/) eingeflossen, eine zusammenfassende Gesamtdarstellung kann in dieser Arbeit aus Gründen des Umfangs nicht gegeben werden, sondern soll das Thema einer eigenen Veröffentlichung werden.

Abbildung 5.2.1 zeigt die Grobarchitektur des Systems, die das im letzten Abschnitt skizzierte Transformationsschema widerspiegelt.

---

[1] Das Konzept der Teilsysteme war erst ein Ergebnis der Erfahrungen beim Entwerfen des IPSEN–Systems. Der Teilsystem–Begriff war lange umstritten und unklar. Deshalb finden sich auch keine klaren Teilsysteme im Sinne von Kapitel 2.3. Die hier genannte Zahl der Teilsysteme entstammt intuitiven Vorstellungen über die Grobstrukturierung des Gesamtsystems.

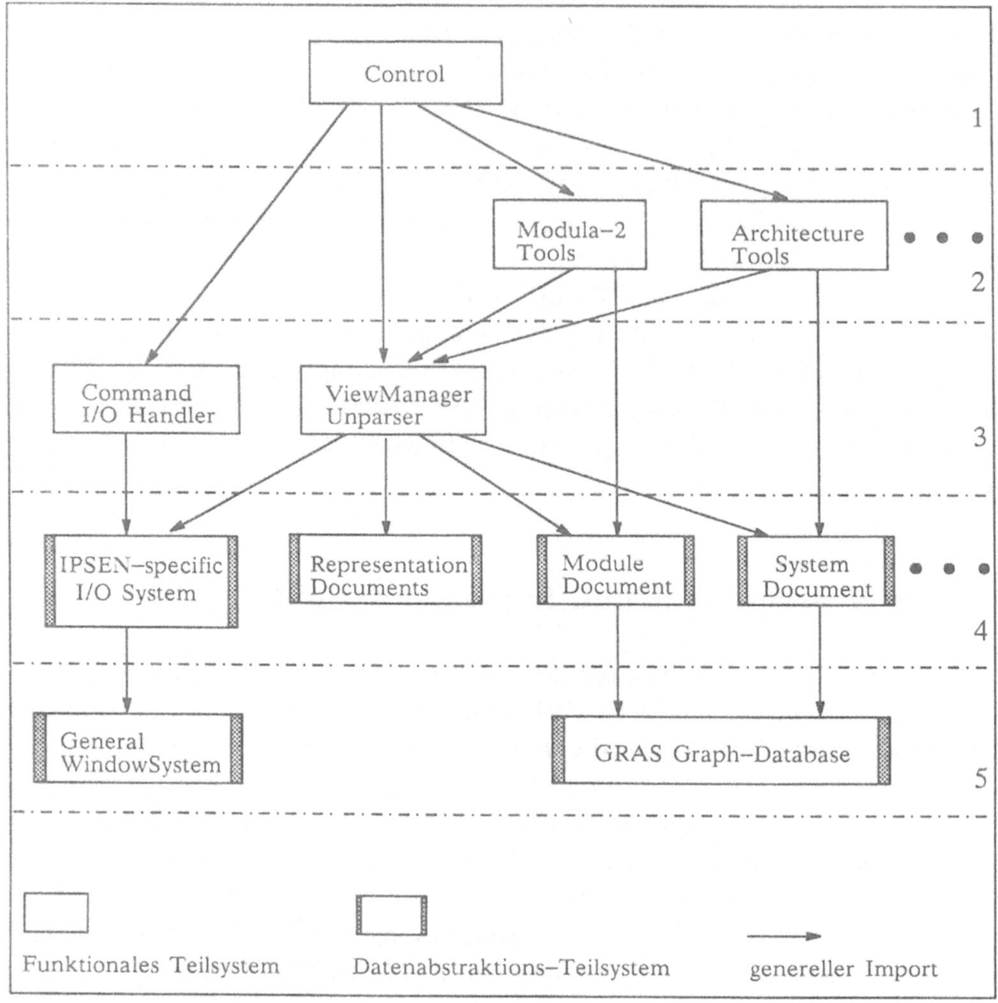

Abbildung 5.2.1 Grobarchitektur des IPSEN–Systems

- In der untersten, daten–orientierten Schicht liegen die *allgemeinen Basis-komponenten* "Fenstersystem" und "Graph–Datenbanksystem".

- Darüber liegt eine weitere daten–orientierte Schicht, die die jeweils *problem–spezifischen Datentypen* enthält. Mit Hilfe der allgemeinen Basiskomponenten werden die Datentypen für die einzelnen Dokumentenklassen, für Repräsentationsdokumente und die spezifischen Fenstertypen realisiert.

- Die erste der drei folgenden funktionalen Schichten umfaßt die *View– und Eingabe–Verwaltung*. Dies sind zum einen die Transformatoren (Unparser) zwischen verschiedenen Darstellungen der Dokumente und ihrer Anzeige auf dem Bildschirm. Hier werden die Abbildungen der internen Repräsentationen auf externe, dem Benutzer zugängliche Repräsentationen vorgenommen und die dargestellten Ausschnitte der Dokumente verwaltet. Zum anderen ist hier die Aufbereitung der Kommandoausgabe auf dem Bildschirm (Menüs, Kurzkommandos) und die Steuerung der Kommandoeingabe (Kommando- und Inkrementselektion, Text-Eingabe) verkapselt.

- Darüber liegt die Schicht der *Werkzeuge* (z.B. Architektur-Editor, -Analyse, usw.). Im allgemeinen gibt es zu jeder Aktivitätsgruppe auf einer Dokumentenklasse (Benutzer-Werkzeuge, vgl. Kapitel 4) in der Architektur einen korrespondierenden Modul. Diese Werkzeuge greifen auf die jeweils zugeordneten Dokument-Datentypen und die View-Verwaltung zu. In ihnen werden zu einem Benutzerkommando die entsprechenden Modifikationen der betroffenen Dokumente angestoßen und die Repräsentationstransformationen aktiviert.

- Die oberste Schicht enthält die *Steuerung und Ablaufkontrolle* des Systems. Hier werden die in der aktuellen Situation verfügbaren Kommandos der einzelnen Werkzeuge gesammelt, entsprechend der Zugriffsrechte gefiltert, und an die Kommandoeingabe weitergegeben. Von dort gemeldete Benutzerkommandos werden den zuständigen Werkzeugen zur Ausführung übergeben. Hinzu kommen weitere Verwaltungsfunktionen.

Diese Grobstruktur der Systemarchitektur bildete sich bereits relativ früh im Entwurfsprozeß heraus. Trotz vielfältiger Modifikationen im Detail konnte gezeigt werden, daß diese *daten-orientierte Transformations-Architektur* einen relativ stabilen Rahmen für die Hinzunahme weiterer Arbeitsbereiche mit den zugehörigen Dokumentenklassen und Werkzeugen darstellt. Die Aspekte der Erweiterbarkeit und Anpaßbarkeit der Architektur werden am Beispiel der Einbettung des Bereichs "Programmieren im Großen" in /Le 86/ diskutiert. Analog dazu wurde die Einbettung des graphischen Unparsers für Systemdiagramme, der Dokumentationswerkzeuge und des Projektteam-Editors vorgenommen (/Po 87/, /Be 87/ und /Ja 87/).

Die *Implementation* des Gesamtsystems liegt in Form von etwa 135.000 Zeilen Modula-2 Programmtext vor (entspricht 3,3 Mbyte Quelltext und 1,2 Mbyte Maschinen-Code). Der Protoyp läuft auf Sun3-Workstations unter dem Betriebssystem UNIX. Die nächste Abbildung (5.2.2) zeigt die Verteilung des Quelltextes auf die einzelnen Schichten der Systemarchitektur. Es zeigt sich, daß etwa 60% des Implementationsumfangs in den daten-orientierten Basisschichten steckt. Die *allgemeinen Basisbausteine*, d.h. dokument-unspezifische Anteile, machen 30% (71 Module) des Gesamtvolumens aus, der problemspezifische Anteil für die *PiK-Dokumente und -Werkzeuge* liegt bei etwa 32%

(41 Module) und der in dieser Arbeit beschriebenen Dokumente und Werkzeuge für *PiG, Dokumentations–Unterstützung und Projektteam–Verwaltung* macht weitere 37% (67 Module) aus.

Schicht / Teilsysteme		Anzahl Module	Größe des Quelltextes (kbytes)
1	Kontrolle und Ablaufsteuerung	6	83
2	Werkzeuge	26	578
3	Kommando–I/O	15	300
3	ViewVerwaltung Unparser	21	450
4	Problem–spezifische Dokumente	51	872
4	IPSEN I/O System	11	253
5	Graph–Datenbank–System	36	647
5	Allg. Fenstersystem	13	160

Abbildung 5.2.2 Quelltextanteile der einzelnen Schichten der Architektur

Um einen Eindruck von der *Entstehungsgeschichte* des Systems zu geben, folgt ein stichwortartiger tabellarischer Abriß der Entwicklung, wobei die Meilensteine hervorgehoben sind.

3/84–9/84	erste Version des Graph–Datenbanksystems GRAS auf Mini-Computer TA–1630 in Pascal
11/84	Fenstersystem auf IBM–PC in Modula–2
11/84–3/85	Portierung von GRAS auf IBM–PC und Modula–2
	Entscheidung für Modula–2 als Implementierungssprache und IBM–PC als Zielsystem
2/85–4/85	erster Prototyp des Architektur–Editors im Rahmen eines Soft-ware–Praktikums mit einer Gruppe von Studenten
2/85–3/86	**erste Version der PiK–Werkzeuge**

8/85–5/86	**zweite Version des Architektur-Editors** auf der Grundlage einer Graph-Grammatik-Spezifikation, integriert in eine gemeinsame Gesamtarchitektur für PiG und PiK

Übergang zu neuem Modula–2–System und IBM–ATs

2/86–3/86	Implementierungsgeneratoren für Modula–2 und C
4/86–11/86	Unparser für Systemdiagramme, Dokumentations-Werkzeuge, Projektteam-Verwaltung
12/86	Integration des PiG-Bereichs mit Dokumentation / Projektmanagement.
12/86	**PiK- und PiG/Dokumentation/Projektteam-Prototypen auf ATs**

Übergang zu Sun3–Workstations

4/87–1/88	Portierung der PiK- und PiG-Prototypen auf Sun3-Workstations. Dabei Restrukturierung des Systems in Richtung Vereinheitlichung von PiK und PiG
9/87	**wesentlich verbesserte und erweiterte Version von GRAS**
10/87–12/87	Neuimplementierung des Projektteam-Editors auf der Basis einer formalen Spezifikation mit einem veränderten Spezifikationskalkül.
1/88	zweite Version der PiK-Werkzeuge mit erweiterter Funktionalität.
2/88	**Integration der beiden Prototypen zu einem Gesamtsystem.**

Erfahrungen mit dem Einsatz der Werkzeuge liegen erst in sehr beschränktem Umfang vor. Der zweite Prototyp des Architektur-Editors (auf IBM-AT) wurde im Frühjahr '87 im Rahmen der Übungen zu einer Lehrveranstaltung an der RWTH von Studenten benutzt. Diese Version war noch relativ instabil und fehlerhaft, und litt besonders unter den Unzulänglichkeiten des Graph-Datenbanksystems. Die Reaktionszeiten für die einzelnen Benutzerkommandos lagen im Bereich von 2 – 20 Sekunden. Obwohl die ''Frustrationsrate'' der Benutzer sehr hoch war, kamen doch recht positive Rückmeldungen über das System.

Der aktuell vorliegende Sun-Prototyp (2/88) hat eine wesentlich erweiterte Funktionalität (besonders im Bereich PiK) und läuft stabil. Die Reaktionszeiten liegen durchweg im Sekundenbereich. Ein Einsatz der PiG-Werkzeuge im Rahmen der Ausbildung ist geplant.

5.3 Ausblick

Zum Abschluß dieses Buches geben wir noch stichpunktartig einen Ausblick auf Erweiterungen der beschriebenen Konzepte und Werkzeuge und sprechen dabei offene Probleme an.

- **Modulkonzept**

Ein Mangel im bisherigen Konzept ist, daß die *transparenten Datentypen*, die von Typkollektionsmodulen exportiert werden, nicht auf Architekturebene definiert werden können. Bislang wird ihre Struktur nur in einem Kommentar beschrieben – entweder natürlichsprachlich oder unter Verwendung der Basisdatentypen und Typkonstruktoren einer bestimmten Programmiersprache. Aus diesen Angaben können jedoch nicht automatisch Implementierungsvorgaben für verschiedene Programmiersprachen generiert werden. Um dem abzuhelfen, schlagen wir vor, solche *Basisdatentypen* ('BOOLEAN, INTEGER, CHAR') mit ihren zugehörigen *Konstantenliteralen* und die *Typkonstruktoren* 'RECORD', 'ARRAY' und 'ENUMERATION' mit in das Modulkonzept aufzunehmen.

Des bisherige Konzept stellt eine *ausschließlich syntaktische* Beschreibung von Modulen und ihren Schnittstellen zur Verfügung. Ausgehend von von der oben erwähnten Erweiterung ließen sich auch programmiersprachenunabhängige "Expressions" einführen, die eingesetzt werden könnten, um *Vor- und Nachbedingungen* für jede von einem Modul exportierte Operation zu formulieren. Solche Booleschen Bedingungen könnten ebenfalls in die entsprechende Implementierungssprache transformiert werden und so zur Laufzeit des Systems als Test auf die Einhaltung der intendierten Bedeutung einer Operation benutzt werden.

Die in Kapitel 2 kurz angerissene Diskussion über *Generizität* sollte weiter verfolgt und vertieft werden. Weitere Sprachmittel zur Beschreibung des Entwicklungsprozesses (Verfeinerungsprozesses) von Systemarchitekturen wären wünschenswert.

Sehr wichtig sind die gerade begonnenen Untersuchungen zur Verzahnung zwischen Systemarchitekturen (auf der Ebene von Modulen und Teilsystemen) und Systembeschreibungen im Bereich des *"Requirements Engineering"* (prozeß-orientierte Ebene). Es bleibt zu hoffen, daß sich die in dieser Arbeit vorgestellten Ansätze zur *Integration* verschiedener Arbeitsbereiche auf die Verzahnung dieser Bereiche übertragen und erweitern lassen. Ein weites Feld stellt die Untersuchung der *systematischen Verwendung des Modulkonzeptes* in weiteren praktischen Vorhaben dar. Es wird sich in der Praxis – außerhalb des eigenen Forschungskontextes – erweisen müssen, wie gut das Konzept zum Entwerfen beliebiger großer Programmsysteme geeignet ist.

- **Varianten- / Revisionskontrolle**

Die in Kapitel 3 vorgestellten Modelle sind erste Ansätze, den umfassenden Themenkomplex der Versions- und Konfigurationsverwaltung zu bearbeiten, Konzepte und Werkzeuge zu entwickeln, die sich in eine inkrementelle Umgebung und das zugrunde liegenden Entwurfs- und Implementierungsmodell integrieren lassen. Hier wird gerade im Rahmen eines Dissertationsvorhabens noch *weitere konzeptuelle Arbeit* geleistet. Die enge Beziehung dieses Themenbereiches zu Fragestellungen der *Zugriffskontrolle*, der *Mehrbenutzerproblematik* und Aspekten der logischen und physischen *Verteilung von Software-Dokumenten* wird in einer zweiten Dissertation untersucht.

Auf der Realisierungsebene werden neue *Basismechanismen zur Revisionsbildung* bei Graphen betrachtet. Hinzu kommen *Basisbausteine* zum Bau von einheitlichen graphischen Unparsern und Browsern, die gerade im Bereich der Varianten-, Revisions- und Konfigurationsverwaltung eine wichtige Rolle spielen werden.
Ein weiterer Aspekt in diesem Gesamtbereich ist die *Freigabekontrolle*. Hier wird sich eine enge Verzahnung mit der *Projektteam-Verwaltung* ergeben.

- **Werkzeuge**

Bislang unterstützen die Werkzeuge nur die Erstellung und Pflege *einzelner Teilsysteme*. Sowohl der Architektur-Editor als auch die Architektur-Analysen sollten erweitert werden, um Systeme, die mehrere Teilsysteme umfassen handhaben zu können.
Die oben angesprochenen Erweiterungen des Modulkonzepts und die Verschränkung mit weiteren Bereichen müßten bei einer Weiterentwicklung der Werkzeuge natürlich berücksichtigt werden.

Die oben bereits erwähnten Basisbausteine für Graphik–Unparser könnten dazu verwendet werden, um einen *interaktiven Layout–Editor* für Systemdiagramme zu entwickeln. So ein Werkzeug ließe sich mit graphisch-orientierter Eingabe von Benutzerkommandos kombinieren. Das Entwerfen und Modifizieren einer Systemarchitektur könnte dann direkt auf dem Systemdiagramm im Sinne eines *Diagramm–Editors* stattfinden (vgl. /Gö 87/).

Als Vorbereitung für die *Integration zwischen PiG– und PiK–Werkzeugen* (Architektur–Editor / Modula–2–Editor) wird gerade in einer Diplomarbeit die Behandlung von temporären *Inkonsistenzen in Moduldokumenten* studiert. Es müssen weitere inkrementelle Mechanismen zur Propagation von Veränderungen zwischen voneinander abhängigen Dokumenten entwickelt werden.

Ein Werkzeug zum Erzeugen und inkrementellen Aktualisieren von *Dokumentationsvorgaben* (vgl. 4.2.1) wird gerade implementiert.

Aufgrund der zunehmenden Erfahrungen mit der Architektur des IPSEN–Systems (in Folge der Restrukturierung des PiK–Prototyps und durch die Hinzunahme weiterer Werkzeuge) wird versucht, immer mehr allgemeine Basisbausteine heraus zu ziehen. Dadurch und durch weitere *Systematisierung* ergeben sich erste Ansätze zur *Generierung* von Dokumentenklassen, Unparsern und Werkzeugen.

- **Graphgrammatik–Kalkül**

Dieser Bereich wird in einem laufenden Dissertationsvorhaben gerade intensiv weiterentwickelt. Wesentliche Erweiterungen werden Sprachmittel zur *statischen Beschreibung von Attributabhängigkeiten* sein. Es wird an Verfahren zur automatischen *inkrementellen Attributauswertung auf Graphen* gearbeitet. In diesem Zusammenhang werden objekt-orientierte Ansätze auf Graphgrammatiken übertragen. Es werden Klassenbildung und Vererbungsmechanismen studiert.

Ein wesentliches Ziel zukünftiger Forschung im IPSEN–Projekt werden *Konzepte zur Strukturierung* großer Graphersetzungssysteme und zur *Integration* von Teil-Ersetzungssystemen sein ("Spezifizieren im Großen"). Eventuell lassen sich die Überlegungen zum Modulkonzept in diesen Bereich übertragen. Auch hier könnten *objekt-orientierte Ansätze* eine interessante Ergänzung bilden (Vererbung zwischen Graphenklassen).

Anhang 1. Beispiel–Architektur "WindowSystem"

```
PROGRAM SYSTEM WindowSystem :

    WindowSystem provides a workstation I/O system with overlapping
    screen windows, keyboard, and pointing device (mouse). The specific
    primitive parameter types are defined by the modules
    DisplayPrimitives and InputPrimitives. The types defined by
    StandardTypes should be primitive types of the implementation
    language.

    PROVIDES
            Workstation,
            Window,
            DisplayPrimitives,
            InputPrimitives,
            StandardTypes;

    CONSISTS OF
            DATAOBJECT MODULE Workstation,
            DATATYPE MODULE Window,
            DATAOBJECT MODULE Keyboard,
            DATAOBJECT MODULE Mouse,
            DATAOBJECT MODULE WindowTree,
            FUNCTION MODULE Display,
            TYPE COLLECTION MODULE DisplayPrimitives,
            TYPE COLLECTION MODULE InputPrimitives,
            TYPE COLLECTION MODULE StandardTypes;

END WindowSystem .


    DATAOBJECT MODULE Workstation

        This module encapsulates a workstation with resources to open
        and to close (existing) windows and to get input events from
        the keyboard and the mouse.

        BASED ON InputPrimitives.EventType,
                 InputPrimitives.ControlKey,
                 StandardTypes.CHAR,
                 StandardTypes.BOOLEAN,
                 StandardTypes.POINT,
                 WorkstationWindow.WINDOW;

        EXPORT PART :
           PROCEDURE InitializeWorkstation;
                Initializes the workstation, clears the screen.
```

118

```
    PROCEDURE OpenWindow
            (VAR CurrentWindow : WINDOW;
             TopLeft : POINT);
    Displays the current window on the screen with the upper
    left corner at the specified TopLeft coordinates of the
    screen.

    PROCEDURE OpenWindowRelative
            (VAR CurrentWindow : WINDOW;
             ReferenceWindow : WINDOW;
             RelativeTopLeft : POINT);
    Displays the current window on the screen with the upper
    left corner at the specified RelativeTopLeft coordinates of
    another reference window.

    PROCEDURE GetInputEvent
            (VAR Event : EventType;
             VAR InputChar : CHAR;
             VAR InputKey : ControlKey;
             VAR MousePosition : POINT;
             VAR TouchedWindow : WINDOW);
    Looks for an input event. For the different possible events
    the apropriate event parameters are collected.

    PROCEDURE CloseWindow
            (VAR CurrentWindow : WINDOW);
    Removes the window from the workstation screen.

  REALIZATION PART :
    CONTAINS WindowTree, Mouse, Keyboard;
    IMPORT PART :
      LOCAL IMPORT FROM Mouse :
        ResetMouse, GetLastMouseEvent;
      LOCAL IMPORT FROM Keyboard :
        ResetKeyboard, GetLastKeyPress;
      LOCAL IMPORT FROM WindowTree :
        InitializeWindowTree, PushWindowOnTop,
        RemoveWindowFromTree, GetWindowRelativePosition;
      GENERAL IMPORT FROM Window :
        WINDOW;
      GENERAL IMPORT FROM Display :
        EraseScreen;
      GENERAL IMPORT FROM DisplayPrimitives :
        FillStyle;
      GENERAL IMPORT FROM InputPrimitives :
        EventType, ControlKey;
      GENERAL IMPORT FROM StandardTypes :
        CHAR, BOOLEAN, POINT;
    (<Implementation>)
END Workstation .
```

DATATYPE MODULE Window

This is the datatype WINDOW, representing one window on the screen. Once having initialized and displayed the window all write operations directly affect the screen if they are applied to a defined visible window region.

BASED ON StandardTypes.POINT, StandardTypes.POLYGON,
        StandardTypes.CARDINAL, StandardTypes.STRING,
        DisplayPrimitives.FrameStyle,
        DisplayPrimitives.FillStyle,
        DisplayPrimitives.LineStyle,
        DisplayPrimitives.TextStyle ;

EXPORT PART :
  TYPE WINDOW;

  PROCEDURE InitWindow
            (VAR NewWindow : WINDOW;
             Frame : FrameStyle;
             Title : STRING;
             Width,
             Height : CARDINAL);
    InitWindow establishes the new window, without displaying
    it. This resource has to be called once before any other
    operation on a newly created window may be called.

  PROCEDURE SetVisibleRegionAndScreenPosition
            (VAR CurrentWindow : WINDOW;
             VisibleRegion : POLYGON;
             ScreenPosition : POINT);
    Maps the upper left corner of the window to the given
    absolute screen position and displays its visible part with

    respect to that window location.

  PROCEDURE WriteString
            (VAR CurrentWindow : WINDOW;
             Position : POINT;
             Text : STRING;
             CurrentTextStyle : TextStyle);
    Writes a text to the specified relative window position
    in the current window. CurrentTextStyle allows different
    fonts to be used (cf. DisplayPrimitives).

  PROCEDURE FillArea
            (VAR CurrentWindow : WINDOW;
             TopLeft,
             BottomRight : POINT;
             CurrentFillStyle : FillStyle);
    Fills a rectangular region of the current window with the

```
            pattern specified in CurrentFillStyle
            (cf. DisplayPrimitives).

        PROCEDURE PolyLine
                  (VAR CurrentWindow : WINDOW;
                   NumberOfPoints : CARDINAL;
                   Coordinates :  POLYGON;
                   CurrentLineStyle : LineStyle);
        Draws a line through the window-relative points given
        by the coordinate-polygon. Different line-styles are
        supported (cf. DisplayPrimitives).

        PROCEDURE ReleaseWindow
                  (VAR CurrentWindow : WINDOW);
        Discards the window content. The window must not be
        displayed on the screen.

    REALIZATION PART :
      IMPORT PART :
        GENERAL IMPORT FROM Display :
           DisplayPixelMatrix;
        GENERAL IMPORT FROM StandardTypes :
           POINT, POLYGON, BOOLEAN, CARDINAL, STRING ;
        GENERAL IMPORT FROM DisplayPrimitives :
           PIXRECT, FrameStyle, FillStyle, LineStyle, TextStyle ;
      (<Implementation>)
END Window .



DATAOBJECT MODULE Keyboard
    IS CONTAINED IN Workstation;
    BASED ON StandardTypes.CHAR, StandardTypes.BOOLEAN,
           InputPrimitives.ControlKey ;

    EXPORT PART :
      PROCEDURE ResetKeyboard;

      PROCEDURE GetLastKeyPress
                  (VAR IsASCII : BOOLEAN;
                   VAR ASCIIValue : CHAR;
                   VAR ControlValue : ControlKey);

    REALIZATION PART :
      IMPORT PART :
        GENERAL IMPORT FROM StandardTypes :
           BOOLEAN, CHAR;
        GENERAL IMPORT FROM InputPrimitives :
           ControlKey;
      (<Implementation>)
END Keyboard .
```

```
DATAOBJECT MODULE Mouse
    IS CONTAINED IN Workstation;
    BASED ON StandardTypes.BOOLEAN, StandardTypes.POINT ;

    EXPORT PART :
       PROCEDURE ResetKeyboard;

       PROCEDURE GetLastMouseEvent
                 (VAR Clicked : BOOLEAN;
                  VAR Position : POINT);

    REALIZATION PART :
       IMPORT PART :
          GENERAL IMPORT FROM StandardTypes :
             POINT, BOOLEAN;
       (<Implementation>)
END Mouse .


DATAOBJECT MODULE WindowTree
    IS CONTAINED IN Workstation;
    BASED ON Window.WINDOW, StandardTypes.POINT,
             StandardTypes.BOOLEAN;

    EXPORT PART :
       PROCEDURE InitializeWindowTree;

       PROCEDURE PushWindowOnTop
                 (VAR CurrentWindow : WINDOW;
                  Position : POINT) ;

       PROCEDURE RemoveWindowFromTree
                 (VAR CurrentWindow : WINDOW);

       PROCEDURE GetWindowRelativePosition
                 (ScreenPosition : POINT;
                  VAR WithinWindow : BOOLEAN;
                  VAR CorrespondingWindow : WINDOW;
                  VAR RelativePosition : POINT);

    REALIZATION PART :
       IMPORT PART :
          GENERAL IMPORT FROM Window :
             WINDOW, SetVisibleRegionAndScreenPosition;
          GENERAL IMPORT FROM StandardTypes :
             CARDINAL, BOOLEAN, POINT, POLYGON;
       (<Implementation>)
END WindowTree .
```

122

```
FUNCTION MODULE Display
   BASED ON DisplayPrimitives.FillStyle, DisplayPrimitives.PIXRECT,
            StandardTypes.POINT, StandardTypes.BOOLEAN ;

   EXPORT PART :
      PROCEDURE EraseScreen
                (Background: FillStyle);

      PROCEDURE DisplayPixelMatrix
                (CurrentMatrix : PIXRECT;
                 TopLeft,
                 BottomRight : POINT;
                 VAR Clipped : BOOLEAN);

   REALIZATION PART :
      IMPORT PART :
         GENERAL IMPORT FROM DisplayPrimitives :
            PIXRECT, FillStyle;
         GENERAL IMPORT FROM StandardTypes :
            BOOLEAN, CARDINAL, POINT;
      (<Implementation>)
END Display .


 TYPE COLLECTION MODULE DisplayPrimitives
    EXPORT PART :
       TYPE PIXRECT;
          (* ARRAY OF BIT  *)
       TYPE FrameStyle;
          (* (SimpleLine, BoldLine, DoubleLine) *)
       TYPE FillStyle;
          (* (Black, DarkGrey, LightGrey, White) *)
       TYPE LineStyle;
          (* (Solid, Dashed, Dotted) *)
       TYPE TextStyle;
          (* (Normal, Reverse, Bold, BoldReverse) *)
    (<Implementation>)
 END DisplayPrimitives .


 TYPE COLLECTION MODULE InputPrimitives
    EXPORT PART :
       TYPE EventType;
           (* (None, Ascii, ControlKey, MouseClick,
              WindowMouseClick) *)
       TYPE ControlKey;
           (* (Backspace, CarriageReturn, Up, Down, Left, Right,
              Delete, Escape, Tabulate) *)
    (<Implementation>)
 END InputPrimitives .
```

```
TYPE COLLECTION MODULE StandardTypes
   EXPORT PART :
      TYPE STRING;
         (* ARRAY OF CHAR  *)
      TYPE CHAR;
         (* Character *)
      TYPE CARDINAL;
         (* 0..65535 *)
         TYPE POINT;
         (* RECORD x,y : CARDINAL; END *)
      TYPE POLYGON;
         (* ARRAY OF POINT *)
      TYPE BOOLEAN;
         (* (TRUE,FALSE) *)
   (<Implementation>)
  END StandardTypes .

END WindowSystem .
```

Anhang 2. Erweiterung des Graphgrammatik–Kalküls

A.2.1. Einleitung / Motivation

Im Verlauf des IPSEN Projektes wurden im Umgang mit Graph–Ersetzungssystemen immer mehr Erfahrungen gewonnen, die zu einer stetigen Weiterentwicklung des verwendeten Graphgrammatik-Kalküls führten. Ausgangspunkt waren Graphgrammatiken, wie sie in /Na 79/ beschrieben sind, insbesondere wurden programmierte sequentielle Graphgrammatiken verwendet. Hinzugenommen wurden schon bald Knotenattribute, wie man sie von attributierten Zeichenketten–Grammatiken kennt, die hier dazu dienen, nicht–strukturelle Informationen auszudrücken. Dies führte zu den in /En 86/ beschriebenen *attributierten, programmierten Graphgrammatiken* (andere Definitionen von attributierten Graphgrammatiken findet man auch in /Bu 82/, /Gö 82/, /Gö 87/, /Le 82/, /Sc 87/).

Bei der Spezifikation der Klasse der Modulgraphen, die als zentrale Datenstrukturen für alle Werkzeuge des Bereichs Programmieren im Kleinen dienen, stellte sich heraus, daß solche Graphgrammatik–Spezifikationen sehr umfangreich und komplex werden, und deshalb Hilfsmittel zur Strukturierung von Grammatiken notwendig sind. Auch die Frage eines systematischen Entwurfs der Graphenklasse und der Grammatik, die die Operationen auf solchen Graphen beschreibt, wurde angegangen. Es wurde in diesem Zusammenhang der Begriff *"Graph Grammar Engineering"* geprägt, um auszudrücken, daß bekannte Prinzipien und Methoden aus der Software–Technik übernommen wurden, um den systematischen Umgang mit komplexen Graphersetzungs–Systemen zu ermöglichen. Beispiele dafür sind die Verwendung von parametrisierten Produktionen und Tests, die erlauben gemeinsame Teile und wiederkehrende Teilstrukturen zu identifizieren und einheitlich zu behandeln, oder aber das Prinzip der Komposition/Dekomposition von (Teil–) Grammatiken im Sinne eines modularen Entwurfs einzelner logisch zusammengehöriger Komponenten eines gesamten Ersetzungssystems. Diese Aspekte werden in /ES 85/, /En 86/ und /ELS 87/ näher beschrieben, besonders aber der Aspekt der Strukturierung großer Graphersetzungssysteme bedarf noch weiterer Betrachtung und fortgesetzter Anstrengungen.

Zum anderen stellten sich beim weiteren Einsatz des bisher verwendeten Graphgrammatik–Kalküls heraus, daß bestimmte Situationen bzw. Operationen nur sehr umständlich und nicht in angemessener Weise ausdrückbar waren. Dies betraf vor allem die Handhabung von *Graphdurchquerungen*, wie sie im Zusammenhang mit komplexen Anfragen über einen Graphen oder zum Auffinden weit entfernten Kontextes zum Ziehen kontextsensitiver Kanten auftreten.

Bisher wurden solche Graphdurchquerungen durch den programmierten Anteil der Graphgrammatiken ausgedrückt. Typischerweise wurde ein zusätzlicher Knoten oder eine spezielle Kante eingeführt zusammen mit einer Menge von Produktionen, die ausschließlich dazu dienten, den zusätzlichen "Cursor" durch den Graphen an die gewünschte Stelle zu schieben, um dann dort eine Produktion (bzw. Test) anzuwenden. Dies führte zu Grammatiken, die mit vielen trivialen und nicht zum eigentlichen Problem gehörenden (technischen) Produktionen überladen waren, was sowohl die Lesbarkeit der Spezifikationen einschränkte, als auch die Implementierung der Graphenklasse erschwerte.

Ein ähnliches Problem stellt die *Beschreibung von Kontextanteilen* in Produktionen dar, die selbst nicht verändert werden sollen, sondern nur den Anwendungskontext beschreiben. Bereits in frühen Arbeiten über Graphgrammatiken (vgl. /Na 79/) werden sogenannte Anwendbarkeitsbedingungen eingeführt. In dem bisher in IPSEN eingesetzten Spezifikationskalkül wurde in Situationen, wo der Kontext durch eine statische Graphstruktur aufschreibbar war, der Kontext identisch ersetzt, d.h. die entsprechende Struktur wurde in der rechten Seite der Produktion einfach wiederholt. Das führte zum Teil zu sehr großen Teilgraphen in Produktionen, die eigentlich nur sehr kleine Änderungen im Graphen beschreiben sollten. Die Situation, daß der gesuchte Kontext nicht durch einen geschlossenen Teilgraphen aufschreibbar war, konnte in den Produktionen gar nicht ausgedrückt werden, sondern nur mit Hilfe weiterer "Cursor"-Knoten, zusätzlichen Tests und Produktionen (wie oben beschrieben). Die Lesbarkeit der Ersetzungssysteme leidet durch dieses Vorgehen stark, da logisch untrennbare Teile der Beschreibung auf verschiedene Beschreibungsebenen verteilt werden.

Die Lösung dieser Probleme durch eine geeignete *Erweiterung des Graphgrammatik-Kalküls* ist das Hauptanliegen dieses Kapitels (Abschnitte 1.2 – 1.4). Ausgehend von den in /Na 79/ beschriebenen Operatoren, die dort zur Beschreibung von Einbettungsüberführungen definiert wurden, wird ein erweitertes Konzept für solche *Knotenmengen-Operatoren* vorgeschlagen, die außer in den Einbettungsregeln auch zur Beschreibung von *Kontextstrukturen in den Produktionen und Teilgraphentests* eingesetzt werden. Dies führt in Zusammenhang mit einer stärker formalisierten Definition von attributierten Graphen (als in /En 86/) zu einem erweiterten Ersetzungsbegriff für die Ersetzung von attributierten Teilgraphen.

In Abschnitt 1.5 werden ferner *Erweiterungen der Kontrollstrukturen* für programmierte Graphersetzungen vorgeschlagen. Hier wird zum einen der Erfahrung Rechnung getragen, daß oft Teilgraphentests mit Produktionen kombiniert werden, die gerade den Test-Teilgraphen in ihrer linken Seite enthalten, und zum anderen, daß sich die wiederholte Anwendung von Produktionen in sogenannten

"Büschel–Situationen" unter Verwendung der bisher vorgesehenen (Modula–2) Schleifenkonstrukten nur sehr umständlich formulieren läßt.

Beispiele für die Verwendung des vorgeschlagenen Kalküls findet der Leser in der Spezifikation des Architekturdokuments (Systemgraph, Anhang A.3) zusammen mit einem Beispiel–Graphen.

A.2.2. Ersetzungen von attributierten Teilgraphen

In diesem Abschnitt wird der in /En 86/ definierte Ersetzungsbegriff für attributierte Graphen modifiziert und stärker formalisiert. Erweitert werden Teilgraph–Ersetzungsregeln um sogenannte Kontextbedingungen, die auf Knotenmengen–Operatoren aufbauen.

Der Begriff der *Attributierung* bezieht sich im folgenden immer nur auf *Knoten*. Einen wesentliche Idee ist, daß alle Knoten mit derselben Markierung dieselben Klassen von Attributen tragen. Ähnlich wie bei programmiersprachlichen Verbund–Typen bekommt jede Knotenmarkierung eine Menge von Attributnamen und den zugehörigen Attributtypen (Wertebereiche) zugeordnet. Zunächst definieren wir *Attribut–Graphformen*. Sie beschreiben gerichtete, knoten- und kantenmarkierte Graphen, für die die Attributtyp–Zuordnung angegeben ist. Die konkreten Attributwerte der einzelnen Knoten werden jedoch nicht betrachtet.

Definition 1 (*Attribut–Graphform*)

Seien Nodelabels, Edgelabels zwei endliche Mengen von Bezeichnern, sei Attributes eine endliche Menge von Attributen. Ein Attribut ist ein Paar bestehend aus dem Attributnamen und dem Wertebereich (AttName, AttDomain). Die Menge der Attributnamen soll disjunkt sein.

nodeatt : Nodelabels –> $\mathcal{P}$ (Attributes) ordnet jeder Knotenmarkierung eine
Menge von Attributen zu.

Eine **Attribut–Graphform** g ist ein Tripel (Nodes, nodelab, Edges), mit
  Nodes, einer endlichen Menge von Knoten(bezeichnungen),
  einer Markierungsfunktion nodelab : Nodes –> Nodelabels,
  einer Relation Edges $\subseteq$ (Nodes $\times$ Nodes $\times$ Edgelabels).

AG (Nodelabels, Edgelabels, Attributes, nodeatt) bezeichne die Menge aller Attribut–Graphformen über den genannten Mengen und der Attributzuordnungsfunktion nodeatt.

Definition 2 *(attributierter Graph)*

Ein attributierter Graph ist ein Quadrupel

g_{val} = (Nodes, nodelab, Edges, attval), wobei

(Nodes, nodelab, Edges)$\in$AG(Nodelabels, Edgelabels, Attributes, nodeatt),

attval : Nodes $\times$ Names -> Domains, mit

$\qquad$ Names := { AN | AN = A.AttName; A $\in$ Attributes);

$$\text{Domains} := \bigcup_{A \,\in\, \text{Attributes}} \text{A.AttDomain};$$

$$\text{attval}\,(n,\ AN) := \begin{cases} v \in \text{Attribute}_i.\text{AttDomain}, \\ \qquad \text{falls AN=Attribute}_i.\text{AttName}\ ,\quad \text{mit} \\ \qquad\qquad \text{Attribute}_i \in \text{nodeatt(nodelab}\,(n)) \\ \\ \text{undefiniert , sonst} \end{cases}$$

AGV (Nodelabels, Edgelabels, Attributes, nodeatt) bezeichne die Menge aller attributierten Graphen über den genannten Mengen und der Attributzuordnungsfunktion nodeatt.

Definition 3 *(Teilgraphen eines attributierten Graphen)*

Seien s, g $\in$ AGV(Nodelabels,Edgelabels,Attributes,nodeatt) mit
s = (N_s, n_s, E_s, a_s) und g = (N_g, n_g, E_g, a_g). Die Menge aller **Teilgraphen** s von g ist definiert als:

$$PS(g) := \{\ s\ |\ N_s \subseteq N_g,\ n_s = n_{g|N_s},\ E_s \subseteq E_{g|N_s \times N_s \times \text{Edgelabels}},\ a_s = a_{g|N_s}\}$$

Definition 4 *(Attribut–Graphform mit Attributierungsbedingung)*

Eine **Graphform mit Attributierungsbedingung** ist ein Quadrupel
g_{cond} = (Nodes, nodelab, Edges, attcond), wobei
 (Nodes, nodelab, Edges) $\in$ AG(Nodelabels,Edgelabels,Attributes,nodeatt),

attcond ist ein beliebiger Boolescher Ausdruck über Bedingungen für die Werte
der einzelnen Attribute an den Knoten des Graphen g=(Nodes, nodelab, Edges)

AGC (Nodelabels, Edgelabels, Attributes, nodeatt) bezeichne die Menge
aller Attribut–Graphformen mit Attributierungsbedingung über den genannten
Mengen und der Attributzuordnungsfunktion nodeatt.
Wir werden diese Graphformen mit Attributierungsbedingung auf den linken
Seiten von Teilgraph–Ersetzungsregeln benutzen.

Definition 5 *(Isomorphe Graphformen)*

Zu einer gegebenen Graphform g = (Nodes, nodelab, Edges) $\in$ AG(Nodelabels,
Edgelabels, Attributes, nodeatt) wird die **Menge I aller isomorphen Graphformen** folgendermaßen definiert:

$I(g) := \{ \ g' \ | \ g' = (\text{Nodes}', \text{nodelab}', \text{Edges}') \in \text{AG}(\ldots) :$

$\qquad\qquad \exists \ m:\ \text{Nodes} \to \text{Nodes}' :$

$\qquad\qquad ((\forall \ n_i \in \text{Nodes} : \text{nodelab}\ (n_i) = \text{nodelab}'(m(n_i)) \ \wedge$

$\qquad\qquad (\exists \ m^{-1}:\ \text{Nodes}' \to \text{Nodes} :$

$\qquad\qquad ((\forall \ n_i \in \text{Nodes} : \ m^{-1}(m(n_i)) = n_i \ ) \ \wedge$

$\qquad\qquad (\forall \ n_i' \in \text{Nodes}' : \ m(m^{-1}(n_i')) = n_i' \ ) \ \wedge$

$\qquad\qquad (\forall \ (n_i, n_j, e) \in \text{Edges}, (n_i', n_j', e') \in \text{Edges}' :$

$\qquad\qquad\qquad ((m(n_i), m(n_j), e) \in \text{Edges}' \ ) \ \wedge$

$\qquad\qquad\qquad ((m^{-1}(n_i'), m^{-1}(n_j'), e) \in \text{Edges} \ ) \ )) \ \}$

Definition 6 (*Isomorphe, attributierte Graphen*)

Zu einem gegebenen attributierten Graphen g_{val} = (Nodes, nodelab, Edges, attval) $\in$ AGV(Nodelabels, Edgelabels, Attributes, nodeatt) wird die **Menge IV aller isomorphen attributierten Graphen** folgendermaßen definiert:

$$IV(g_{val}) := \{\ g_{val}{}' \mid g_{val}{}' = (\text{Nodes}', \text{nodelab}', \text{Edges}', \text{attval}) \in \text{AGV}(\ldots) :$$

$$(g_{val}{}'|_{AG} \in I(g_{val}|_{AG})\ )\ \wedge$$

$$(\forall\ n_i \in \text{Nodes} : \text{attval}(n_i, \text{AN}) = \text{attval}(m(n_i), \text{AN})\ )\ \}$$

mit AN $\in$ AttributeNames

Definition 7 (*Isomorphe, attributkompatible Graphen*)

Zu einer gegebenen Graphform mit Attributierungsbedingung g_{cond} = (Nodes, nodelab, Edges, attcond) $\in$ AGC(Nodelabels, Edgelabels, Attributes, nodeatt) wird die **Menge IC aller isomorphen, attributkompatiblen attributierten Graphen** folgendermaßen definiert:

$$IC(g_{cond}) := \{\ g_{val}{}' \mid g_{val}{}' = (\text{Nodes}', \text{nodelab}', \text{Edges}', \text{attval}) \in \text{AGV}(\ldots) :$$

$$(g_{val}{}'|_{AG} \in I(g_{val}|_{AG})\ )\ \wedge$$

$$(\ \text{attcond}_m = \text{TRUE}\ )\ \}$$

attcond_m entsteht aus attcond durch konsistente Ersetzung aller (n, AN) durch attval (m(n), AN) und anschließendem Rechnen in der Vereinigung der Wertemengen.

Definition 8 (*Teilgraph–Ersetzungsregel, Graph–Produktion*)

Eine **Graph–Produktion** über der Graphenklasse AG(Nodelabels, Edgelabels, Attributes, nodeatt) ist ein Quadrupel p = (gl_{cond}, gr_{val}, com, emb) mit:

gl_{cond} ∈ AGC(Nodelabels, Edgelabels, Attributes, nodeatt), der linken Seite,

gr_{val} ∈ AGV(Nodelabels, Edgelabels, Attributes, nodeatt), der rechten Seite,

der partiellen Funktion com, die angibt, welche Knoten bei der Teilgraph–Ersetzung erhalten bleiben (d.h. der linken und rechten Seite gemeinsam sind), und der Einbettungsüberführung emb, die beschreibt, wie die Knoten von gr_{val} nach der Anwendung der Produktion mit dem Wirtsgraphen verbunden werden.

com ist eine partielle, bijektive Funktion, die Knoten aus gr_{val} auf Knoten aus gl_{cond} abbildet.

emb ist eine Funktion, die aus drei Graphen eine Menge von Kanten berechnet

emb: (l,r,g) ↦ {(n_i, n_j, e)};

$$l,r,g ∈ \text{AGV(Nodelabels,Edgelabels,Attributes, nodeatt)},$$
$$l ∈ PS(g)$$
$$(n_i, n_j) ∈ ((\text{Nodes}_g \setminus \text{Nodes}_l) × \text{Nodes}_r) ∪$$
$$(\text{Nodes}_r) × (\text{Nodes}_g \setminus \text{Nodes}_l))$$
$$e ∈ \text{Edgelabels}$$

(vgl. Abschnitt A.1.4: Definition der Syntax und Semantik von emb).

Definition 9 (*Ersetzungsbegriff für attributierte Graphen*)

Ein attributierter Graph g ∈ AGV(Nodelabels,Edgelabels,Attributes,nodeatt) wird durch Anwendung einer Produktion p=(gl_{cond}, gr_{val}, emb) zu einem Graphen g' ∈ AGV(Nodelabels, Edgelabels, Attributes, nodeatt) ersetzt.

Sei g = (Nodes,nodelab,Edges,attval), g' = (Nodes´,nodelab´,Edges´,attval´),

gl ∈ IC(gl_{cond}) ∩ PS(g), unter dem Isomorphismus ml,

gr ∈ IV(gr_{val}) , unter dem Isomorphismus mr, wobei gelten muß:

$$mr(n_l) = \begin{cases} ml(com(n_l)) , n_l ∈ \text{Nodes}_{gr} & \text{falls } com(n_l) \text{ definiert} \\ n_j ∉ \text{Nodes} & \text{, sonst} \end{cases}$$

g' ist definiert durch:

$$\text{Nodes}' := (\text{Nodes} \setminus \text{Nodes}_{gl}) \cup \text{Nodes}_{gr} ;$$

$$\text{nodelab}' := \begin{cases} \text{nodelab} \big|_{\text{Nodes} \setminus \text{Nodes}_{gl}} \\ \text{nodelab}_{gr} \big|_{\text{Nodes}_{gr}} \end{cases}$$

$$\text{Edges}' := \text{HostEdges} \cup \text{RightEdges} \cup \text{RemainedEdges} \cup \text{Embedding},$$

mit

$$\text{HostEdges} := \text{Edges}\big|_{\text{Nodes} \setminus \text{Nodes}_{gl} \times \text{Nodes} \setminus \text{Nodes}_{gl} \times \text{Edgelabels}} ;$$

$$\text{RightEdges} := \text{Edges}_{gr}$$

$$\text{RemainedEdges} := \text{Edges}\big|_{\text{Nodes}_{gr} \times \text{Nodes}_{gr} \times \text{Edgelabels}} \setminus \text{Edges}_{gl} ;$$

$$\text{Embedding} := \text{emb}(gl, gr, g)$$

$$\text{attval}' := \begin{cases} \text{attval} \big|_{\text{Nodes} \setminus \text{Nodes}_{gl}} \\ \text{attval}_{gr} \big|_{\text{Nodes}_{gr}} \end{cases}$$

Definition 10 (*Knotenmengen–Operator*)

Sei g_{val} = (Nodes, nodelab, Edges, attval) $\in$ AGV(Nodelabels, Edgelabels, Attributes, nodeatt) ein attributierter Graph.

Ein **Knotenmengen–Operator** op ist eine Funktion, die eine Knotenmenge S des Graphen g_{val} auf eine Knotenmenge S' abbildet (S, S' $\subseteq$ Nodes).

op : AGV(...) $\times$ $\mathcal{P}$ (Nodes) -> $\mathcal{P}$ (Nodes) ;

Die Menge aller Knotenmengen–Operatoren über einer Graph–Form–Klasse AG(Nodelabels,Edgelabels,Attributes,nodeatt) wird mit AGO(Nodelabels, Edgelabels,Attributes,nodeatt) bezeichnet.

(Der Konstruktion von solchen Knotenmengen–Operatoren ist ein eigener Abschnitt gewidmet, vgl. A.1.3.)

Definition 11   (*Kontextrelation*)

Sei g_{val} = (Nodes, nodelab, Edges, attval) $\in$ AGV(Nodelabels, Edgelabels, Attributes, nodeatt) ein attributierter Graph, op $\in$ AGO(Nodelabels, Edgelabels, Attributes, nodeatt) ein Knotenmengen–Operator.
Ein Tripel c = (n_i, n_j, op), n_i, n_j $\in$ Nodes heißt **Kontextrelation**.
Die Relation c **ist im Graphen** g_{val} **erfüllt** (c(g_{val}) = TRUE)

$$\bowtie \quad n_j \in op\ (\ g_{val}\ , \{n_i\}\ )$$

Definition 12   (*Graphproduktion mit Kontextbedingung*)

Eine **Graphproduktion mit Kontextbedingung** über AG(Nodelabels,Edgelabels, Attributes, nodeatt) ist ein Quadrupel (gl_{cond}, Context, gr_{val} , com, emb) mit gl_{cond}, gr_{val} , com, emb wie in Definition 8, und einem Booleschen Ausdruck Context über einer Menge von Kontextrelationen C $\subseteq$ $\mathcal{P}$(Nodes$_{gl}$ $\times$ Nodes$_{gl}$ $\times$ AGO(...)).

Definition 13   (*Ersetzungsbegriff für attributierte Graphen mit Kontextbedingung*)

Ein attributierter Graph g $\in$ AGV(Nodelabels,Edgelabels,Attributes,nodeatt) wird durch Anwendung einer Produktion mit Kontextbedingung p=(gl_{cond}, Context, gr_{val} , emb) zu einem Graphen g' $\in$ AGV(Nodelabels, Edgelabels, Attributes, nodeatt) ersetzt.
Der Graph g' ergibt sich wie in Definition 9, es muß jedoch für das isomorphe Bild der linken Seite, gl, zusätzlich gelten :

Context$_g$ = TRUE ,   wobei sich Context$_g$ aus Context ergibt, indem alle Kontextrelationen c $\in$ C durch die Werte c(g) ersetzt werden.

A.2.3 Knotenmengen–Operatoren

In der Definition 10 des letzten Abschnitts wurden Knotenmengen–Operatoren als Funktionen definiert, die aus einem Graphen g =(Nodes,Edges,nodelab,attval) ∈ AGV(Nodelabels,Edgelabels,Attributes,nodeatt) und einer Menge von Knoten S eine Knotenmenge S' berechnen (S,S' ⊆ Nodes). Im folgenden wird die *Syntax und Semantik von solchen Knotenmengen–Operatoren* auf einer Klasse von attributierten Graphen angegeben.

Die **Syntax von Knotenmengen–Operatoren** wird hier in EBNF–Notation angegeben. Für die Meta–Symbole der EBNF wurde eine größere Schriftart gewählt.

<NodesetOperator>	::=	*id*
	|	+<Edgelabel>
	|	–<Edgelabel>
	|	*label in* {<NodelabelList>}
	|	*attr* {<AttributeCondition>}
	|	[<subgraph>] [1]
	|	(<NodesetOperator>)
	|	<NodesetOperator><Constructor><NodesetOperator>
	|	<MacroIdentifier> [<ParameterList>]
<Constructor>	::=	*or*
	|	*and*
	|	*without*
	|	$*all$
	|	$*min_{where}$
	|	$*max_{where}$
	|	ε
<NodelabelList>	::=	$\left\{\text{<Nodelabel> ,}\right\}$ <Nodelabel>
<ParameterList>	::=	($\left\{\text{<Parameter> ,}\right\}$ <Parameter>)
<Parameter>	::=	<Edgelabel>
	|	<Nodelabel>
	|	<Identifier>
	|	<Constant>
<Nodelabel>	::=	<Identifier>
<Edgelabel>	::=	<Identifier>
<MacroIdentifer>	::=	<Identifier>

---

1 Hier kann eine beliebige Attributgraphform mit Attributierungsbedingung stehen.

Operatoren sollen *benannt* und mit *Parametern* versehen werden können. Solche benannten Operatoren werden dann im Sinne von *Operator–Macros* aufgefaßt, deren Semantik sich durch die übliche textuelle Ersetzung des Macro–Namens durch den Operator–Rumpf ergibt. Durch die einführung von Macros lassen sich Spezifikationen strukturieren und übersichtlicher machen. Gemeinsame (Teil–) Operatoren lassen sich textuell getrennt angeben, suggestive Bezeichnungen erhöhen die Lesbarkeit.

<OperatorMacro>   ::=   OPERATOR <MacroIdentifer>
$\bigl[$<FormalParameterList>$\bigr]$ IS
<NodesetOperator> ;

<FormalParameterList> ::=   ($\bigl\{$<FormalParameter> ;$\bigr\}$ <FormalParameter>)

<FormalParameter> ::=   <IdentifierList> : <TypeIdentifier>

<IdentifierList>   ::= $\bigl\{$<Identifier> , $\bigr\}$ <Identifier>

<TypeIdentifier>   ::=   <Identifier>
                | EDGELABEL
                | NODELABEL

Die Semantik der oben syntaktisch definierten Operatoren wird durch Mengengleichungen angegeben.

Sei g = (Nodes, Edges, nodelab, attval) ∈ ACV (Nodelabels,Edgelabels,Attributes, nodeatt), und S jeweils eine Teilmenge der Menge Nodes des Graphen g.

- Identität :
  $$S\ id := S;$$

- Nachfolger bezüglich einer Kantenmarkierung :
  $$S\ \textbf{+elab} := \{n' \mid n' \in \text{Nodes} ; \exists n \in S : (n, n', \textbf{elab}) \in \text{Edges} \},$$

- Vorgänger bezüglich einer Kantenmarkierung :
  $$S\ \textbf{−elab} := \{n' \mid n' \in \text{Nodes} ; \exists n \in S : (n', n, \textbf{elab}) \in \text{Edges} \},$$

- Einschränkung durch eine Menge von Knotenmarkierungen:
  $$S\ label\ in\ \{\textbf{nlab}_1 ,..., \textbf{nlab}_k\} := \{n \mid n \in S : \text{nodelab}(n) \in \{\textbf{nlab}_1 ,..., \textbf{nlab}_k\} \},$$

- Einschränkung durch eine Attributbedingung :

    S *attr* $\{a\} := \{n \mid n \in S : a(\text{attval}(n)) = \text{TRUE}\}$,

    a kann ein beliebiger Boolescher Ausdruck über den Attributen und Konstanten der entsprechenden Wertebereiche sein.

- Teilgraphenform mit Attributierungsbedingung :

    Sei $\mathbf{sg}_{cond} = (\text{ Nodes}_{sg}, \text{nodelab}_{sg}, \text{Edges}_{sg}, \text{attcond}_{sg}) \in \text{AGC}(\ \dots)$

    mit zwei ausgezeichneten Knoten $n_{in}, n_{out} \in \text{Nodes}_{sg}$

    $$S\,[\mathbf{sg}_{cond}] := \bigcup_{sg' \in SG'} \{n_{out}' \mid n_{in}' \in S \,;\, n_{in}', n_{out}' \in \text{Nodes}_{sg}'\};$$

    mit $\mathbf{sg}' = (\text{ Nodes}_{sg}', \text{nodelab}_{sg}', \text{Edges}_{sg}', \text{attval}_{sg}') \in \text{AGV}(\ \dots)$,

    und $SG' := PS(g) \ \cap\ IC\,(\mathbf{sg}_{cond})$;

- Klammerung :

    $S\,(op) := S\,op$

- Komposition :

    $S\,op1\,op2 := (S\,op1)\,op2$

- Vereinigung von Pfaden :

    $S\,(op1\ or\ op2) := \{n' \mid n' \in (\{n\}\,op1 \cup \{n\}\,op2) : n \in S\}$

- Durchschnitt von Pfaden :

    $S\,(op1\ and\ op2) := \{n' \mid n' \in (\{n\}\,op1 \cap \{n\}\,op2) : n \in S\}$

- Hüllenbildung :

    $$S\,op^{*all} := \bigcup_{j=0}^{n} (S\,op^{j}),\ \text{mit } op^{i} := op\,op^{i-1}\,,\ op^{0} := id\,,\ i \in N$$

    $$n = \min\left\{i \ \middle|\ \bigcup_{j=0}^{i} S\,op^{j} = \bigcup_{j=0}^{i+k} S\,op^{j}\right\};$$

136

- Minimale Iteration :

$$S \; op1 \; {}^{*min}{}_{where} \; op2 := \quad S \; op1^{\,n}, \quad mit$$

$$n = \min \left(\min \left\{ \; i \; \middle| \; S \; op1^{\,i} \; op2 \neq \emptyset \; \right\}, \right.$$

$$\left. \min \left\{ \; i \; \middle| \; \bigcup_{j=0}^{i} S \; op1^{\,j} = \bigcup_{j=0}^{i+1} S \; op1^{\,j} \; \right\} \right) ;$$

- Maximale Iteration :

$$S \; op1^{*max}{}_{where} \; op2 := S \; op1^{\,n}, \quad mit$$

$$n = \min \left(\max \left\{ \; i \; \middle| \; S \; op1^{\,i} \; op2 \neq \emptyset \; \right\}, \right.$$

$$\left. \min \left\{ \; i \; \middle| \; \bigcup_{j=0}^{i} S \; op1^{\,j} = \bigcup_{j=0}^{i+1} S \; op1^{\,j} \; \right\} \right) ;$$

- Macro-Aufruf :

$$S \; nm(v_1, \; . \; . \; ., \; v_k) := S \; op_{nm}', \quad mit$$

OPERATOR nm $(p_1 : t_{l1}, \; . \; . \; ., p_k : t_{lk})$ IS op_{nm} ; op_{nm}' entsteht aus op_{nm} durch konsistente Ersetzung aller p_l durch die korrespondierenden v_l .

A.2.4. Einbettungsüberführungen bei Teilgraphersetzungen

Die Notwendigkeit für den Einsatz von *Teilgraphersetzungen* ergab sich aus der Vorgehensweise, mehrere Graphersetzungssysteme, die verschiedene Komponenten ein und derselben Graphenklasse beschreiben, *statisch oder dynamisch zu komponieren* (vgl. Graph Grammar Engineering, /En 86/, /ELS 87/).
Dieses Verfahren, bei dem in Ersetzungsregeln des einen Teil-Ersetzungssystems Knoten oder Kanten, die logisch zu einer anderen Komponente des gesamten Ersetzungssystems gehören, nicht berücksichtigt werden können, da die entsprechenden Knoten- und Kantenmarkierungen im aktuellen Ersetzungssystem gar nicht bekannt sein müssen, hat auch Konsequenzen für die Einbettungsüberführung. Auch hier können bei den Einbettungsregeln nur jeweils die Kanten berücksichtigt werden, deren Kantenmarkierung im aktuellen (Teil-) Ersetzungssystem bekannt sind. Es wird deshalb vorgesehen, daß bei der identischen Einbettung alle Kanten, d.h. auch Kanten mit nicht explizit bekannter Markierung übernommen werden. Zusätzlich

können explizit Einbettungskanten angegeben werden, die neu eingefügt werden sollen, oder die aus der bestehenden Einbettung in den Wirtsgraphen gelöscht werden sollen.

Wir schlagen folgende **Syntax** vor:

```
<EmbeddingClause>          ::=    <IdentPart> ;
                                  <DeletePart> ;
                                  <InsertPart>

<IdentPart>                ::=    IDENTIFY <IdentificationList>
                           |      ε

<IdentificationList>       ::=    {<IdentifClause> , } <IdentifClause>

<IdentificationClause>     ::=    <NodeDesignator> = <NodeDesignator>

<DeletePart>               ::=    DELETE <DeletionList> ;
                           |      ε

<InsertPart>               ::=    INSERT <InsertionList> ;
                           |      ε

<DeletionList>             ::=    {<DeletionClause> , } <DeletionClause>

<InsertionList>            ::=    {<InsertionClause> , } <InsertionClause>

<DeletionClause>           ::=    <EdgeLabel><Direction><NodeDesignator>

<InsertionClause>          ::=    <EdgeLabel> : (<NodeDesignator>
                                  <NodeSetOperator><Direction><NodeDesignator>

<Direction>                ::=    ->
                           |      <-
```

Die **Semantik der Einbettungsregeln** ist folgendermaßen definiert:

Einzelne Einbettungsregeln :

Sei g = (Nodes,nodelab,Edges,attval) $\in$ AGV(Nodelabels,Edgelabels,Attributes, nodeatt) ein attributierter Graph und p = (gl_{cond}, gr_{val}, com, emb) eine Produktion. Bei der Anwendung der Produktion p auf den Graphen g bezeichne $gl \in IC(gl_{cond}) \cap PS(g)$ den zu ersetzenden Teilgraphen in g (isomorph zur linken Regelseite) und $gr \in IV(gr_{val})$ den zur rechten Regelseite isomorphen Teilgraphen, der gl ersetzen soll.

$m_{gr} \in$ Nodes$_{gr}$, $n_{gl} \in$ Nodes$_{gl}$, $n \in$ Nodes $\setminus$ Nodes$_{gl}$

(IDENTIFY n = m) : $\{(m_{gr},\ n,\ e)\ \mid\ (n_{gl},n,e) \in$ Edges $\} \cup$
$\{(n,\ m_{gr},e)\ \mid\ (n,\ n_{gl},e) \in$ Edges $\};$

(DELETE e -> m_{gr}) : $\{(n,\ m_{gr},\ e)\};$

(DELETE e <- m_{gr}) : $\{(m_{gr},\ n,\ e)\};$

(INSERT e: n_{gl} op -> m_{gr}) : $\{(n,\ m_{gr},e)\ \mid\ n \in ((\{n_{gl}\}\ op) \setminus$ Nodes$_{gl}) \};$

(INSERT e: n_{gl} op <- m_{gr}) : $\{(m_{gr},n,\ e)\ \mid\ n \in ((\{n_{gl}\}\ op) \setminus$ Nodes$_{gl}) \};$

Die gesamte Menge der durch die Einbettungsüberführung beschriebenen Kanten ergibt sich folgendermaßen:

$$((\bigcup \text{Identifications}\ ) \setminus (\bigcup \text{Deletions}\ )) \cup (\bigcup \text{Insertions}\ ) ;$$

A.2.5. Zusätzliche Kontrollkonstrukte für programmierte Ersetzungen

Bei der Betrachtung von Beispielen für programmierte Graphersetzungssysteme fallen besonders zwei Situationen ins Auge, die sich unter Verwendung von Modula-2 Konstrukten in Kontrollprozeduren nicht adäquat ausdrücken lassen:

(1) Der Anwendung einer Produktion soll ein Test vorausgehen, um zu entscheiden ob die Produktion angewendet werden kann, andernfalls soll eine andere Aktion folgen (z.B. Ausgabe einer Meldung, Anwendung einer anderen Produktion ...). Dabei ist oft der Test gerade ein Teilgraphentest, der *genau der linken Seite der anzuwendenden Produktion* entspricht.
Unschön an dieser Situation ist, daß dieser Teilgraphentest zweimal angegeben werden muß, die Übereinstimmung von Test und linker Seite der Produktion nicht explizit ausgedrückt ist, und demzufolge bei der Ausführung der Kontrollprozedur auch zweimal ein Isomorphietest ausgeführt werden muß. In Situationen, in denen mehrere isomorphe Teilgraphen im Wirtsgraphen existieren, muß die zweimalige Ausführung des Isomorphietests dieselben isomorphen Bilder finden.
Um alle diese Nachteile zu vermeiden wird eine IF POSSIBLE – Anweisung vorgeschlagen:

Syntax :   IF POSSIBLE THEN   <ProductionCall> AND
                                           {<StatementList>}

              ELSE   {<StatementList>}
              END

Semantik : Die linke Seite der Produktion wird als Teilgraphentest ausgewertet. Wenn ein isomorpher attributkompatibler Teilgraph gefunden wird, wird die Produktion darauf angewandt, anschließend eine optionale Anweisungsfolge ausgeführt, sonst die (optionale) Anweisungsfolge im ELSE-Teil ausgeführt.

(2) In den Definitionen des Ersetzungsbegriffes (vgl. Definition 9 und 13) wird *ein* zur linken Seite einer Produktion isomorpher Teilgraph durch einen geeigneten, zur rechten Seite isomorphen Teilgraphen ersetzt. Falls mehrere zur linken Seite isomorphe Bilder im Wirtsgraphen existieren, soll nichtdeterministische Auswahl eines solchen isomorphen Teilgraphen stattfinden. Es gibt jedoch auch Situationen, wo man spezifizieren möchte, daß *alle* solchen Teilgraphen ersetzt

werden sollen. Um das ausdrücken zu können wird eine DOALL – Anweisung
vorgeschlagen:

Syntax :   DOALL   <ProductionCall>   AND
                 {<StatementList>}
         END

Semantik : Es werden alle zur linken Seite der Produktion isomorphen
Teilgraphen ermittelt. Jeder dieser Teilgraphen wird gemäß der
Produktion ersetzt. Die Reihenfolge der ersetzungen ist nicht
festgelegt. Wird einer der im ersten Schritt bestimmten und noch zu
ersetzenden Teilgraphen in einem vorhergehenden Ersetzungsschritt
zerstört, muß ein Fehlerzustand bei der Ausführung der Kontrollprozedur erreicht werden.

A.2.6. Bemerkungen zur graphischen Notation der Produktionen

Unter Verwendung des vorstehend beschriebenen Graphgrammatik–Kalküls
wird im Anhang 2 die Spezifikation der Klasse der Systemgraphen (d.h. des Datentyps "SpecificationDocument") angegeben. Hier findet der Leser auch genügend
einfache, aber auch umfangreiche Beispiele für die Verwendung des Kalküls. Um
die Produktionen einfacher und überschaubarer zu notieren und um Schreibaufwand
zu sparen, wurden folgende Abkürzungen in der Notation der Produktionen verwendet.

- Attributbedingungen der linken Seite werden durch eine Liste von einfachen
  Gleichheitsbedingungen angegeben. Sie seien implizit durch AND verknüpft.

- In den Produktionen werden manchmal unmarkierte Knoten verwendet. Sie stehen
  für beliebig markierte Knoten, d.h. im zur linken Seite isomorphen Teilgraphen
  darf hier ein Knoten beliebiger Markierung stehen. Solche Knoten werden dann
  oft bei der Ersetzung identisch übernommen, kommen also auch in der rechten
  Produktionsseite wieder vor.

- Kontextrelationen werden als Doppelkanten dargestellt, die mit dem Namen des
  Knotenmengen–Operators markiert sind. Diese Doppelkanten beginnen oder en-
  den bisweilen "in der Luft". Dies steht als Abkürzung für einen unmarkierten

Ziel- oder Quellknoten, der auf der rechten Seite der Produktion auch aufgeführt sein müßte und identisch ersetzt würde.

- Die Kontextbedingung ergibt sich durch AND–Verknüpfung aller Kontextrelationen in der linken Seite der Produktion.

- Die Funktion com, die die gemeinsamen Knoten der linken und rechten Produktionsseite beschreibt, wird implizit durch identische Knotenbezeichner an Knoten der linken und der rechten Seite angegeben.

- Für alle gemeinsamen Knoten der linken und rechten Seite gilt implizit jeweils die identische Einbettung.

- Die Attributierungsfunktion attval der rechten Seite ist jeweils nur für die relevanten Attribute in Form einfacher Zuweisungen angegeben. Für identifizierte Knoten (com) gilt , daß alle Attributwerte von dem jeweiligen Knoten der linken Seite auf den entsprechenden Knoten der rechte Seite übertragen werden.

Anhang 3. Spezifikation des Datentyps "SystemGraph"

Globale, d.h. mehrfach benutzte Produktionen und Operatoren stehen am Schluß der Spezifikation. Dort findet der Leser auch den Systemgraphen für ein Beispiel, der dazu dienen soll, sich die Wirkung der einzelnen Produktionen besser vorstellen zu können.

NODELABELS:

     progsys, ident, comlist, comline, modlist, datatype, dataobject, function, typecollection, basedonpart, identlist, typeexport, operationexport, typelist, procdeflist, procdef, formparpart, parlist, param, refpar, valpar, realizpart, importlist, importclause, typeimport, opsimport, typelistimport, containspart, implementation, optcomlist, optidentlist, optbasedonpart, optident, optformparpart, optparlist, optcontainspart, optimportlist, module, oblmodlist, obltypeexport, obloperationexport, obltypelist, oblrealizpart, oblprocdeflist, oblidentlist, oblimplementation, cursor ;

ATTRIBUTES:

     ident   : (Value : STRING) ;
     comline : (Value : STRING) ;

EDGELABELS:

     progname, comment, first, elem, last, next, modules, modname, basedon, export, type, operations, procname, par, inout, result, parname, partype, realization, cont, import, local, general, defined, contains, impl ;

TRANSACTION CreateSystem (Name : STRING) IS
        CreateProgramSystem (Name) ;
WHERE
    PRODUCTION CreateProgramSystem (Name : STRING) IS

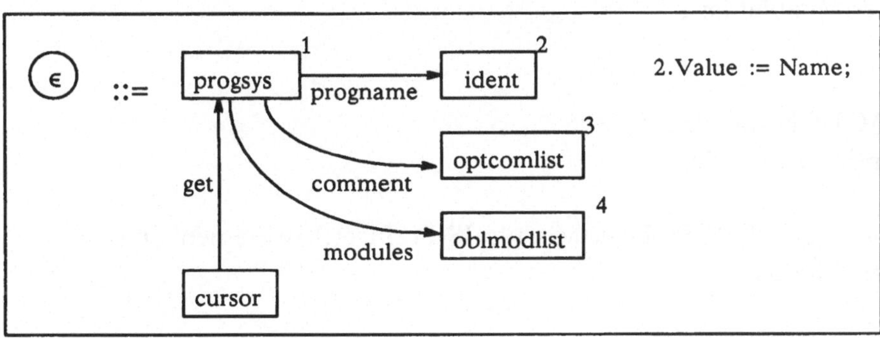

END CreateSystem ;

TRANSACTION InsertCommentList IS
        ExtendCommentList ;
WHERE
        PRODUCTION ExtendCommentList IS InitializeList [comlist, comline]
END InsertCommentList ;

TRANSACTION InsertCommentLine IS
        PreInsertCommentLine ;
WHERE
        PRODUCTION PreInsertCommentLine IS PreInsertListElement [comline]
END InsertCommentLine ;

TRANSACTION AppendCommentLine IS
        PostInsertCommentLine ;
WHERE
        PRODUCTION PostInsertCommentLine IS PostInsertListElement [comline]
END AppendCommentLine ;

144

```
TRANSACTION InsertModuleList IS
        ExtendModuleList ;
WHERE
        PRODUCTION ExtendModuleList IS InitializeList [modlist, module]
END InsertModuleList ;


TRANSACTION InsertModule IS
        PreInsertModule;
WHERE
        PRODUCTION PreInsertModule IS PreInsertListElement [module]
END InsertModule ;


TRANSACTION AppendModule IS
        PostInsertModule;
WHERE
        PRODUCTION PostInsertModule IS PostInsertListElement [module]
END AppendModule ;


TRANSACTION ExtendDatatype IS
        ExtendDatatypeModule ;
WHERE
        PRODUCTION ExtendDatatypeModule IS
                ExtendModule [datatype, obltypeexport, oblrealizpart)
END ExtendDatatype ;


TRANSACTION ExtendDataobject IS
        ExtendDataobjectModule ;
WHERE
        PRODUCTION ExtendDataobjectModule IS
                ExtendModule [dataobject, obloperationexport, oblrealizpart]
END ExtendDataobject ;
```

TRANSACTION ExtendFunction IS
        ExtendFunctionModule ;
WHERE
        PRODUCTION ExtendFunctionModule IS
                        ExtendModule [function, obloperationexport, oblrealizpart]
END ExtendFunction ;

TRANSACTION ExtendTypeCollection IS
        ExtendTypeCollectionModule ;
WHERE
        PRODUCTION ExtendTypeCollectionModule IS
                        ExtendModule [typecollection, obltypelist, oblimplementation]
END ExtendTypeCollection ;

TRANSACTION NameModuleIdent (Identifier : STRING) IS
        IFPOSSIBLE THEN
                ExtendModuleName (Identifier) ;
                DO ALL ChangeApplicationOfName
                END
        ELSE EXEPTION (DuplicateModuleName)
        END;
WHERE
        PRODUCTION ExtendModuleName (Identifier : STRING) IS

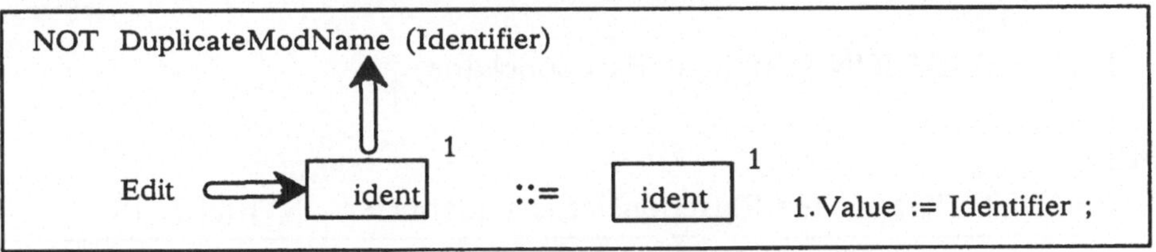

        OPERATOR DuplicateModName (Id : STRING) IS
                        (–modname–elem+elem+modname *attr*{Value = Id}) ;

END NameModuleIdent ;

TRANSACTION InsertBasedonPart IS
    ExtendBasedonPart ;
WHERE
    PRODUCTION ExtendBasedonPart IS InitializeList [basedonpart, ident) ;
END InsertBasedonPart ;

TRANSACTION InsertBasedonIdent IS
    PreInsertIdentifier ;
WHERE
    PRODUCTION PreInsertIdentifier IS PreInsertListElement [ident) ;
END InsertBasedonIdent ;

TRANSACTION AppendBasedonIdent IS
    PostInsertIdentifier ;
WHERE
    PRODUCTION PostInsertIdentifier IS PostInsertListElement [ident]
END AppendBasedonIdent ;

TRANSACTION NameBasedonIdent (Identifier : STRING) IS
    IF POSSIBLE THEN
        ExtendBasedonName (Identifier) ;
        DO ALL ChangeApplicationOfName
        END
    ELSE EXEPTION (DuplicateBasedonName)
    END;
WHERE
    PRODUCTION ExtendBasedonName (Identifier : STRING) IS

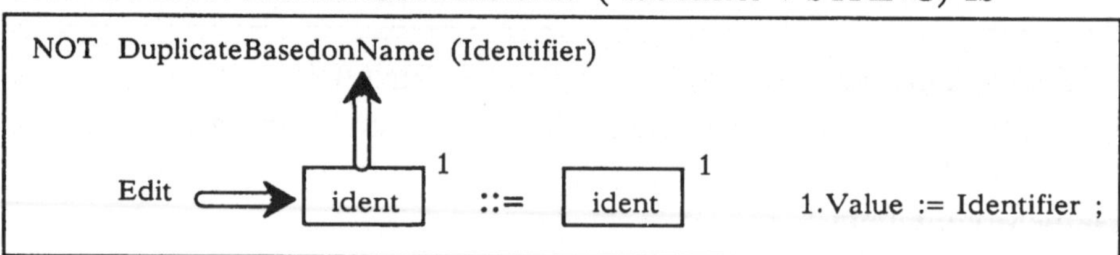

    OPERATOR DuplicateBasedonName (Id : STRING) IS
        (−elem(+elem *or* (−basedon+export+type))*attr*{Value=Id}) ;
END

TRANSACTION InsertTypeExport IS
    ExtendTypeExport ;
WHERE
    PRODUCTION ExtendTypeExport IS

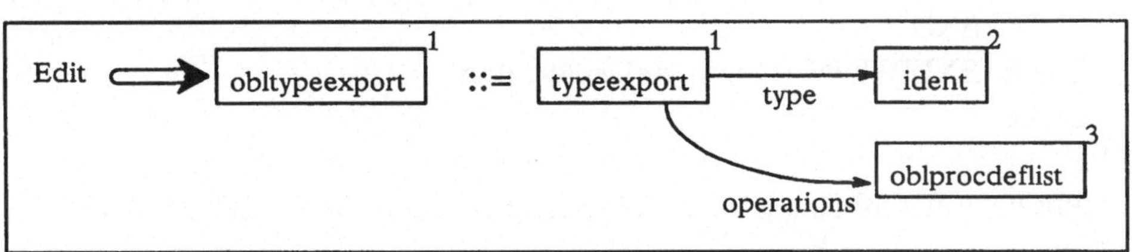

END InsertTypeExport ;

TRANSACTION InsertOperationExport IS
    ExtendOperationExport ;
WHERE
    PRODUCTION ExtendOperationExport IS

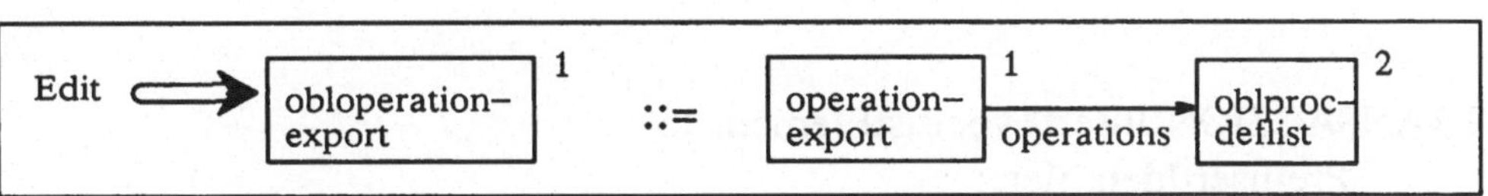

END InsertOperationExport ;

TRANSACTION InsertTypelistImport IS
    ExtendTypelistExport ;
WHERE
    PRODUCTION ExtendTypelistExport IS InitializeList [typelist, ident]
END InsertTypelistImport ;

148

TRANSACTION NameExportType (Identifier : STRING) IS
    IF POSSIBLE THEN
        ExtendExportTypeName (Identifier) ;
        DO ALL ChangeApplicationOfName
        END
    ELSE EXEPTION (DuplicateDeclaration)
    END;
WHERE
    PRODUCTION ExtendExportTypeName (Identifier : STRING) IS

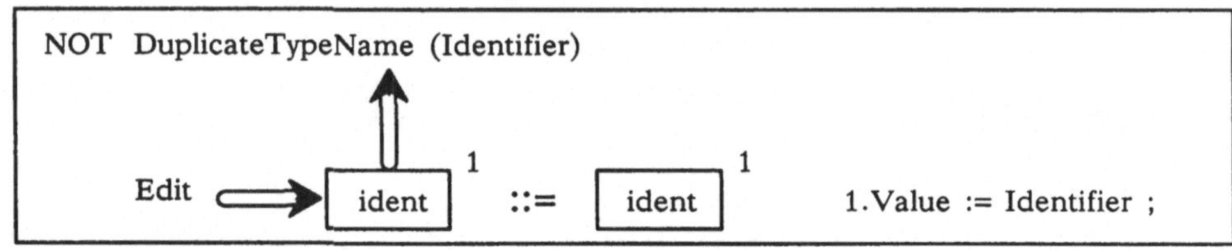

    OPERATOR DuplicateTypeName (Id : STRING) IS
                        (–type((+operations+elem+procname) *or*
                        (–export+basedon+elem))*attr*{Value = Id});
END NameExportType ;

TRANSACTION InsertTypeListElement IS
    PreInsertIdentifier ;
WHERE
    PRODUCTION PreInsertIdentifier IS PreInsertListElement [ident) ;
END InsertTypeListElement ;

TRANSACTION AppendTypeListElement IS
    PostInsertIdentifier ;
WHERE
    PRODUCTION PostInsertIdentifier IS PostInsertListElement [ident) ;
END AppendTypeListElement ;

TRANSACTION NameExportTypeListElement (Identifier : STRING) IS
    IF POSSIBLE THEN
        ExtendExportTypeListElementName (Identifier) ;
        DO ALL ChangeApplicationOfName
        END
    ELSE EXEPTION (DuplicateDeclaration)
    END;
WHERE
    PRODUCTION ExtendExportTypelistElementName (Identifier : STRING) IS

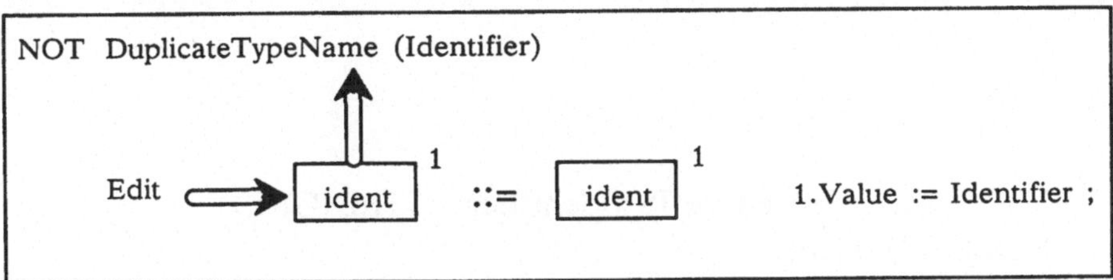

    OPERATOR DuplicateTypeName (Id : STRING) IS
                            (–elem+elem *attr*{Value = Id}) ;

END NameExportTypeListElement ;
TRANSACTION InsertProcDefList IS
    ExtendProcDefList ;
WHERE
    PRODUCTION ExtendProcDefList IS InitializeList [procdeflist, oblprocdef]
END InsertProcDefList ;

TRANSACTION InsertProcDef IS
    PreInsertProcDef ;
    ExtendProcDef;
WHERE
    PRODUCTION PreInsertProcDef IS PreInsertListElement [procdef]
END InsertProcDef ;

TRANSACTION AppendProcDef IS
    PostInsertProcDef ;
    ExtendProcDef;
WHERE
    PRODUCTION PostInsertProcDef IS PostInsertListElement [procdef]
END AppendProcDef ;

PRODUCTION ExtendProcDef IS

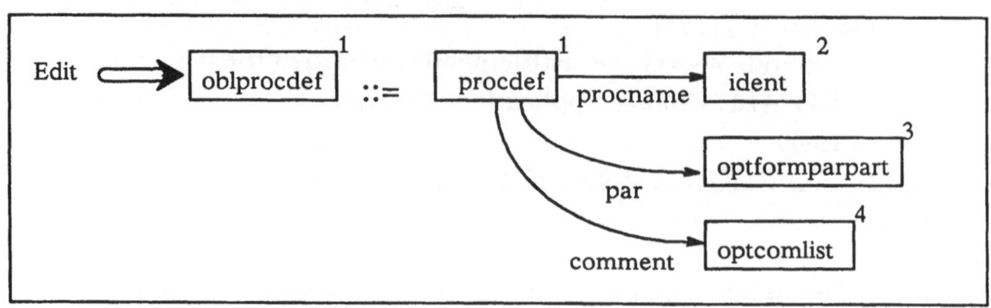

TRANSACTION NameProcedure IS (Identifier : STRING) IS
    IF POSSIBLE THEN
        ExtendProcDefName (Identifier) ;
        DO ALL ChangeApplicationOfName
        END
    ELSE EXEPTION (DuplicateDeclaration)
    END;
WHERE
    PRODUCTION ExtendProcDefName (Identifier : STRING) IS

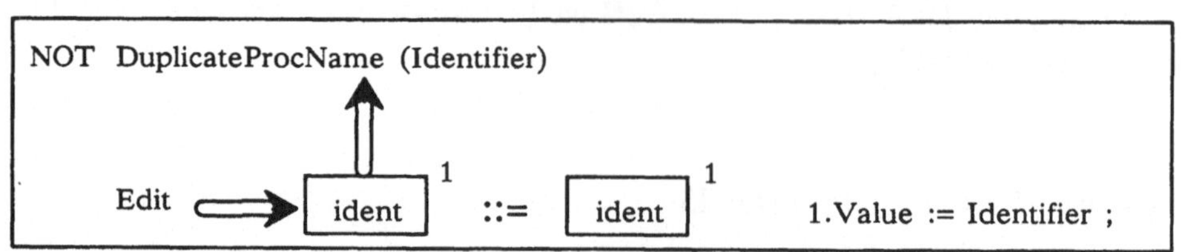

OPERATOR DuplicateProcName (Id : STRING) IS
        (–procname–elem((+elem+procname) *or*
                (–operations+type))*attr*{Value = Id}) ;
END NameProcedure ;

TRANSACTION InsertParameterPart IS
    ExtendFormalParameterPart ;
WHERE
    PRODUCTION ExtendFormalParameterPart IS

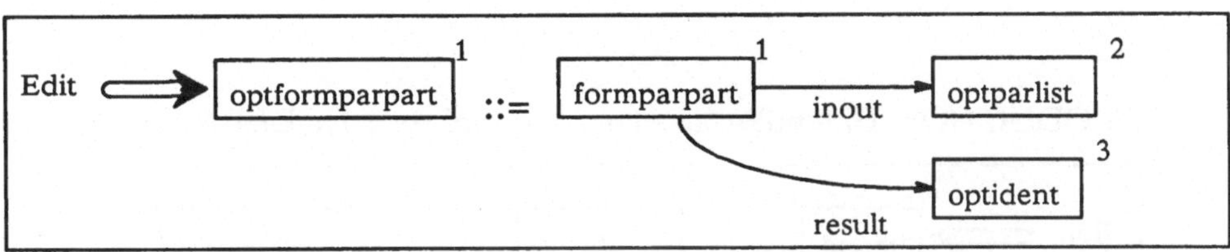

END InsertParameterPart ;

TRANSACTION InsertParameterList IS
    ExtendParameterList ;
WHERE
    PRODUCTION ExtendParameterList IS InitializeList [parlist, param]
END InsertParameterList;

TRANSACTION InsertParameter IS
    PreInsertParam ;
WHERE
    PRODUCTION PreInsertParam IS PreInsertListElement [param]
END InsertParameter ;

TRANSACTION AppendParameter IS
    PostInsertParam ;
WHERE
    PRODUCTION PostInsertParam IS PostInsertListElement [param]
END AppendParameter ;

TRANSACTION ExtendValueParameter IS
    ExtendValPar ;
WHERE
    PRODUCTION ExtendValPar IS ExtendParameter [valparam]
END ExtendValueParameter ;

TRANSACTION ExtendRefParameter IS
    ExtendRefPar ;
WHERE
    PRODUCTION ExtendRefPar IS ExtendParameter [refparam]
END ExtendValueParameter ;

PRODUCTION ExtendParameter [paramclass : NODELABEL] IS

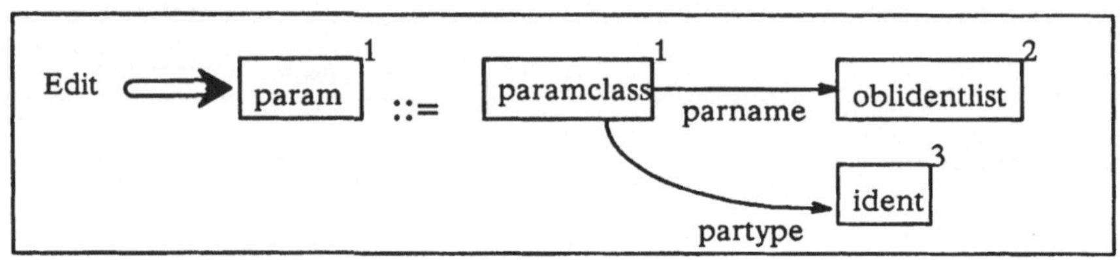

TRANSACTION InsertParIdentList IS
    ExtendIdentList ;
WHERE
    PRODUCTION ExtendIdentList IS InitializeList [identlist, ident]
END InsertParIdentList ;

TRANSACTION InsertParIdent IS
    PreInsertIdentifier ;
WHERE
    PRODUCTION PreInsertIdentifier IS PreInsertListElement [ident]
END InsertParIdent ;

TRANSACTION AppendParIdent IS
    PostInsertIdentifier ;
WHERE
    PRODUCTION PostInsertIdentifier IS PostInsertListElement [ident]
END InsertParIdent ;

TRANSACTION NameParIdent (Identifier : STRING) IS
      IF POSSIBLE THEN
            ExtendParameterName (Identifier) ;
      ELSE EXEPTION (DuplicateDeclaration)
      END;
WHERE
      PRODUCTION ExtendParameterName (Identifier : STRING) IS

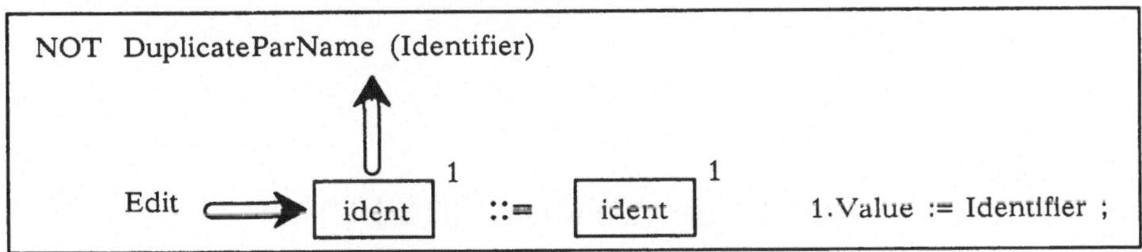

      OPERATOR DuplicateParName (Id : STRING) IS
            ((–elem–parname–elem+elem+parname+elem)*attr*{Value = Id}) ;

END NameParIdent ;

TRANSACTION NameParameterType (Identifier : STRING) IS
      IF POSSIBLE THEN
            ExtendParameterTypeName (Identifier) ;
      ELSE EXEPTION (NoDeclaration)
      END;
WHERE
      PRODUCTION ExtendParameterTypeName (Identifier : STRING) IS

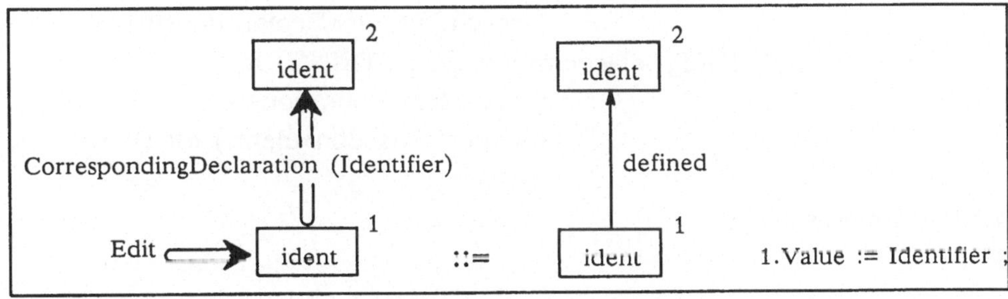

      OPERATOR CorrespondingDeclaration (Id : STRING) IS
                        (–partype–elem–inout(ParTypeDeclaration(Id))) ;

END NameParameterType ;

TRANSACTION InsertResultType IS
    ExtendResultType ;
WHERE
    PRODUCTION ExtendResultType IS

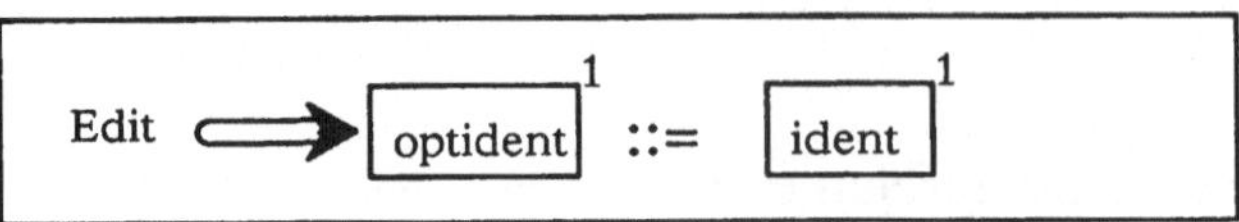

END InsertResultType ;

TRANSACTION NameResultType (Identifier : STRING) IS
    IF POSSIBLE THEN
        ExtendResultTypeName (Identifier) ;
    ELSE EXEPTION (DuplicateDeclaration)
    END;
WHERE
    PRODUCTION ExtendResultTypeName (Identifier : STRING) IS

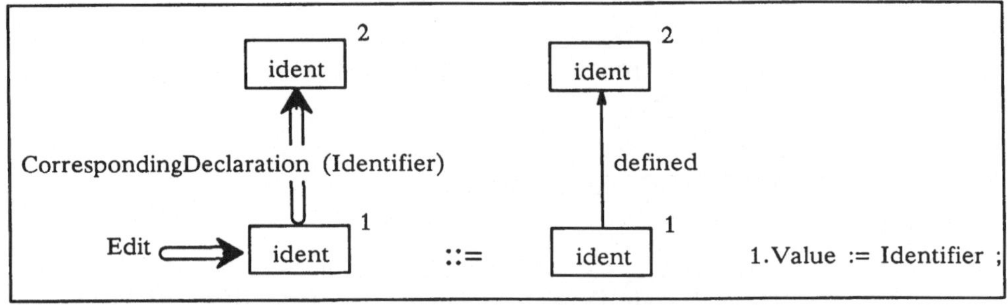

    OPERATOR CorrespondingDeclaration (Id : STRING) IS
                (−result(PartypeDeclaration(Id)));
    OPERATOR ParTypeDeclaration (Id : STRING) IS
                (−par−elem−operations(+type *or*
                (−export+basedon+elem)) *attr*{Value = Id});

END NameResultType ;

TRANSACTION InsertRealizationPart IS
    ExtendRealizationPart ;
WHERE
    PRODUCTION ExtendRealizationPart IS

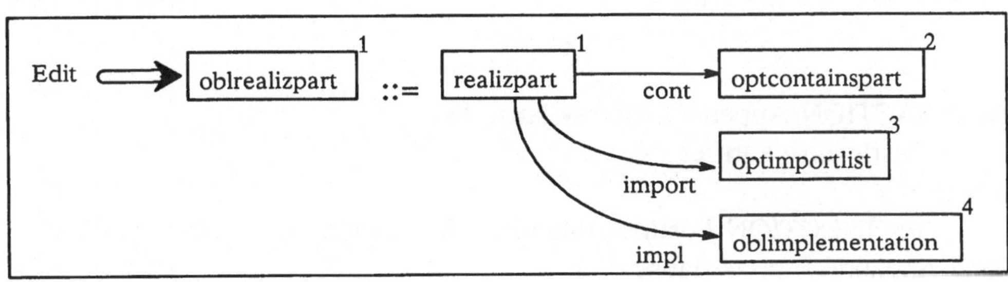

END InsertRealizationPart ;

TRANSACTION InsertContainsPart IS
    ExtendContainsPart ;
WHERE
    PRODUCTION ExtendContainspart IS InitializeList [containspart, ident]
END InsertContainsPart ;

TRANSACTION InsertImportList IS
    ExtendImportList ;
WHERE
    PRODUCTION ExtendImportList IS InitializeList [importlist, importclause]
END InsertImportList ;

TRANSACTION InsertImplementation IS
    ExtendImplementation ;
WHERE
    PRODUCTION ExtendImplementation IS

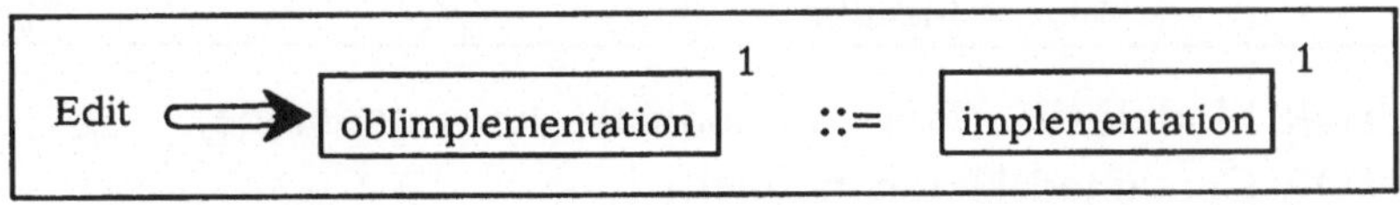

END InsertImplementation ;

```
TRANSACTION InsertContainsClause IS
      PreInsertIdentifier ;
WHERE
      PRODUCTION PreInsertIdentifier IS PreInsertListElement [ident]
END InsertContainsClause ;



TRANSACTION AppendContainsClause IS
      PostInsertIdentifier ;
WHERE
      PRODUCTION PostInsertIdentifier IS PostInsertListElement [ident]
END AppendContainsClause ;



TRANSACTION NameContainsIdent (Identifier : STRING) IS
      IF POSSIBLE THEN
            ExtendContainsName (Identifier) ;
            IF POSSIBLE THEN
                  DO ALL      ChangeGenImportToLocImport
            ELSE  DeleteContainsRelation ;
                  EXEPTION (UsedAsGeneralDevice)
            END;
      ELSE  EXEPTION (ConflictWithLocalUsability)
      END;
WHERE
      PRODUCTION ExtendContainsName (Identifier : STRING) IS
```

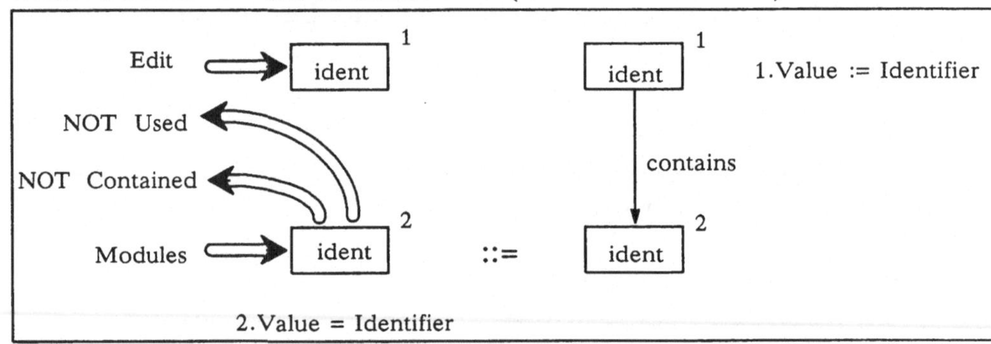


```
      OPERATOR Modules IS (label_in{modlist}+elem+modname) ;
      OPERATOR Contained IS (-contained) ;
      OPERATOR Used IS (-general) ;
```

PRODUCTION ChangeGenImportToLocImport IS

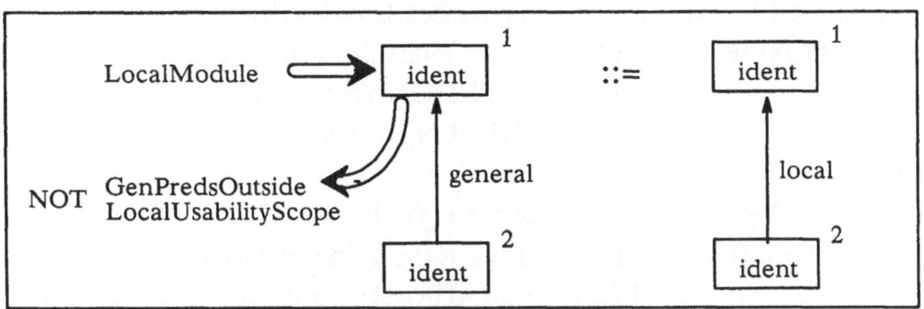

OPERATOR LocalModule IS (Edit +contains) ;
OPERATOR LocalUsabilityScope IS (Father *or* (Brothers (Sons)*)) ;
OPERATOR Father IS (–contains) ;
OPERATOR Brothers IS (–contains–elem+elem) ;
OPERATOR Sons IS (+contains–modname+realization+cont+elem) ;
OPERATOR GenPredsOutsideLocalUsabilityScope IS
                        (–general) *without* LocalUsabilityScope ;
END NameContainsIdent ;

TRANSACTION InsertImportClause IS
        PreInsertImportClause ;
WHERE
        PRODUCTION PreInsertImportClause IS
                                PreInsertListElement [importclause]
END InsertImportClause ;

TRANSACTION AppendImportClause IS
        PostInsertImportClause ;
WHERE
        PRODUCTION PostInsertImportClause IS
                                PostInsertListElement [importclause]
END AppendImportClause ;

158

TRANSACTION NameImportClause (Identifier : STRING) IS
    IF POSSIBLE THEN   InsertLocalImport (Identifier)
    ELSIF POSSIBLE THEN InsertGeneralImport (Identifier)
              ELSE EXEPTION (NoImportPossible) ;
              RETURN
    END;
    IF POSSIBLE THEN   ExtendTypeImport
    ELSIF POSSIBLE THEN ExtendOperationImport
              ELSE ExtendTypeListImport
    END;
WHERE
    PRODUCTION InsertLocalImport (Identifier : STRING) IS

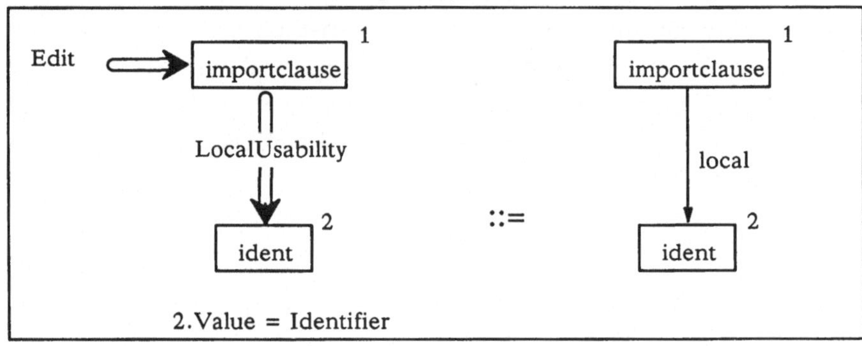

    OPERATOR LocalUsability IS

        (ImportModule (ContFather^{*all} (*id or* ContSons))
                      without ImportModule) ;
    OPERATOR ImportModule IS
        (−elem−import−realization+modname) ;
    OPERATOR ContFather IS
        (−contains−elem−cont−realization+modname) ;
    OPERATOR ContSons IS
        (−modname+realization+cont+elem+contains) ;

PRODUCTION InsertGeneralImport (Identifier : STRING) IS

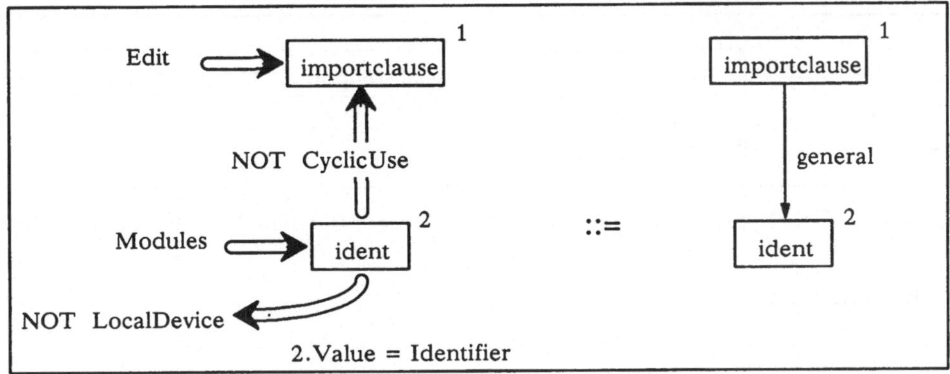

OPERATOR Modules IS
    (*label_in*{datatype, dataobject, function, typecollection}+modname);
OPERATOR LocalDevice IS
    (–contains) ;
OPERATOR CyclicUse IS

    (ImportClauses (+local *or* +general))^{*all} ImportClauses ;
OPERATOR ImportClauses IS
    (–modname+realization+import+elem) ;

PRODUCTION ExtendTypeImport IS

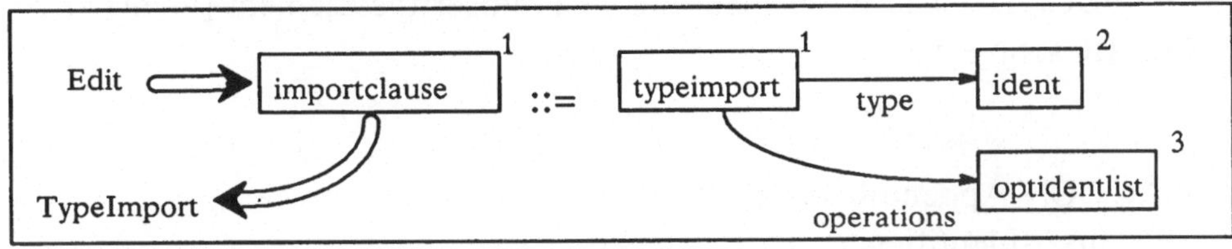

OPERATOR TypeImport IS (+local *or* +general)*label_in*{datatype};

PRODUCTION ExtendOperationImport IS

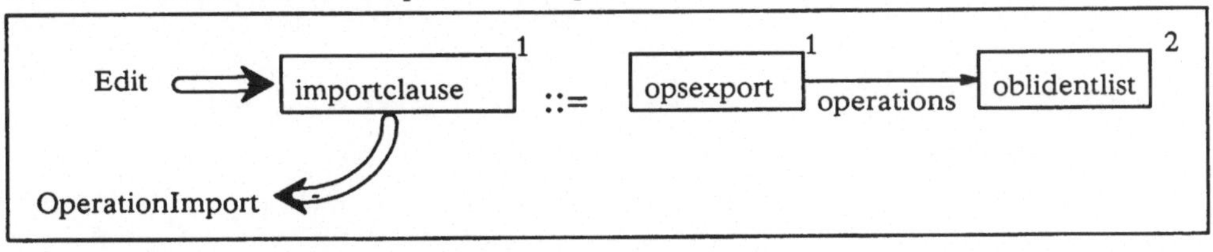

OPERATOR OperationImport IS
                (+local *or* +general)*label_in*{dataobject, function};

PRODUCTION ExtendTypeListImport IS

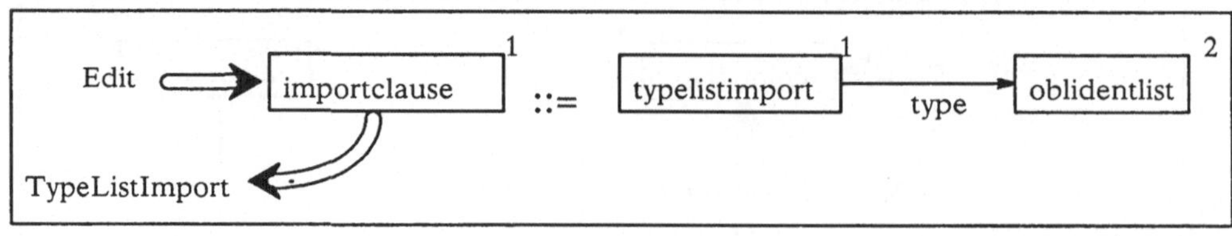

OPERATOR TypeListImport IS   (+local *or* +general)*label_in*{typecollection};

END NameImportClause ;

TRANSACTION InsertResourceList IS
        ExtendIdentList ;
WHERE
        PRODUCTION ExtendIdentList IS InitializeList [identlist, ident]
END InsertResourceList ;

TRANSACTION InsertResource IS
        PreInsertIdentifier ;
WHERE
        PRODUCTION PreInsertIdentifier IS PreInsertListElement [ident]
END InsertResource ;

TRANSACTION AppendResource IS
        PostInsertIdentifier ;
WHERE
        PRODUCTION PostInsertIdentifier IS PostInsertListElement [ident]
END AppendResource ;

TRANSACTION NameResource (identifier : STRING) IS
     IF POSSIBLE THEN ExtendImportResourceName (Identifier)
          ELSE EXEPTION (NotExported)
    END;
WHERE
    PRODUCTION ExtendImportResourceName (Identifier : STRING) IS

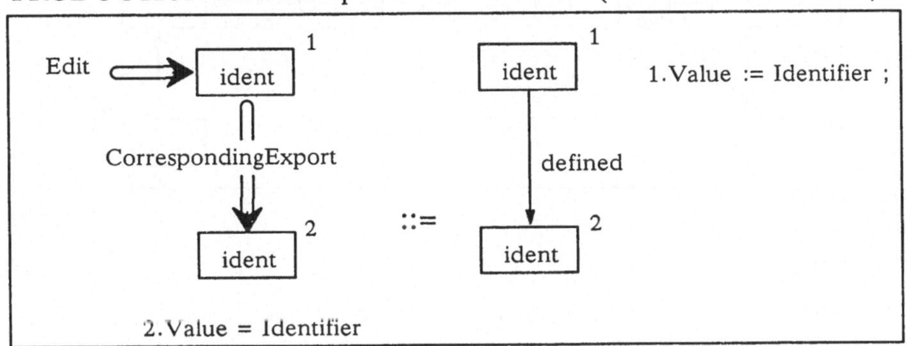

    OPERATOR CorrespondingExport IS
        (–elem(–type *or* –operations)(+local *or* +general)
           (+export((+type+elem) *or* (+operations+elem+procname))) ;

END NameResource ;

(–––––––– CURSOR MOVEMENTS ––––––––*)*

TRANSACTION CursorUp (Edge : EDGELABEL) IS
    MoveUp (Edge)
WHERE
    PRODUCTION MoveUp [Edge : EDGELABEL] IS

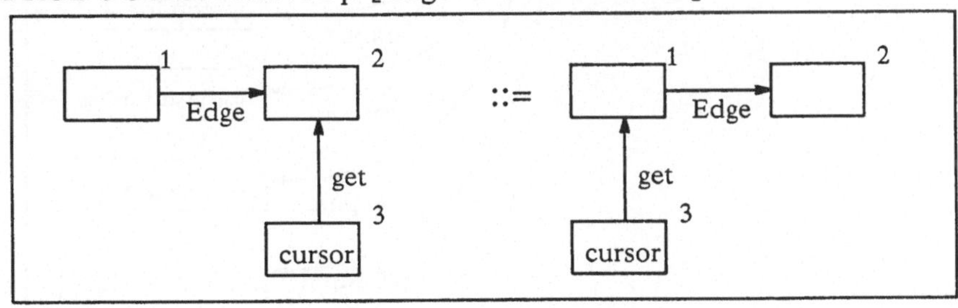

END Up ;

162

TRANSACTION CursorDown (Edge : EDGELABEL) IS
    MoveDown (Edge) ;
WHERE
    PRODUCTION MoveDown [Edge : EDGELABEL] IS

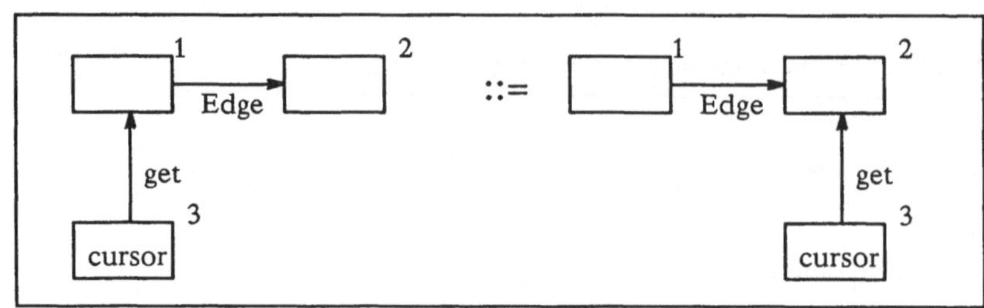

END Down ;

(*-------- *GLOBAL OPERATORS AND PRODUCTIONS* --------*)

OPERATOR Edit IS   (*label_in*{cursor}+get);

PRODUCTION ExtendModule [moduleclass,
                         exportclass,
                         realizationclass : NODELABEL] IS

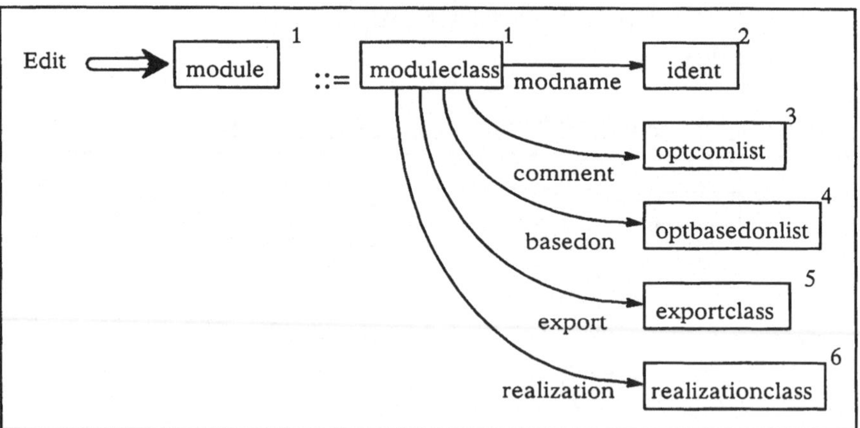

PRODUCTION InitializeList [ListHead, ListElement : NODELABEL] IS

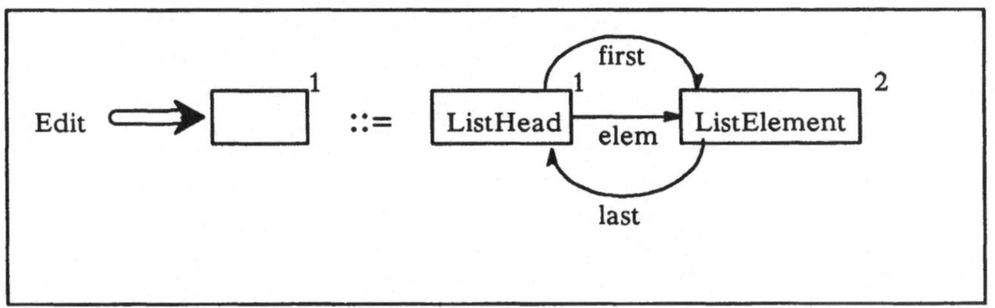

PRODUCTION PreInsertListElement [ListElement : NODELABEL] IS

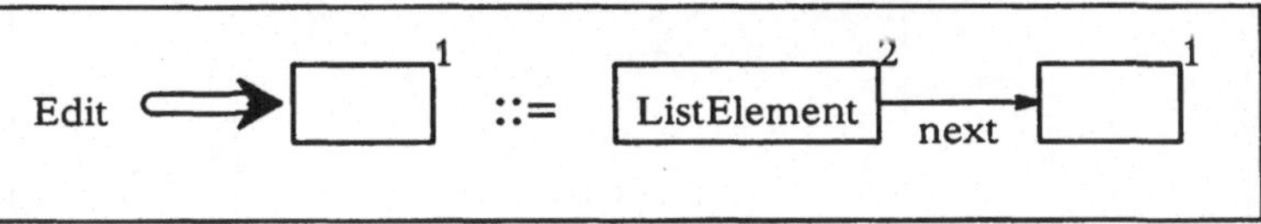

                    DELETE   first -> 1,
                              next -> 1;
                    INSERT   first : (1-first) -> 2,
                              next : (1-next) -> 2,
                              elem : (1-elem) -> 2 ;

PRODUCTION PostInsertListElement [ListElement : NODELABEL] IS

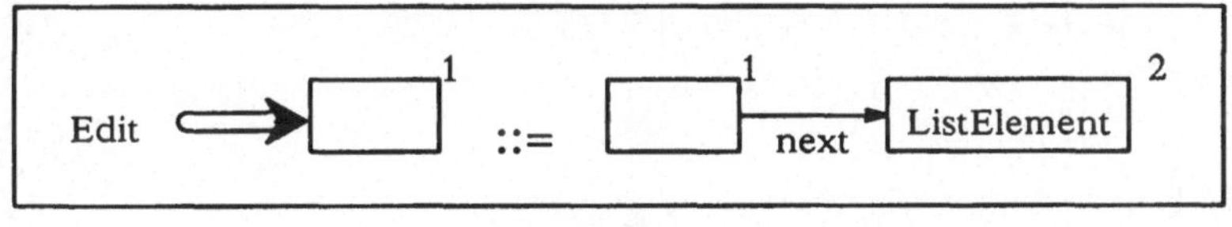

                    DELETE   last <- 1,
                              next <- 1;
                    INSERT   first : (1+last) <- 2,
                              next : (1+next) <- 2,
                              elem : (1-elem) -> 2 ;

Ausschnitt eines System–Graphen

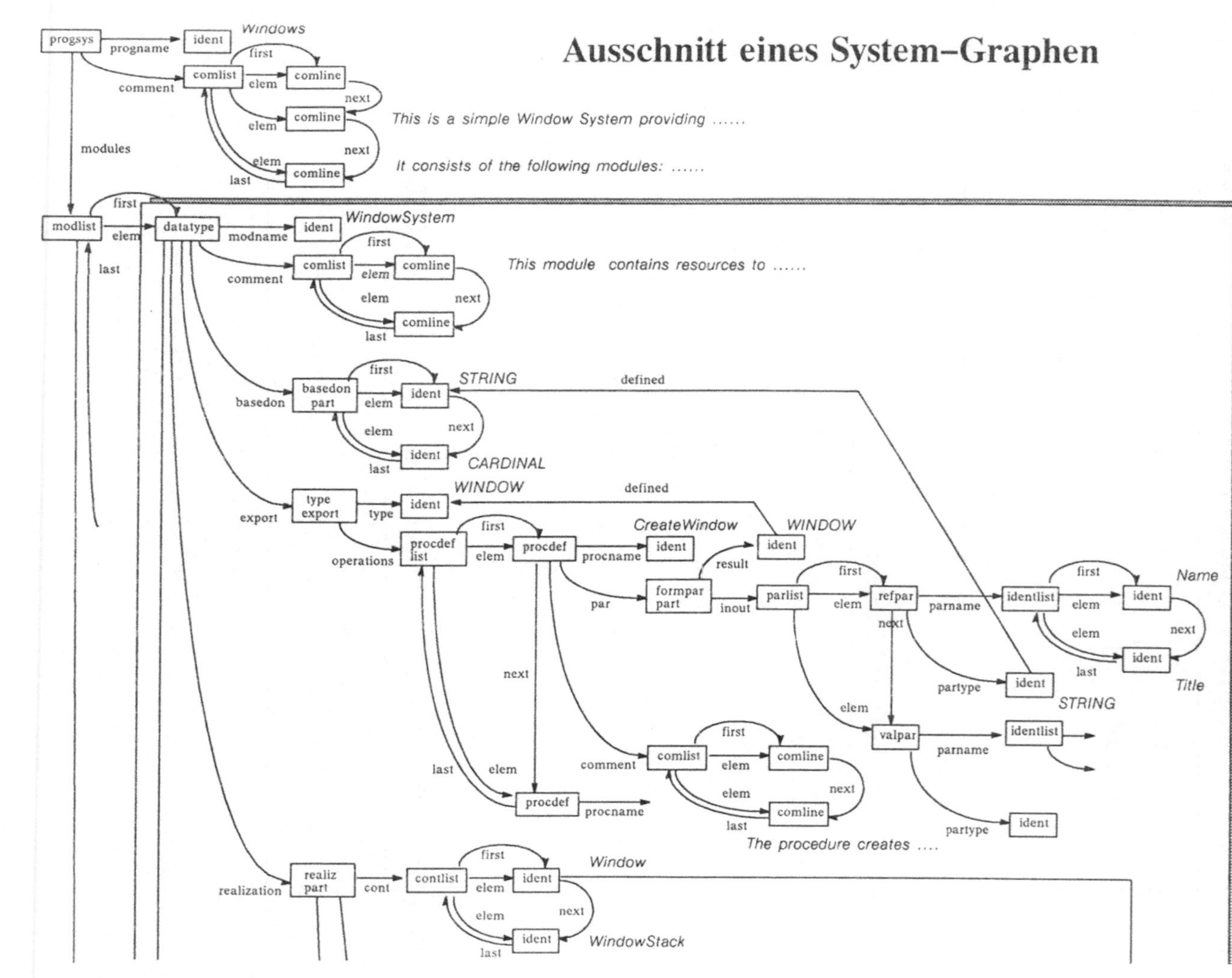

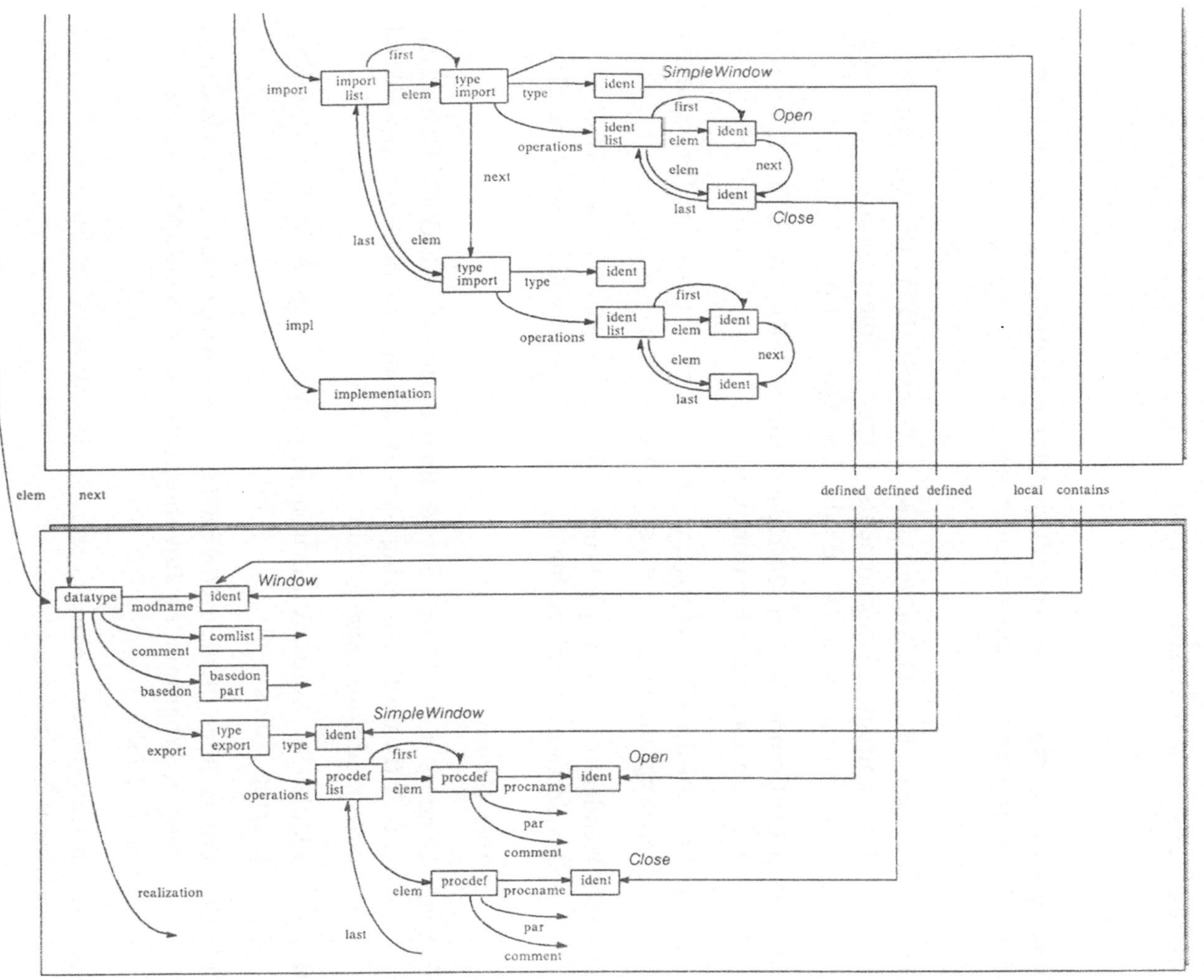

Literaturverzeichnis

Einige der wichtigsten Tagungsbände neuerer Zeit zu dem gesamten Themengebiet "Software–Entwicklungsumgebungen":

/CDW 86/ Conradi, R. / Didriksen, T.M. / Wanvik, D.H. (Hrsg.): Advanced Programming Environments, Proc. International Workshop, Trondheim, LNCS 244, Berlin: Springer–Verlag (1986)

/Com 87/ IEEE Computer, Vol. 20/11, November 1987, Special Issue on Software Development Environments

/GTE 85/ Proc. of the GTE Workshop on Software Engineering Environments for Programming in the Large, Harwichport (1985)

/He 84/ Henderson, P. (Hrsg.): Proceedings of the ACM SIGSOFT/SIGPLAN 1st Software Engineering Symposium on Practical Software Development Environments, Pittsburgh 1984, ACM SIGPLAN Notices 19/5 (1984)

/He 86b/ Henderson, P. (Hrsg.): Proceedings of the ACM SIGSOFT/SIGPLAN 2nd Software Engineering Symposium on Practical Software Development Environments, Palo Alto 1986

/Ri 86/ Riddle, W.: Software Environments Workshop, ACM Software Engineering Notes, Vol. 11/1 (1986)

/SLI 85/ Proceedings of the ACM SIGPLAN'85 Symposium on Language Issues in Programming Environments, ACM SIGPLAN Notices, Vol. 20/7 (1985)

/Sof 87/ IEEE Software, November 1987 Special Issue on Software Development Environments

/TPL 86/ Special Issue on Programming Environments, Transactions on Programming Languages and Systems, Vol. 8/4 (1986)

/TSE 86/ Special Issue on Programming Environments, IEEE Transactions on Software Engineering, Vol. SE–12/12 (1986)

/Wi 88/ Winkler, J.F.H. (Hrsg.): Proc. of the 1st Int. Workshop on Software Version and Configuration Control, Bericht 30 GChACM, Stuttgart: Teubner–Verlag (1988)

Aufsätze und Bücher

/Al 78/   Altmann, W.: Beschreibung von Programmoduln zum Entwurf zuverlässiger Software, Dissertation, Arbeitsbericht 11/16 Institut für Math. Maschinen und Datenverarbeitung, Universität Erlangen (1978)

/AL 82/   Arnon, J. / Lehrhaupt, H.: Software Documentation: An Automated Approach, in Bartlett/Walter (Hrsg.): Proc. of the Int. Conf. on Systems Documentation, Januar 1982, Carson, CA, S. 1–8 (1982)

/Ba 85/   Balzert, H.: Moderne Software–Entwicklungssysteme und Werkzeuge, Zürich: Bibliographisches Institut (1985)

/Ba 86/   Babich, W.: Software Configuration Management, Addison–Wesley (1986)

/BCH 85/   Brown, G. / Carling, R.T. / Herot, C.F / Kramlich, D.A. / Souza, P.: Program Visualization: Graphical Support for Software Development, IEEE Spectrum, Vol. 18/8 (1985)

/BE 86/   Belkhatir, N. / Estublier, J.: Experiences with a Database of Programs, in /He 86b/, S. 84–91

/BE 87/   Belkhatir, N. / Estublier, J.: Software Management Constraints and Action Triggering in the Adele Program Database, in Nichols/ Simpson (Hrsg.): Proc. of the 1st European Software Engineering Conference, LNCS 289, S. 47–58, Berlin: Springer–Verlag (1987)

/Be 87/   Berens, E.: Unterstützung der technischen Dokumentation in einer Software–Entwicklungsumgebung, Diplomarbeit, Universität Osnabrück (1987)

/BEH 87/   Böhm, P. / Ehrig, H. / Hummert, U. / Löwe, M.: Towards Distributed Graph Grammars, Proc. 3rd Workshop on Graph Grammars and their Application to Computer Science, LNCS 291, S. 86–98, Berlin: Springer–Verlag (1987)

/BEP 87/   Blum, E.K. / Ehrig, H. / Parisi–Presicce, F.: Algebraic Specification of Modules and their Basic Interconnections, Technical Report, University of Southern California, Los Angeles (1987)

/BHS 80/   Bersoff, E.H. / Henderson, V.D. / Siegel, S.G.: Software Configuration Management – An Investment in Product Integrity, Englewood Cliffs: Prentice–Hall (1980)

/BL 81/   Bell Labs: Source Code Control System User's Guide, UNIX System III Programmer's Manual, AT&T Inf. Systems (1981)

/BL 85/   Brandes, Th. / Lewerentz, C.: GRAS: A Non–Standard Database System within a Software Development Environment, in /GTE 85/, S. 113–121

/BMS 84/   Brodie, M.L. / Mylopoulos, J. / Schmidt, J. W. (Hrsg.): On Conceptual Modelling, Berlin: Springer–Verlag (1984)

/BN 84/   Batini, C. / Talamo, M. / Tamassia, R.: A Graph Theoretic Approach to Aestetic Layout for Information System Diagrams, in Pape (Hrsg.): Proc. of WG'84, Graphtheoretic Concepts in Computer Science, S. 9–81, Linz: Trauner–Verlag (1984)

/Br 84/   Brandes, Th.: Entwurf und Implementierung eines Graphenspeichers, Diplomarbeit, Universität Dortmund (1984)

/BS 83/   Budde, R. / Spittel, A.: Ein Dokumentationseditor für natürlichsprachliche Texte in einer Software-Entwicklungsumgebung, in Balzert (Hrsg.): Software–Ergonomie, Bericht GChACM, S. 380–396, Stuttgart: Teubner–Verlag (1983)

/BSS 84/   Barstow, D.R. / Shrobe, H.E. / Sandewall, E.: Interactive Programming Environments, McGraw–Hill (1984)

/Bu 82/   Bunke, H.: Graph Grammars as a Generative Tool in Image Understanding, Proc. 2nd Int. Workshop on Graph Grammars and Their Application to Computer Science, LNCS 153, S. 8–19, Berlin: Springer–Verlag (1982)

/BW 81/   Balzert, H. / Weber, D.: PLASMA/D – Eine Sprache für den Systementwurf, in Bericht GChACM 5, S. 175–200, Stuttgart: Teubner–Verlag (1981)

/Ca 85/   Caplinger, M.: Structured Editor Support for Modularity and Data Abstraction, ACM SIGPLAN Notices, Vol. 20/7 (1985)

/CCH 87/   Carle, A. / Cooper, K.D. / Hood, R.T. / Kennedy, K. / Torczon, L. / Warren, S.K.: A Practical Environment for Scientific Programming, in /Com 87/, S. 75–89,

/Ch 86/   Charette, R.N.: Software Engineering Environments – Concepts and Technology, New York: McGraw–Hill (1986)

/CK 84/   Campbell, R.H. / Kirslis, P.: The SAGA Project: A System for Software Development, in /He 84/, S.73–80

/CL 84/ Chase, R.P. / Leblang, D.: Computer-Aided Software Engineering in a Distributed Workstation Environment, in /He 84/, S.104-112

/Cl 86/ Clemm, G.M.: The Odin System – An Object Manager for Software Environments, Ph.D. thesis, Dept. of Computer Science, University of Boulder, CO (1986)

/Co 79/ Cooprider, L.W.: The Representation of Families of Software Systems, Dissertation, Carnegie-Mellon University, CMU-CS-79-116 (1979)

/Co 86/ Conde, D.: Bibliography on Version Control and Configuration Management, ACM Software Engineering Notes, Vol. 11/3, S. 81-84 (1986)

/DEC 82/ Digital Equipment Corporation: CMS / MMS: Code/Module Management System Manual, Mainards, MA (1982)

/DEF 87/ Dart, S.A. / Ellison, R.J. / Feiler, P.H. / Habermann, A.N.: Software Development Environments, in /Com 87/, S.18-28

/DGL 86/ Dittrich, K. / Gotthard, W. / Lockemann, P.C.: DAMOKLES – A Database System for Software Engineering Environments, in /CDW 86/, S. 353-371

/DHK 84/ Donzeau-Gouge, V. / Huet, G. / Kahn, G. / Lang, B.: Programming Environments Based on Structured Editors: The Mentor Experience, in /BSS 84/, S. 128-140

/DK 76/ DeRemer, F. / Kron, H.H.: Programming-in-the-Large versus Programming-in-the-Small, IEEE Transactions on Software Engineering 2, 2, S. 80-86 (1976)

/DK 84/ Donzeau-Gouge, V. / Kahn, G. / Melese, B.: Document Structure and Modularity in Mentor, in /He 84/, S. 141-148

/DMS 84/ Delisle, N.M. / Menicosy, D.E. /Schwartz, M.D.: Viewing a Programming Environment as a Single Tool, in /He 84/, S. 49-56

/Do 85/ Donahue, J.: Integration Mechanisms in Cedar, ACM SIGPLAN Notices, Vol. 20/7 (1985)

/DoD 84/ Department of Defense Requirements and Design Criteria for the Common APSE Interface Set (CAIS), KIT Team Report, October 1984

/DS 86/   Delisle, N. / Schwartz, M.: Neptune: A Hypertext System for CAD Applications, Proc. Int. Conf. on Management of Data, ACM SIG-MOD 86, Vol. 15/2, S. 132–143 (1986)

/EFP 86/   Ehrig, H. / Frey, W. / Parisi–Presicce, F.: Distributive Laws for Composition and Union of Module Specifications for Software Systems, Proc. IFIP WG2.1, Workshop on Programme Specification and Transformations, Amsterdam: North–Holland (1986)

/EHH 86/   Ehrig, H. / Habel, A., Hummert, U. / Boehm, P.: Towards Algebraic Data Type Grammars: A Junction between Algebraic Specifications and Graph Grammars, Technischer Bericht, TU Berlin (1986)

/EJS 88/   Engels, G. / Janning, Th. / Schäfer, W.: A Highly Integrated Tool Set for Program Development Support, in Proc. ACM SIGSMALL Conference '88, S. 1–10, Cannes (1988)

/ELN 86/   Engels, G. / Lewerentz, C. / Nagl, M. / Schäfer, W.: On the Structure of an Incremental and Integrated Software Development Environment, in Proc. 19th Hawaii Int. Conf. on System Sciences, S.585–597 (1986)

/ELS 87/   Engels, G. / Lewerentz, C. / Schäfer, W.: Graph Grammar Engineering – A Software Specification Method, Proc. 3rd Workshop on Graph Grammars and their Application to Computer Science, LNCS 291, S. 186–201, Berlin: Springer–Verlag (1987)

/En 86/   Engels G.: Graphen als zentrale Datenstrukturen in einer Software-Entwicklungsumgebung, Dissertation, VDI Fortschrittsberichte, Reihe 10, Nr. 62, VDI-Verlag: Düsseldorf (1986)

/ENS 86/   Engels, G. / Nagl, M. / Schäfer, W.: On the Structure of Structure-Oriented Editors for Different Applications, in /He 86b/, S. 190–198

/Er 86/   Erdtmann, F.: Aufbau und Verwaltung einer internen Datenstruktur für Texte in strukturbezogenen Editoren, Diplomarbeit, Universität Osnabrück (1986)

/ES 85/   Engels, G. / Schäfer, W.: Design of an Adaptive and Portable Programming Support Environment, in Bucchi (Hrsg.): Proc. 8th ICS, Florenz, S. 297–308 (1985)

/ES 87/   Engels, G. / Schürr, A.: A Hybrid Interpreter in a Software Development Environment, in Nichols/Simpson (Hrsg.): Proc. of the 1st European Software Engineering Conference, LNCS 289, S. 87–96, Berlin: Springer–Verlag (1987)

/Es 88/   Estublier, J.: Configuration Management – The Notion and the Tools, in /Wi 88/, S. 38–61

/EW 74/   Encarnacao, J. / Weck, D.: Eine Implementierung von DATAS, Technischer Bericht A–74–1, Institut für Angewandte Mathematik und Informatik, Universität des Saarlandes Saarbrücken (1974)

/EW 86a/   Ehrig, H. / Weber, H.: Specification of Modular Systems, IEEE Transactions on Software Engineering, Vol. SE–12/7, S. 784–789 (1986)

/EW 86b/   Ehrig, H. / Weber, H.: Programming in the Large with Algebraic Module Specifications, in Kugler (Hrsg.): Proc. of IFIP'86, S. 675–684, Elsevier Science Publishers (North–Holland) (1986)

/Fe 79/   Feldman, S.I.: MAKE – A Program for Maintaining Computer Programs, Software – Practice & Experience, Vol. 9/4, S. 255–265 (1979)

/FM 81/   Feiler, P. / Medina–Mora, R.: An Incremental Programming Environment, in Proc. of the 5th IEEE Int. Conference on Software Engineering, S. 44–53, San Diego (1981)

/FM 87/   Fraser / Myers : An Editor for Revision Control, ACM TOPLAS 9/2, S. 277–295 (April 1987)

/FPS 84/   Fischer, C.N. / Pal, A. / Stock, D. / Johnson, G.F.: The POE Language Based Editor Project, in /He 84/, S. 21–29

/Fr 86/   Fritzson, P.: Incremental Symbol Processing, Technical Report Linköping University (1986)

/Ga 83/   Gall, R: Formale Beschreibung des Programmierens–im–Großen mit Graph–Grammatiken, Dissertation, Arbeitsbericht 16/1 Institut für Math. Maschinen und Datenverarbeitung, Universität Erlangen (1983)

/Ga 86/   Garlan, D.: Views for Tools in Integrated Environments, in /CDW 86/, S. 314–343

/GB 80/   Goldstein, I. / Bobrow, D.: A Layered Approach to Software Design, XEROX PARC, Technical Report CSL–80–5 (1980)

/GHW 85/   Guttag, J.V. / Horning, J.J. / Wing, J.M.: The Larch Family of Specification Languages, IEEE Software, Vol. 2/5 (1985)

/GN 81/   Gall, R. / Nagl, M.: Software–Implementation of Associative Stor-
          ages, Elektronische Rechenanlagen 23/2, S. 315–344 (1981)

/Go 84/   Goldberg, A.: Smalltalk–80: An Interactive Programming Environ-
          ment, Addison–Wesley (1984)

/Gö 82/   Göttler, H.: Attributed Graph Grammars for Graphics, Proc. 2nd
          Int. Workshop on Graph Grammars and Their Application to Com-
          puter Science, LNCS 153, S. 130–142, Berlin: Springer–Verlag
          (1982)

/Gö 87/   Göttler, H.: Graph Grammars and Diagram Editing, in Proc. 3rd Int.
          Workshop on Graph Grammars and Their Application to Computer
          Science, LNCS 291, S. 216–231, Berlin: Springer–Verlag (1987)

/Ha 71/   Hansen, W.J.: User Engineering Principles for Interactive Systems,
          AFIPS Fall Joint Conference 39, S. 523–532, Montval, N.J.: AFIPS
          PRESS (1971)

/Ha 82/   Habermann, N. et al.: The Second Compendium of GANDALF
          Documentation, Technical Report, Computer Science Dept. Car-
          negie Mellon University (1982)

/He 82/   Hetzel, F.: Dokumentation mit System, Arbeitsgemeinschaft EDV,
          München (1982)

/He 86a/ Henderson, P.B.: Data–Oriented Incremental Programming Environ-
          ments, in /CDW 86/, S.13–19

/He 88/   Heimann, P.: Ein syntax–gesteuerter Hypertext–Editor für eine Soft-
          ware–Entwicklungsumgebung, Diplomarbeit, RWTH Aachen, (in
          Vorbereitung)

/HK 85/   Hood, R. / Kennedy, K.: A Programming Environment for Fortran,
          Proc. of the 18th Hawaii International Conference on System Sci-
          ences, S. 625–637 (1985)

/HMS 85/ Hausen, H.L. / Müllerberg, M. / Sneed H.M.: Softwareproduktion-
          sumgebungen, Köln: Verlagsgesellschaft Rudolf Müller (1985)

/HN 86/   Habermann, A.N. / Notkin, D.: Gandalf: Software Development En-
          vironments, in /TSE 86/, S.1117–1127,

/HN 87/   Henderson, P.B. / Notkin, D.: Integrated Design and Programming
          Environments, in /Com 87/, S. 12–16

/Ho 85/   Horwitz, S.B.: Generating Language–Based Editors: A Relationally–Attributed Approach, Dissertation, Department of Computer Science Cornell University, Ithaka, TR 85–696 (1985)

/Hr 87/   Hruschka, P.: ProMod at the Age of Five, in Nichols/Simpson (Hrsg.): Proc. of the 1st European Software Engineering Conference, LNCS 289, S. 307–316, Berlin: Springer–Verlag (1987)

/HT 86/   Horwitz, S.B. / Teitelbaum, T.: Generating Editing Environments Based on Relations and Attributes, in /TPL 86/, S. 577–608

/HW 85/   Horowitz, E. / Williamson, R.: SODOS – A Software Documentation Support Environment: Its Use, in Proc. of the 8th IEEE International Conference on Software Engineering, S. 8–14 (1985)

/Hü 81/   Hünke, H. (Hrsg.): Software Engineering Environments, Amsterdam: North–Holland (1981)

/In 86/   Interleaf Corporation: The Workstation Publishing System (WPS): Reference Manual, Cambridge, Massachusetts (1986)

/Ja 87/   Janning, Th.: Zugriffs– und Verantwortlichkeitskontrolle in einer Software–Entwicklungsumgebung, Diplomarbeit, Universität Osnabrück (1987)

/KGC 87/   Kaplan, S.M. / Goering, S.K. / Campbell, R.H.: Supporting the software development process with attributed NLC graph grammars, Proc. 3rd Workshop on Graph Grammars and Their Application to Computer Science, LNCS 291, S. 309–325, Berlin: Springer–Verlag (1987)

/KR 78/   Kernighan, B.W. / Ritchie, R.P.: The C Programming Language, Englewood–Cliffs: Prentice–Hall (1978)

/KR 84/   Kernighan, B.W. / Ritchie, R.P.: The UNIX Programming Environment, Englewood–Cliffs: Prentice–Hall (1984)

/LB 85/   Lehmann, M.M. / Belady, L.A.: Program Evolution, London: Academic Press (1985)

/Le 82/   Lewerentz, C.: Attributierte Graphgrammatiken und eine Anwendung in der Mustererkennung, Diplomarbeit, Technische Universität München (1982)

/Le 84/   Lewerentz, C.: Inkrementelles Programmieren im Großen: Syntaxgestützter Entwurf und Wartung von Software–Systemen, in Morgenbrodt/Remmele (Hrsg.): Entwurf großer Software–Systeme, Bericht GChACM 19, S. 68–93, Stuttgart: Teubner–Verlag (1984)

174

/Le 86/   Lewerentz, C.: Entwurf und Implementierung eines Syntax-gesteuerten Editors für Software-Architekturen, in Wippermann (Hrsg.): Software-Architekturen und modulare Programmierung, Berichte GChACM 26, S. 81–96, Stuttgart: Teubner-Verlag (1986)

/Le 88a/   Lewerentz, C.: Variant and Revision Control within an Incremental Programming Environment, in /Wi 88/, S. 426–429

/Le 88b/   Lewerentz, C.: Extended Programming in the Large within a Software Development Environment, erscheint in: Proceedings of the ACM SIGSOFT/SIGPLAN 3rd Software Engineering Symposium on Practical Software Development Environments, 18 S. (1988)

/LG 85/   Ludewig, J. / Glinz, M. /Huser, H. / Matheis, G. / Matheis, H. / Schmidt, M.F.: SPADES – A Specification and Design System and its Graphical Interface, in Proc. of the 8th IEEE Int. Conf. on Software Engineering, London (1985)

/LM 85/   Leblang, D. / McLean, G.D.: Configuration Management for Large-Scale Software Development Efforts, in /GTE 85/, S. 122–127

/LN 84/   Lewerentz, C. / Nagl, M.: A Formal Specification Language for Software-Systems defined by Graph Grammars, in Pape (Hrsg.): Proc. of WG'84 Workshop on Graphtheoretic Concepts in Computer Science, S. 224–241, Linz: Trauner-Verlag

/LN 85/   Lewerentz, C. / Nagl, M.: Incremental Programming in the Large: Syntax-aided Specification Editing, Integration, and Maintenance, Proc. 18th Hawaii Int. Conf. on System Sciences, S. 638–649, Honolulu (1985)

/LNW 88/   Lewerentz, C. / Nagl, M. / Westfechtel, B.: On Integration Mechanisms within a Graph-Based Software Development Environment, in Göttler/Schneider (Hrsg.) Graph-Theoretic Concepts in Computer Science, LNCS 314, S. 219–229, Berlin: Springer-Verlag (1988)

/Lo 85/   Lockemann, P.: Analysis of Version and Configuration Control in a Software Engineering Environment, in Davis (Hrsg.): Entity Relationship Approach to Software Engineering

/LS 87/   Lewerentz, C. / Schürr, A.: Ein Datenbank-System für Software-Dokumente, Proc. Workshop über Datenbank-Systeme für die Software-Technik, Sonderheft GI Software-Technik-Trends 7/2, S. 148–163 (1987)

/LS 88/   Lewerentz, C. / Schürr, A.: GRAS, a Management System for Graph–like Documents, in Beeri/Schmidt/Dayal (Hrsg.): Proc. 3rd Int. Conference on Data and Knowledge Bases, S. 19–31, San Matheo: Morgan–Kaufmann (1988)

/LZ 75/   Liskov, B.H. / Zilles, S.: Specification Techniques for Data Abstraction, ACM SIGPLAN Notices, Vol. 10/6 (1975)

/Ma 81/   Mantei, M.: The Effect of Programming Team Structures on Programming Tasks, Communications of the ACM 24 / 3, 106–113 (1981)

/MH 86/   Moriconi, M. / Hare, D.F.: The PegaSys System: Pictures as Formal Documentation of Large Programs, in /TPL 86/, S. 524–546

/Mi 85/   Microsoft Corporation: Windows – User Guide (1985)

/MK 88/   Micallef, J. / Kaiser, G. E.: Version and Configuration Control in Distributed Language–Based Environments, in /Wi 88/, S. 119–143

/ML 84/   Madhavji, N. / Leoutsarakos, N.: A Technique for Folding Program Structures, Technical Report SOCS–84.18 School of Computer Science, McGill University Montreal (1984)

/MLV 85/   Madhavji, N. / Leoutsarakos, N. /Vouliouris, D.: Software Construction Using Typed Fragments, in Ehrig (Hrsg.) Formal Methods and Software Development, Proc. of TAPSOFT Conf., LNCS 186, S. 163–178, Berlin: Springer–Verlag (1985)

/MMS 79/   Mitchell, J.G. / Mayburg, W. / Sweet R.: Mesa Language Manual, Xerox Parc, CSL–79–3 (1979)

/MR 84/   McDermid, J. / Ripken, K.: Life Cycle Support in the Ada environment, 247 S., Cambridge: Cambridge University Press (1984)

/MW 86/   Marzullo, K. / Wiebe, D.: Jasmine: A Software System Modelling Facility, in /He 86b/, S. 121–130

/Mü 86/   Müller, A.H.: Rigi – A Model for Software System Construction, Integration, and Evolution based on Module Interface Specifications, Dissertation, Rice University, Rice COMP TR86–36, Houston TX (1986)

/Na 79/   Nagl, M.: Graph–Grammatiken: Theorie, Anwendungen, Implementierung, Braunschweig: Vieweg–Verlag (1979)

/Na 80/   Nagl, M.: GRAPL – A Programming Language for Handling Dynamic Problems on Graphs, in Pape (Hrsg.): Discrete Structures and Algorithms, S. 25–45, München: Hanser-Verlag (1980)

/Na 85/   Nagl, M.: An Incremental and Integrated Software Development Environment, Computer Physics Communications 38, S. 245–276 (1985)

/Na 87/   Nagl, M.: A Software Development Environment Based on Graph Technology, Proc. 3rd Workshop on Graph Grammars and Their Application to Computer Science, LNCS 291, S. 458–478, Berlin: Springer-Verlag (1987)

/Na 88/   Nagl, M.: Einführung in die Programmiersprache Ada (2. Auflage) Braunschweig: Vieweg-Verlag (1988)

/NS 87/   Narayasanaswamy, K. / Scacchi, W.: Maintaining Configurations of Evolving Software Systems, IEEE Trans. on Software Engineering, Vol 13/3, S. 324–334

/Op 80/   Oppen, D. C.: Prettyprinting, ACM TOPLAS 2/4, S. 465–483 (1980)

/Pe 87/   Perry, D.: Version Control in the Inscape Environment, Proc. of the 9th IEEE Int. Conference on Software Engineering, S. 142–149 (1987)

/PN 86/   Prieto-Diaz, R. / Neighbor, J.M.: Module Interconnection Languages, The Journal of Systems and Software, 6, 307–334 (1986)

/Po 87/   Pohlmann, B.: Ein Diagramm-Unparser für Software-Architekturen, Diplomarbeit, Universität Osnabrück (1987)

/Pr 86/   Proudfoot, R.: A Maintenance Environment for the C Programming Language, in Proc. of the 19th Hawaii Int. Conf. on System Sciences, S. 448–458 (1986)

/RDM 87/ Rowe, L.A. / Davis, M. / Messinger, E. / Meyer, C. / Spirakis, C. / Tuan, A.: A Browser for Directed Graphs, in Software – Practice & Experience 17/1 S. 61–76, (1987)

/Re 84a/ Reiss, S.: PECAN: Program Development Systems That Support Multiple Views, In Proc. of the 7th IEEE Int. Conf. on Software Engineering, Orlando, FL, S. 324–333 (1984)

/Re 84b/ Reiss, S.P: Graphical Program Development with PECAN Program Development Systems, in /He 84/, S. 30–41

/Re 86/   Reiss, S.P.: GARDEN Tools: Support for Graphical Programming, in /CDW 86/, S. 59–72

/Re 87/   Reiss, S.P.: Working in the Garden Environment for Conceptual Programming, in /Sof 87/, S. 16–27

/RHP 88/   Reps, Th. / Horwitz, S. / Prins, J.: Support for Integrating Program Variants in an Environment for Programming in the Large, in /Wi 88/, S. 197–216

/Ro 85/   Robbins, R.E.: BUILD: A Tool For Maintaining Consistency in Modular Systems, Technical Report A.I.T.R. 874, MIT (1985)

/Sc 84/   Schneider, M.: Programmdokumentation als wissensbasierter Kommunikationsprozeß, in Morgenbrodt/Remmele (Hrsg.): Entwurf großer Software-Systeme, Bericht GChACM 19, S. 334–351, Stuttgart: Teubner-Verlag (1984)

/Sc 86/   Schäfer, W.: Eine integrierte Software-Entwicklungsumgebung: Konzepte, Entwurf und Implementierung, Dissertation, VDI Fortschrittsberichte, Reihe 10, Nr. 57, Düsseldorf: VDI-Verlag (1986)

/Sc 87/   Schütte, A.: Spezifikation und Generierung von Übersetzern für Graph-Sprachen durch attributierte Graph-Grammatiken, Dissertation, Berlin: EXpress-Edition (1987)

/Sh 84/   Shaw, M.: Abstraction Techniques in Modern Programming Languages, IEEE Software, Vol. 1/4 (1984)

/Sh 86/   Shaw, M.: Beyond Programming in the Large: The Next Challenges for Software Engineering, in /CDW 86/, S. 519–535

/SK 88/   Schwanke, R.W. / Kaiser, G.E.: Living with Inconsistency in Large Systems, in /Wi 88/, S. 98–118

/SM 87/   Sommerville, J. / Morrison, R.: Software Development with Ada, Reading: Addison-Wesley (1987)

/Sn 85/   Snelting, G.: Experiences with PSG – Programming System Generator, in Ehrig (Hrsg.): Formal Methods and Software Development, Proc. of TAPSOFT Conf., LNCS 186, S. 148–162, Berlin: Springer-Verlag (1985)

/SS 86/   Snodgrass, R. / Shannon, K.: Supporting Flexible and Efficient Tool Integration, in /CDW 86/, S. 290–313

/SW 87/   Schäfer, W. / Weber, H.: The ESF Profile, Technischer Bericht, Universität Dortmund (1987)

/SZB 86/   Swinehart, D.C. / Zellweger, P.T. / Beach, R.J. / Hagmann, R.B.: A Structural View of the Cedar, in /TPL 86/, S. 419–490

/Te 83/   Teitelman, W.: Cedar: An Interactive Programming Environment for a Compiler Oriented Language, LANL/LLNL Conference on Workstations Support of Large Scale Computing (1983)

/Te 84/   Teitelman, W.: A Tour Through Cedar, In Proc. Of the 7th IEEE Int. Conf. on Software Engineering, Orlando, FL, S. 181–195 (1984)

/Ti 82/   Tichy, W.: Design, Implementation, and Evaluation of a Revision Control System, Proc. of the 6th IEEE Int. Conference on Software Engineering, S. 58–67 (1982)

/Ti 85/   Tichy, W.: RCS – A System for Version Control, Software – Practice & Experience 15/7, S. 637–654 (1985)

/Ti 86/   Tillmann, P.: Erzeugen und Verwalten der physischen Repräsentation von Texten in strukturbezogenen Editoren, Diplomarbeit Universität Osnabrück (1986)

/Ti 88/   Tichy, W.: Tools for Software Configuration Management, in /Wi 88/, S. 1–20

/TL 85/   Thomas, J. / Loerscher, T.: MOSAIX – A Version Control and History Management System, in /GTE 85/, S.128–139,

/TM 81/   Teitelman, W. / Masinter, L.: The Interlisp Programming Environment, Computer, Vol. 14/4 (1981)

/TN 87/   Tichy, W.F. / Newberry, F.J.: Knowledge–Based Editors for Directed Graphs, in Nichols/Simpson (Hrsg.): Proc. of the 1st European Software Engineering Conference, LNCS 289, S. 109–118, Berlin: Springer-Verlag (1987)

/TR 81/   Teitelbaum, T. / Reps, Th.: The Cornell Program Sythesizer: A Syntax–Directed Programming Environment, in Communications of the ACM 24/9, S. 563–573 (1981)

/VB 87/   Varadharajan, V. / Baker, K.D.: Directed Graph Based Representation of Software System Design, Software Engineering Journal, January 1987, S. 21–28 (1987)

/Wa 81/   Wasserman, A. (Hrsg.): Software Development Environments, New York: IEEE Computer Science Press (1981)

/Win 85/   Winkler, J.F.H.: Language Constructs and Library Support for Families of Large Ada Programs, in /GTE 85/, S. 17–28

/Win 86/   Winkler, J.F.H.: The Integration of Version Control into Programming Languages, in /CDW 86/, S. 230–250

/Wir 88/   Wirth, N.: Programming in Modula–2, 4th edition, Berlin: Springer–Verlag (1988)